工会干部学习培训辅导丛书

Gongzi Jiti
Xieshang
Gongzuo Shiwu

工资集体协商工作实务

张安顺◎编著

中国言实出版社

图书在版编目（CIP）数据

工资集体协商工作实务 / 张安顺编著. -- 北京：
中国言实出版社，2021.10
ISBN 978-7-5171-3919-5

Ⅰ.①工… Ⅱ.①张… Ⅲ.工资管理－研究 Ⅳ.
F244

中国版本图书馆 CIP 数据核字（2021）第 202886 号

工资集体协商工作实务

总　监　制：朱艳华
责任编辑：王战星
责任校对：代青霞

出版发行：中国言实出版社
　　　　　地　　址：北京市朝阳区北苑路 180 号加利大厦 5 号楼 105 室
　　　　　邮　　编：100101
　　　　　编辑部：北京市海淀区花园路 6 号院 B 座 6 层
　　　　　邮　　编：100088
　　　　　电　　话：64924853（总编室）　64924716（发行部）
　　　　　网　　址：www.zgyscbs.cn　E-mail：zgyscbs@263.net

经　　销：新华书店
印　　刷：北京彩虹伟业印刷有限公司
印　　次：2022 年 1 月第 1 版　2022 年 1 月第 1 次印刷
规　　格：710 毫米 ×1000 毫米　1/16　22.75 印张
字　　数：354 千字

定　　价：156.00 元
书　　号：ISBN 978-7-5171-3919-5

前 言

　　2018 年 10 月 29 日，习近平总书记同中华总工会新一届领导班子成员集体谈话并发表重要讲话，突出强调工会要坚持以职工为中心的导向，抓住职工群众最关心最直接最现实的利益问题，认真履行维护职工合法权益、竭诚服务职工群众的基本职责。习近平总书记关于工人阶级和工会工作的重要论述，是做好新时期工会工作的根本遵循。工资集体协商是市场经济条件下协调劳动关系的一项重要制度，也是工会维护职工工资权益的有效机制。我国工资集体协商制度实施以来，经过各级工会组织和各个方面的共同努力，工资集体协商工作取得了重大进展和明显成效，在促进企业发展、维护职工权益、促进劳动关系和谐稳定方面发挥了非常重要的作用。当前，随着社会主义市场经济的深入发展，社会关系和劳动关系的深刻变化，收入分配制度改革步伐的加快，进一步推进工资集体协商工作更为重要和紧迫。工会组织应当充分认识新形势下推进工资集体协商工作的重要性和必要性，增强工作的紧迫感和责任感，把推进工资集体协商工作摆上重要日程。要针对实践中存在的问题，结合各地区、各企业的实际，采取切实有效的措施，不断健全机制、充实内容、完善制度、规范运作，提高工资集体协商水平，在增强实效性上下功夫，推动工资集体协商工作深入开展。

　　本书旨在帮助工会干部和职工协商代表学习、了解、掌握工资集体协商的理论知识和业务知识，提升协商能力，进而提高工资集体协商的质量和实效，更好地发挥工资集体协商的作用。内容包括工资集体协商的应知应会知识，理论联系实际，既阐述了工资集体协商的理论知识，又介绍了工资集体协商的程序步骤、方式方法及策略技巧，还附有典型案例，简明实用，可作为工会干部和协商代表培训的有益教材。

在编写过程中参阅了大量有关书籍和资料，所附的典型案例多来自网络和书籍，在此向有关作者表示诚挚谢意。同时，也对为本书出版予以大力支持并做出辛勤努力的出版社编辑同志表示衷心感谢。

由于编者水平所限，书中如有不足之处，敬请读者朋友予以批评指正。

目　录

第一章　集体协商与集体合同制度

集体协商与集体合同制度是中国特色社会主义市场经济中协调劳动关系的重要机制。大力推行集体协商与集体合同制度，对于维护劳动者合法权益、促进企事业单位的发展、构建和谐稳定的劳动关系有着非常重要的意义。工会组织和工会干部应当充分认识推行集体协商与集体合同制度的重要性，要把推行集体协商与集体合同制度作为工作重点，采取切实有效措施，不断推动集体协商与集体合同制度深入健康发展。

第二章　工资集体协商概述

工资集体协商是集体协商制度的重要组成部分。推行工资集体协商制度，建立适应中国特色社会主义市场经济要求的企业工资决定机制，对于深入贯彻新发展理念，保障劳动关系双方的合法权益，促进劳动关系和谐稳定，调动广大职工和企业经营管理者的积极性、创造性，促进企业生产发展和经济效益的提高，实现经济和社会协调发展，都具有十分重要的意义。

第三章　工资集体协商内容与参考因素

　　要深入实施工资集体协商制度，提高工资集体协商质量，发挥工资集体协商制度的作用，签订好工资专项集体合同，工会干部和职工协商代表就必须明确工资集体协商的内容，以及在情况不同企业的不同协商重点；还要了解掌握工资集体协商时应当参考的因素，并能够熟练地加以运用，这样才能实现推行工资集体协商制度的预期效果。

第四章　工资集体协商代表与工资集体协商程序

工资集体协商是由双方的协商代表进行的，明确工资集体协商代表的产生、职责及其权利和义务，是开展工资集体协商的基本条件。工资集体协商程序是开展工资集体协商的基本方法步骤，是工资集体协商合法有效的前提和保障。开展工资集体协商还要了解并符合规定的协商程序。

第五章　工资专项集体合同的履行、变更、解除和终止

工资专项集体合同的履行是工资专项集体合同制度实现的基本形

式。工资专项集体合同一旦生效，就具有法律效力，合同双方必须遵守执行，这样才能实现签订工资专项集体合同的目的，才能发挥工资专项集体协商的作用。工资专项集体合同的变更、解除和终止也有明确的法律规定，必须符合变更、解除和终止的条件、程序。

第六章　行业性、区域性工资集体协商

随着社会主义市场经济的深入发展，我国非公有制企业不断增多，这些企业大多规模较小，职工流动性较大，工会力量薄弱，职工合法权益受侵害的现象时有发生，劳动关系矛盾相对突出。一些地方的实践经验证明，在非公有制小企业或同行业企业比较集中的地区开展行业性区域性工资集体协商签订工资专项集体合同工作，对维护劳动关系

双方的合法权益，构建和谐稳定的劳动关系，营造有利于企业持续健康发展的良好环境，促进行业和区域经济的协调发展，维护社会稳定，将发挥重要的作用。

第七章　工资集体协商的策略与技巧

工资集体协商是一项政策性、专业性、实践性很强的系统工程，也是劳动关系双方不断博弈的过程。在开展工资集体协商过程中，了解掌握实际操作过程中策略与技巧，并恰当运用合适的策略与技巧，对于增强工资集体协商的针对性和实效性、达到工资集体协商的预期目标，具有重要的现实意义。

第八章　工资集体协商常用范本

工资集体协商范本主要包括工资集体协商要约书与回应书范本、工资专项集体合同范本，这些范本只是为工资集体协商需要撰写的有关文书提供一些样本，仅供参考。在具体开展工资集体协商时，应当根据国家有关法律法规和政策规定，结合本企业、本行业、本区域的实际情况，适当予以运用。

附　录

第一章

集体协商与集体合同制度

　　集体协商与集体合同制度是中国特色社会主义市场经济中协调劳动关系的重要机制。大力推行集体协商与集体合同制度，对于维护劳动者合法权益、促进企事业单位的发展、构建和谐稳定的劳动关系有着非常重要的意义。工会组织和工会干部应当充分认识推行集体协商与集体合同制度的重要性，要把推行集体协商与集体合同制度作为工作重点，采取切实有效措施，不断推动集体协商与集体合同制度深入健康发展。

第一节　集体协商与集体合同制度概述

一、集体协商与集体合同的概念

(一) 集体协商的概念

集体协商，又称集体谈判，是指劳动者通过自己的组织或代表与相应的雇主、雇主组织或者其代表为签订集体合同进行商谈的行为。在我国，集体协商是指工会或职工代表与企业或企业团体就劳动问题，为签订集体合同进行商谈的行为。集体协商是保护职工合法权益，建立和谐稳定的劳动关系，调动和发挥广大职工积极性、创造性，促进企业和职工加强沟通、共谋发展的重要手段。集体协商是签订集体合同的基础和关键环节。

集体协商具有以下特点：

1. 集体协商代表的身份对等；

2. 集体协商双方代表的法律地位平等；

3. 集体协商是围绕着改善劳动条件和协调劳动关系的协商；

4. 集体协商是公开、公平、平等的协商；

5. 集体协商是和平协商；

6. 集体协商的结果体现在所签订的集体合同中；

7. 集体协商是在法律、法规规定的范围内协商。

(二) 集体合同的概念

集体合同，又称团体协约、集体协议，是指用人单位与本单位职工根据法律、法规、规章的规定，就劳动报酬、工作时间、休息休假、劳动安全卫生、职业培训、保险福利等事项，通过平等协商签订的书面协议。所谓专项集体合同，是指用人单位与本单位职工根据法律、法规、规章的规定，就集体协商的某项内容签订的专项书面协议。

《中华人民共和国劳动法》（以下简称《劳动法》）第 33 条规定："企业职工一方与企业可以就劳动报酬、工作时间、休息休假、劳动安全卫生、保险福利等事项，签订集体合同。集体合同草案应当提交职工代表大会或者全体职工讨论通过。集体合同由工会代表职工与企业签订；没有建立工会的企业，由职工推举的代表与企业签订。"

《中华人民共和国劳动合同法》（以下简称《劳动合同法》）第 51 条规定："企业职工一方与用人单位通过平等协商，可以就劳动报酬、工作时间、休息休假、劳动安全卫生、保险福利等事项订立集体合同。"

为规范平等协商和签订集体合同行为，依法维护劳动者和用人单位的合法权益，2004 年 1 月 20 日，原劳动和社会保障部颁布了《集体合同规定》，自 2004 年 5 月 1 日起施行。

集体合同的特征主要是：

1.集体合同是特定的当事人之间订立的协议。在集体合同中，当事人一方是代表职工的工会组织或职工代表；另一方是用人单位。当事人中至少有一方是由多数人组成的团体。特别是职工方，必须由工会或职工代表参加，集体合同才能成立。

2.集体合同内容包括劳动报酬、工作时间、休息休假、劳动安全卫生、女职工劳动保护、社会保险、集体福利等事项。在集体合同中，劳动标准是集体合同的核心内容，对个人劳动合同起制约作用。

3.集体合同的双方当事人的权利义务不均衡。集体合同基本上都是强调用人单位的义务，如为劳动者支付劳动报酬、参加社会保险、提供符合法律规定的劳动保护和劳动条件等。

4.集体合同采取要式合同的形式，需要报送劳动行政部门登记、审查、备案方为有效。

5.集体合同受到国家宏观调控的制约，就效力来说，集体合同效力高于劳动合同，劳动合同规定的职工个人劳动条件和劳动报酬标准，不得低于集体合同的规定。

6.集体合同是我国一项重要的劳动法律制度。

7.集体合同的订立,主要通过劳动关系双方的代表或双方的代表组织平等协商,在协商一致的基础上达成协议。

8.集体合同制度的运作十分灵活,没有固定模式,并且经法定程序订立的集体合同,对劳动关系双方都具有约束力。

9.集体合同制度必须遵循的一项重要原则,就是劳动关系双方在平等自愿的基础上相互理解和相互信任。

二、集体协商与集体合同制度的重要作用

(一) 全面推进集体协商与集体合同制度,是建立和谐稳定的劳动关系的需要

用人单位的劳动关系,是用人单位中处于主导地位的核心关系,直接影响着职工的利益和用人单位的发展。当今社会,随着用工方式走向多元化,劳动关系日趋复杂,劳动争议明显增多。推行集体协商与集体合同制度,有利于化解劳资冲突,减少劳资关系中的不稳定因素,协调和规范劳动关系,促进劳动关系和谐稳定。

(二) 全面推进集体协商与集体合同制度,是维护职工合法权益的有效机制

工会作为职工利益的代表者和维护者,其基本职责是维护职工合法权益,竭诚服务职工群众。工会维护职工合法权益的有效机制就是集体协商与集体合同制度。工会组织代表职工就涉及职工切身利益的劳动报酬、工作时间、休息休假、劳动安全卫生、保险福利等事项,与企业进行平等协商,最终达成一致,签订集体合同,有利于从源头和整体上维护职工的合法权益。

(三) 全面推行集体协商与集体合同制度,是促进经济社会发展的重要保障

通过集体协商,签订集体合同,使劳动关系更加和谐稳定,使职工的

合法权益得到切实维护，有利于充分调动和发挥职工的积极性、主动性、创造性，激发职工的劳动热情，提高劳动生产率，推动经济社会发展。

（四）全面推行集体协商与集体合同制度，是更好发挥工会作用的基本途径

全面推行集体协商与集体合同制度，是工会组织履行基本职责的要求，有利于更好地发挥工会在协调企业劳动关系中的积极作用，使工会在协调劳动关系和维护职工劳动权益的职能发挥得更直接、更生动、更有效，使工会的"维权"职能实现法治化，并带动工会全面工作的开展。

三、集体合同与劳动合同的区别

集体合同与劳动合同是劳动法调整的两大合同，都是用来调整劳动关系的。但是，两者有明显的区别，主要是：

（一）主体不同

集体合同的当事人一方是用人单位，另一方必须是职工自愿结合而成的工会或者职工推举的代表。而劳动合同的一方当事人是用人单位，另一方通常是劳动者个人。

（二）内容不同

集体合同的内容是关于用人单位的一般劳动条件标准的约定，以全体劳动者共同权利和义务为内容。劳动合同的内容只涉及单个劳动者的权利义务。

（三）适用范围不同

集体合同适用于用人单位的全体劳动者，即一份集体合同适用于用人单位的每一名劳动者；劳动合同则只适用于劳动者个人，对用人单位其他劳动者没有约束力。

（四）作用不同

集体合同的作用是为劳动关系的各方面设定具体标准，发展和改善劳

动关系。而劳动合同的作用是确立劳动者和用人单位的劳动关系。

（五）签订程序不同

集体合同需由职工代表与用人单位进行平等协商，形成集体合同草案，经职工代表大会或者全体职工讨论通过，并报送劳动保障部门；而劳动合同是由职工本人与用人单位直接签订。

（六）法律效力不同

集体合同的法律效力高于劳动合同的法律效力，它是用人单位与劳动者订立劳动合同的重要依据，劳动者个人与用人单位订立的劳动合同的条款的标准不得低于集体合同的规定。两者出现不一致时，应以集体合同规定的条款为准。同时，集体合同对于签订集体合同的用人单位和全体劳动者都发生效力，而劳动合同只能是对用人单位和单个的劳动者发生效力。

四、集体协商、签订集体合同的原则

进行集体协商，签订集体合同或专项集体合同，应当遵循下列原则：

（一）合法原则

合法原则，即集体协商、签订集体合同必须遵守法律、法规、规章及国家有关规定。首先，集体协商主体必须具备合法的资格；其次，集体协商的内容必须合法，经过集体协商达成的集体合同中的各项具体劳动标准不得低于法律、法规规定的最低标准；最后，集体协商必须按照法律、法规规定的程序进行。

（二）相互尊重，平等协商

相互尊重，就是要相互尊重对方，相互有彼此尊重的权利和义务，营造和谐融洽的气氛，

平等协商，是指集体协商主体双方，即工会或职工代表与企业代表在集体协商过程中的法律地位完全平等，不存在隶属关系，双方都享有平等的建议权、否决权、赞同权和陈述权，要注重平等性，任何一方都不得将

自己的意志强加于对方。

（三）诚实守信，公平合作

诚实守信是为人之本，也是协商之要。没有诚信就没有协商，也没必要进行协商。所以，诚信是集体协商的基础和保障，协商一定要讲诚信，不弄虚作假，不隐瞒欺骗，不浮夸虚化，不自欺欺人，要言而有信，讲信用、守诺言，做到言必信、行必果。

没有团结协作，只能是一盘散沙，一事无成。合作原则就是指集体协商主体双方应本着合作的精神进行集体协商，任何一方既要考虑自己的利益和诉求，还要考虑到对方的利益和意见，要相互支持、相互配合，通过有效合作，实现双方的利益。

（四）兼顾双方合法权益

在集体协商过程中，企业方不应强调企业的经济效益而忽视对职工的基本利益的保护，工会方也不能只强调劳动者的利益而影响企业的发展。双方应使协商的结果充分体现双方权益的统一，有利于企业的持续发展和职工积极性的调动，从而实现双赢的局面。

（五）不得采取过激行为

在集体协商期间，双方都要从劳动关系和谐稳定和经济发展的大局出发，自始至终求同存异，相互谅解，力争达成一致意见。协商双方都应自觉维护和谐的气氛，任何一方不得采取过激行为，要维护正常的生产工作秩序。

五、集体合同的种类

根据集体合同所涉及的内容来划分，分为综合性集体合同和专项集体合同。综合性集体合同，也叫一揽子集体合同，是指用人单位与劳动者一方就集体合同的所有主要内容全面达成一致而订立的集体合同，包括劳动报酬、工作时间、休息休假、劳动安全卫生、保险福利等一系列内容；专项集体合同是指用人单位与本单位职工根据法律、法规、规章的规定，就集体协商的某项内容签订的专项书面协议。专项集体合同涉及某一个侧面的问题，因而订立的时候就更有针对性，一般是针对某个劳动关系双方都关注的问题订立专项集体合同。《劳动合同法》第 52 条规定："企业职工一方与用人单位可以订立劳动安全卫生、女职工权益保护、工资调整机制等专项集体合同。"

从集体合同覆盖范围来划分，分为企业、区域性和行业性集体合同。《劳动合同法》第 53 条规定："在县级以下区域内，建筑业、采矿业、餐饮服务业等行业可以由工会与企业方面代表订立行业性集体合同，或者订立区域性集体合同。"

第二节　集体协商的内容与基本程序

一、集体协商内容

集体协商双方可以就下列多项或某项内容进行集体协商，签订集体合同或专项集体合同。

（一）劳动报酬

具体包括：

1. 用人单位工资水平、工资分配制度、工资标准和工资分配形式；

2. 工资支付办法；

3. 加班、加点工资及津贴、补贴标准和奖金分配办法；

4. 工资调整办法；

5. 试用期及病、事假等期间的工资待遇；

6. 特殊情况下职工工资（生活费）支付办法；

7. 其他劳动报酬分配办法。

（二）工作时间

具体包括：

1. 工时制度；

2. 加班加点办法；

3. 特殊工种的工作时间；

4. 劳动定额标准。

（三）休息休假

具体包括：

1. 日休息时间、周休息日安排、年休假办法；

2. 不能实行标准工时职工的休息休假；

3. 其他假期。

（四）劳动安全与卫生

具体包括：

1. 劳动安全卫生责任制；

2. 劳动条件和安全技术措施；

3. 安全操作规程；

4. 劳保用品发放标准；

5. 定期健康检查和职业健康体检。

（五）补充保险和福利

具体包括：

1. 补充保险的种类、范围；

2. 基本福利制度和福利设施；

3. 医疗期延长及其待遇；

4. 职工亲属福利制度。

（六）女职工和未成年工特殊保护

具体包括：

1. 女职工和未成年工禁忌从事的劳动；

2.女职工的经期、孕期、产期和哺乳期的劳动保护；

3.女职工、未成年工定期健康检查；

4.未成年工的使用和登记制度。

（七）职业技能培训

具体包括：

1.职业技能培训项目规划及年度计划；

2.职业技能培训费用的提取和使用；

3.保障和改善职业技能培训的措施。

（八）劳动合同管理

具体包括：

1.劳动合同签订时间；

2.确定劳动合同期限的条件；

3.劳动合同变更、解除、续订的一般原则及无固定期限劳动合同的终止条件；

4.试用期的条件和期限。

（九）奖惩

具体包括：

1.劳动纪律；

2.考核奖惩制度；

3.奖惩程序。

（十）裁员

具体包括：

1.裁员的方案；

2.裁员的程序；

3.裁员的实施办法和补偿标准。

（十一）集体合同期限

集体合同或专项集体合同期限一般为1至3年，期满或双方约定的终止条件出现，即行终止。

（十二）变更、解除集体合同的程序

（十三）履行集体合同发生争议时的协商处理办法

（十四）违反集体合同的责任

（十五）双方认为应当协商的其他内容

二、集体协商代表

（一）集体协商代表的产生

集体协商代表，是指按照法定程序产生并有权代表本方利益进行集体协商的人员。这个定义中，集体协商代表有 3 个要素：一是按照法定程序产生，二是有权代表本方利益，三是参加集体协商。

集体协商双方的代表人数应当对等，每方至少 3 人，并各确定 1 名首席代表。首席代表不得由非本单位人员代理。

职工一方的协商代表由本单位工会选派。未建立工会的，由本单位职工民主推荐，并经本单位半数以上职工同意。职工一方的首席代表由本单位工会主席担任。工会主席可以书面委托其他协商代表代理首席代表。工会主席空缺的，首席代表由工会主要负责人担任。未建立工会的，职工一方的首席代表从协商代表中民主推举产生。

用人单位一方的协商代表，由用人单位法定代表人指派，首席代表由单位法定代表人担任或由其书面委托的其他管理人员担任。

协商代表履行职责的期限由被代表方确定。集体协商双方首席代表可以书面委托本单位以外的专业人员作为本方协商代表，委托人数不得超过本方代表的1/3。用人单位协商代表与职工协商代表不得相互兼任。

（二）集体协商代表的职责

集体协商代表应履行下列职责：

1.参加集体协商；

2.接受本方人员质询，及时向本方人员公布协商情况并征求意见；

3. 提供与集体协商有关的情况和资料；

4. 代表本方参加集体协商争议的处理；

5. 监督集体合同或专项集体合同的履行；

6. 法律、法规和规章规定的其他职责。

协商代表应当维护本单位正常的生产、工作秩序，不得采取威胁、收买、欺骗等行为。

协商代表应当保守在集体协商过程中知悉的用人单位的商业秘密。

（三）集体协商代表的保护

企业内部的协商代表参加集体协商视为提供了正常劳动。

职工一方协商代表在其履行协商代表职责期间劳动合同期满的，劳动合同期限自动延长至完成履行协商代表职责之时，除出现下列情形之一的，用人单位不得与其解除劳动合同：

1. 严重违反劳动纪律或用人单位依法制定的规章制度的；

2. 严重失职、营私舞弊，对用人单位利益造成重大损害的；

3. 被依法追究刑事责任的。

职工一方协商代表履行协商代表职责期间，用人单位无正当理由不得调整其工作岗位。

（四）集体协商代表的更换

根据《集体合同规定》第30、31条规定，工会可以更换职工一方协商代表；未建立工会的，经本单位半数以上职工同意可以更换职工一方协商代表。用人单位法定代表人可以更换用人单位一方协商代表。

集体协商代表因更换、辞任或遇有不可抗力等情形造成空缺的，应在空缺之日起15日内按照本规定产生新的代表。

三、集体协商的基本程序

集体协商程序，是指集体协商从启动到集体合同成立生效所经过的过程。根据《集体合同规定》的规定，集体协商应按下列程序进行：

（一）提出协商要求

集体协商任何一方均可就签订集体合同或专项集体合同以及相关事宜，以书面形式向对方提出进行集体协商的要求。一方提出进行集体协商要求的，另一方应当在收到集体协商要求之日起 20 日内以书面形式给以回应，无正当理由不得拒绝进行集体协商。

（二）准备工作

协商代表在协商前应进行下列准备工作：

1.熟悉与集体协商内容有关的法律、法规、规章和制度；

2.了解与集体协商内容有关的情况和资料，收集用人单位和职工对协商意向所持的意见；

3.拟定集体协商议题，集体协商议题可由提出协商一方起草，也可由双方指派代表共同起草；

4.确定集体协商的时间、地点等事项；

5.共同确定一名非协商代表担任集体协商记录员。记录员应保持中立、公正，并为集体协商双方保密。

（三）协商

根据《集体合同规定》，集体协商主要采取协商会议的形式。集体协商会议由双方首席代表轮流主持。

（四）审议通过

根据《集体合同规定》，经双方协商代表协商一致的集体合同草案或专项集体合同草案应当提交职工代表大会或者全体职工讨论。

职工代表大会或者全体职工讨论集体合同草案或专项集体合同草案，应当有 2/3 以上职工代表或者职工出席，且须经全体职工代表半数以上或者全体职工半数以上同意，集体合同草案或专项集体合同草案方获通过。

（五）签字

集体合同草案或专项集体合同草案经职工代表大会或者职工大会通过

后，由集体协商双方首席代表签字。

（六）报送、登记、审查

根据《集体合同规定》，集体合同或专项集体合同签订或变更后，应当自双方首席代表签字之日起10日内，由用人单位一方将文本1式3份报送劳动保障行政部门审查。劳动保障行政部门对报送的集体合同或专项集体合同应当办理登记手续。

劳动保障行政部门应当对报送的集体合同或专项集体合同的下列事项进行合法性审查：

1.集体协商双方的主体资格是否符合法律、法规和规章规定；

2.集体协商程序是否违反法律、法规、规章规定；

3.集体合同或专项集体合同内容是否与国家规定相抵触。

劳动保障行政部门对集体合同或专项集体合同有异议的，应当自收到文本之日起15日内将《审查意见书》送达双方协商代表。《审查意见书》应当载明以下内容：

1.集体合同或专项集体合同当事人双方的名称、地址；

2.劳动保障行政部门收到集体合同或专项集体合同的时间；

3.审查意见；

4.作出审查意见的时间。

《审查意见书》应当加盖劳动保障行政部门印章。

（七）生效、公布

劳动保障行政部门自收到文本之日起15日内未提出异议的，集体合同或专项集体合同即行生效。

生效的集体合同或专项集体合同，应当自其生效之日起由协商代表及时以适当的形式向本方全体人员公布。

第三节　集体合同的履行

一、集体合同履行的概念

集体合同的履行，是指在集体合同依法签订后，双方当事人按照集体合同约定的时间、地点和方法，全面完成集体合同规定的义务。当事人完成了集体合同规定的全部义务，叫集体合同的全部履行；只完成了集体合同规定的部分义务，叫集体合同的部分履行；没有完成集体合同规定的义务，叫集体合同未履行。集体合同一旦生效，就具有法律效力，双方当事人必须遵守执行，无法定理由拒不履行合同的，应当承担违约责任。

集体合同一经生效，集体合同双方应当履行。履行集体合同过程中出现的问题，应当协商解决。

二、集体合同履行的原则

集体合同履行应坚持以下原则：

（一）全面履行原则

即集体合同生效后，当事人双方按照集体合同规定的时间、地点、数量以及履行方式等，全面完成集体合同规定的义务。

（二）实际履行的原则

即当事人完全按照集体合同约定的义务履行，合同中规定了什么义务就履行什么义务，除了法律、法规有规定或征得对方当事人同意外，不得用完成另外的义务来代替约定的义务。一方违约时，也不得用其他方式代替履行。对方要求继续履行时，仍应完成集体合同规定的义务。

（三）协作履行的原则

协作履行原则是指集体合同当事人不仅适当履行自己的义务，而且应基于诚实信用原则的要求协助对方当事人履行其义务的履行原则。只有双方当事人在合同履行过程中相互配合、相互协作，集体合同才会得到适当履行。

三、工会对履行集体合同的监督

集体合同的履行要接受工会和职工群众的监督。各级劳动保障行政部门要依法加强对集体合同制度履行情况的行政监察工作，把劳动保障监察同工会劳动法律监督紧密结合起来，对无正当理由拒绝平等协商、违反集体合同的企业，要责令其限期改正，依法处理。

第四节　集体合同变更、解除和集体协商争议处理

一、集体合同变更或解除

所谓集体合同的变更，是指双方当事人在集体合同没有履行或虽已开始履行但尚未完全履行之前，因订立集体合同的主客观条件发生了变化，依照法律规定的条件与程序，对原合同中的部分条款进行修改、补充的法律行为。所谓集体合同的解除，是指集体合同依法签订后，未履行完毕前，由于某种原因导致当事人一方或双方提前终止集体合同的法律效力，停止履行双方劳动权利义务关系的法律行为。

一般而言，集体合同的变更或者解除可以分为法定和约定的变更或解除：

（一）约定变更或解除

根据《集体合同规定》第 39 条的规定，双方协商代表协商一致，可

以变更或解除集体合同或专项集体合同。

（二）法定变更或解除

根据《集体合同规定》第 40 条的规定，有下列情形之一的，可以变更或解除集体合同或专项集体合同：

1. 用人单位因被兼并、解散、破产等原因，致使集体合同或专项集体合同无法履行的；

2. 因不可抗力等原因致使集体合同或专项集体合同无法履行或部分无法履行的；

3. 集体合同或专项集体合同约定的变更或解除条件出现的；

4. 法律、法规、规章规定的其他情形。

变更或解除集体合同程序：根据《集体合同规定》规定，变更或解除集体合同或专项集体合同适用本规定的集体协商程序。

二、集体协商争议的协调处理

集体协商过程中发生争议，双方当事人不能协商解决的，当事人一方或双方可以书面向劳动保障行政部门提出协调处理申请；未提出申请的，劳动保障行政部门认为必要时也可以进行协调处理。

劳动保障行政部门应当组织同级工会和企业组织等三方面的人员，共同协调处理集体协商争议。

协调处理集体协商争议，应当自受理协调处理申请之日起 30 日内结束协调处理工作。期满未结束的，可以适当延长协调期限，但延长期限不得超过 15 日。

协调处理集体协商争议应当按照以下程序进行：

（1）受理协调处理申请；

（2）调查了解争议的情况；

（3）研究制定协调处理争议的方案；

（4）对争议进行协调处理；

（5）制作《协调处理协议书》。

《协调处理协议书》应当载明协调处理申请、争议的事实和协调结果，双方当事人就某些协商事项不能达成一致的，应将继续协商的有关事项予以载明。《协调处理协议书》由集体协商争议协调处理人员和争议双方首席代表签字盖章后生效。争议双方均应遵守生效后的《协调处理协议书》。

？ 思考题：

1. 什么是集体协商？它有哪些特点？

2. 什么是集体合同？它有哪些特点？

3. 集体协商与集体合同的重要作用是什么？

4. 集体协商、签订集体合同的原则是什么？

5. 集体合同与劳动合同有什么区别？

6. 集体合同有哪些种类？

7. 简述集体协商的主要内容。

8. 简述集体协商的基本程序。

9. 集体协商代表如何产生？

10. 集体协商代表的主要职责是什么？

11. 集体合同履行应当遵守什么原则？

12. 集体协商争议如何处理？

案例1

深化集体协商工作五年规划晒出亮丽答卷

2018 年 12 月 06 日　来源：《工人日报》

江苏南京月牙湖街道，小微企业集中、人员流动大、用工不规范、工资协商难度大。对此，该街道率先探索了区域性集体协商新模式，在街道层面由商会代表雇主与街道工会分行业开展工资集体协商，解决企业差异化问题。

与此同时，经过多轮协商，福建成功签订第一份省级行业集体合同，解决了清洗保洁行业这一低收入群体的老难题，行业职工工资上涨100—300元不等，惠及全省清洗保洁行业190多家企业的近10万名职工。

在全国，集体协商工作正开展得如火如荼。2014年，中华全国总工会下发《深化集体协商工作规划（2014—2018年）》（以下简称《五年规划》）。如今，《五年规划》各项目标任务基本完成，因地制宜开展集体协商已经成为各级工会长期开展的重点工作，集体协商动态建制率保持在80%以上，百人以上企业动态建制率保持在90%以上。尤其值得关注的是，通过集体协商制度，搭建沟通合作平台，完善成果分享机制，实现职工和企业共赢，日益为广大职工和企业管理者认同与支持。

集体协商提质增效

"截至2017年年底，全国签订综合集体合同140.25万份，覆盖企业369.97万家，覆盖职工1.75亿人；签订工资专项合同129.85万份，覆盖企业357.73万家，覆盖职工1.62亿人……"

来自《五年规划》总结报告的这组数据，背后是各级工会致力于实现集体协商工作提质增效的努力与探索。

大连市金普新区外资企业多、劳动密集型企业多、青年务工人员多，企业管理难、关系协调难、矛盾解决难这"三多三难"，使新区劳动关系复杂。对此，金普新区总工会创新发展区域集体协商制度，从建立健全区域协商、外企联络、策略培训、咨询指导、严把关口、主席保护六项制度入手，充分发挥企业工会、外企联合会、区域工会作用，推动劳动关系双方协商共事，利益共享，劳动关系矛盾逐年下降。

工会组织如何适应劳动关系、职工队伍新变化，工会工作载体和手段如何满足职工需求？这是各地工会共同面对的考题。

各级工会坚持以职工需求为导向，主动将职工最直接最关心最迫切的现实问题纳入集体协商之中，着力解决职工最操心最忧虑最困难的问题。许多省市和企业把职工关心的福利费及教育经费使用、劳动保护、技能人才待遇、带薪休假、职工疗休养、健康体检、食堂通勤和子女托育等纳入集体协商范围。有些省市还创造性地提出"四必谈""1＋X""4＋N""1＋4＋N"等协商模式，进一步增强了企业集体协商的灵活性和实效性，拓展了协商范围，回应了职工诉求。

5年来，供给侧企业改革也成为各级工会关注的焦点，将去产能企业的工资按时支付、职工转岗下岗安置、待岗职工生活保障、职工再就业培训以及职工技能提升等纳入集体协商之中，在推动企业转型发展中维护职工合法权益。

聚集产业工人队伍建设大局，各级工会进一步将职工长远利益与企业发展紧密结合。如四川通过协商引导企业在工资结构中设置体现技术技能价值的单元或津贴制度，江苏首签职工技术创新专项集体合同，云南将集体协商与引领职工素质提升相结合，河北唐山鼓励企业签订职工培训专项集体合同……

推进集体协商工作的一个个"首次"、一项项创新，都指向同一个目标：让职工更有获得感。

行业集体协商蓬勃发展

突出抓好行业集体协商，是推进《五年规划》的重要举措之一。

5年来，各级工会把行业集体协商作为主攻方向，不断加大人员经费投入，大力加强协商主体建设，丰富协商内容和深度，使行业集体协商发挥更大效用，行业标准逐步完善。

据统计，截至2018年6月，全国共签订行业集体合同5.9万份，覆盖企业50万个，覆盖职工1940万人。与此同时，不同层次的行业劳动标准也逐步建立完善，行业协商逐步向灵活用工领域延伸，行业协商在规范用工、引导职工有序流动、推进行业有序竞争和健康发展方面的作用日益凸显。

各级工会努力适应市场经济发展的客观要求，勇于突破体制禁锢，探索形成了行业集体协商的有效形式和工作机制。以北京为例，随着分享经济发展迅猛，非公有制用人单位职工已占在职职工比重70%以上，这对工会维权工作提出了新要求。为此，北京市总工会大力推进行业协商，目前全市有13个市级行业、31个区级行业、89个街道乡镇行业开展了集体协商，协商内容不断丰富，覆盖面逐年提升。

与此同时，各级工会努力适应企业用工方式的发展变化，自觉加大行业协商指导服务工作力度。湖北探索在外卖、网约车等平台经济领域开展集体协商，开创了餐饮行业集体协商的"武汉样本"；上海市探索建立新业态用工领域的协商机制，发布快递、医护、家政等行业的劳动者收入报酬状况及市场服务通用价位，形成行业劳动标准；山东省海员工会发布公务船/科考船派遣制船员行业工资参考标准，等等。

5年来，在地方工会和产业工会的共同努力下，全国先后出现了邳州板材、深圳盐田港拖车、海南酒店、宁夏枸杞、三门峡劳务派遣等一大批行业协商的典型经验，被国际劳工组织收入《中外集体协商典型案例比较》，形成了国内外舆论的积极影响和示范作用。

建立健全集体协商指导员队伍

在浙江宁波，今年首次举办的工资集体协商模拟比赛引发了关注，"培训＋情景演示＋实战竞赛"相结合的"三位一体"的比赛模式让很多工会干部和职工代表的协商能力显著提高。培养专业的集体协商指导员队伍，向企业提供"菜单式"服务和针对性指导，为开展集体协商提供了有力支持。

5年来，集体协商专职指导员逐渐成为加强基层工会建设、推进集体协商的重要力量。各地按照全总《五年规划》《关于加强专职集体协商指导员队伍建设的意见》等要求，自觉加大经费投入力度，因地制宜推进专兼职集体协商指导员队伍建设。截至2018年3月底，全国各级工会已形成41361人的专兼职集体协商指导员，其中专职指导员4612人。此外，绝大多数省（区、市）实现了集体协商指导员在省、市、县三级工会全覆盖，并不断向乡镇街道和社区延伸。

各级工会切实加强专职集体协商指导员管理，进一步完善指导员队伍的选聘、培训、考核、奖惩等制度。26个省（区、市）和新疆生产建设兵团工会制定了集体协商指导员队伍管理办法和考核制度，16个省（区、市）对优秀指导员进行差异化奖励。许多地方工会还探索建立了以专职指导员为负责人的指导工作室，形成行业（区域）工会、人社和企业代表组织合力推进行业协商的局面，指导员队伍作用得到进一步发挥。

探索质效评估新标尺

集体协商的效果好不好，最终要由职工来检验。

为此，四川省总工会把职工知晓度、参与度和满意度作为集体协商质效评估的核心要素，从制度建设、协议内容评价、程序规范性、协议履行状况、职工满意度测评等7方面，细化了42项评估指标，探索完善了集体协商质效评估制度机制。

在全国，正有越来越多的工会组织将质效评估作为集体协商的必要程序，有机融入集体协商工作的链条之中。

在深入了解职工诉求变化的情况下，各级工会不断拓展协商内容、强化职工参与、完善协商机制，增强了企业集体协商的针对性和有效性。目前，全国25个省（区、市）和新疆兵团工会建立了集体协商绩效评估体系，对企业集体协商程序和内容进行量化评价。

2018年，按照全总《关于开展集体协商质效评估试点工作的通知》的要求，北京、河北等10个省份开展了质效评价试点，提高职工群众对集体协商工作的认同感和获得感，激发企业行政对开展集体协商的内生动力，促进了企业劳动关系的和谐稳定。

统计显示，职工对集体协商工作的参与率、知晓率和满意率较《五年规划》实施前有较大的提升，集体协商的实效性进一步增强。2017年，在实施落实《五年规划》情况调研督查中发现，有14个省（区、市）的企业职工对集体合同的知晓率超过90%，22个省（区、市）的企业职工对集体协商参与率超过70%，15个省（区、市）的企业职工对集体协商的满意率超过70%。（记者　彭文卓　郑　莉）

案例2

建立六项制度构建协商共赢关系

2018年12月06日 来源:《工人日报》

大连金普新区总工会针对外资企业多、劳动密集型企业多、青年务工人员多,企业管理难、关系协调难、矛盾解决难这"三多""三难"的特点,创新发展区域集体协商制度,从建立健全六项制度入手,推动劳动关系双方协商共事、机制共建、效益共创、利益共享。

——着力开展"区域协商",破解企业工会"势单力薄"难题。由区总工会出面代表全区外企工会与外企商会组织代表进行多轮沟通,就下一年度工资调整相关事宜通报情况、交换意见、达成共识,确定当年工资集体协商的指导标准和指导性意见。同时,面对面指导、分期培训,并发布当年工资协商参照标准,推动依法开展协商。

——建立"外企联络"制度,破解外企工会有效覆盖难题。成立外商投资企业工会联合会,由区总工会副主席担任外企联主席,大型外企专职工会主席担任副主席,下设9个工作站,并由区总工会工作人员担任联络员,实现区总工会和工作站的组织和权益维护双重覆盖。

——建立"咨询指导"制度,破解基层协商意识淡化难题。为职工提供全方位咨询指导,建立微信公众平台,随时向全区职工推送协商知识,提供政策咨询等服务;建立工会QQ工作群,提供专业律师答疑解惑。此外,区总工会法援中心常设信访和法援窗口、职工维权热线,拥有150多人的法律援助志愿者队伍,调处成功率100%。

——建立"策略培训"制度,破解职工方协商能力提升难题。新区总工会为企业工会提供精准服务和提升其协商能力,建立专家指导员队伍,邀请外企高管定期为企业工会授课,让企业工会主席能看懂企业的财务报表,摸清谈判区间,提出高质量建议。

——建立"五项把关"制度,破解集体协商形式化难题,即把好源头控制关、把好程序规范关、把好协议质量关、把好职代会审议通过关、把好履约监督关。同时，还建立了工资集体协商台账机制、集体协商工作竞赛机制，推动集体协商工作不断提质增效。

——建立"主席保护"制度，破解维权者被侵权难题。新区总工会为解除企业工会主席后顾之忧，建立了"三有机制"，即换届选举有监督，履行职责有后盾，被免离职有说法，确保不让一名优秀企业工会主席受到不公正待遇。（大连金普新区总工会）

案例3

银川市总推动集体协商工作提质扩面

2021 年 4 月 20 日　来源：中工网——《工人日报》

中工网讯（记者马学礼　通讯员陆成）"新举措对提升集体协商工作的质量水平效果明显。"在近日举行的银川市西夏区"百日要约"行动启动仪式上，集体协商专职指导员路杰说。从今年 4 月 1 日开始，银川市总工会集中在各县市区、街道、工业园区举行集体协商"百日要约"行动，并现场组织各单位进行实战演练和观摩。银川市总还将适时开展业务培训，提高集体协商指导员的工作能力。这些创新举措推动集体协商工作规范化，得到基层工会和职工的普遍认可。

近年来，银川市总始终把集体协商工作作为维护劳动关系和谐稳定的重要手段，不断推进集体协商内容、形式、方法的创新。今年 3 月，银川市总联合市人社局和市工商联推出"百日要约"活动，并在各启动仪式现场发放集体协商邀约书，同时进行实战演练和观摩。

"现场启动＋实战观摩＋业务培训"的集体协商推进新模式，强化了各级工会的工作职能，提升了工会的服务质量。永宁县四季鲜水果批发市场职工刘霞告诉记者，在不久前永宁县工业园区区域集体协商观摩会上，辖区推选的行政方和职工方各 9 名代表，围绕职工的保底工资、健康体检、防暑降温费、女职工卫生保健费四个议题展开协商，并最终达成一致意见。"这次现场观摩会加深了我对集体协商工作重要性的认识，同时让我对协商程序、内容和形式有了更直观深入的了解。"刘霞说。

目前，在银川市，集体协商工作逐步从劳动密集型等基础性行业向高端装备制造等银川市"十大产业"延伸，协商内容也由工资、福利等领域向合理化建议、小改小革、技术创新等方面进行了扩展，并培育形成枸杞、葡萄酒等一批具有行业、区域特色的集体协商典型。截至 2020 年年底，银川全市集体合同应签 2676 份，实签 2619 份，覆盖职工 25.7 万人，集体协商动态建制率保持在 97% 以上。

第二章

工资集体协商概述

　　工资集体协商是集体协商制度的重要组成部分。推行工资集体协商制度，建立适应中国特色社会主义市场经济要求的企业工资决定机制，对于深入贯彻新发展理念，保障劳动关系双方的合法权益，促进劳动关系和谐稳定，调动广大职工和企业经营管理者的积极性、创造性，促进企业生产发展和经济效益的提高，实现经济和社会协调发展，都具有十分重要的意义。

第一节　工资基础知识

一、工资的概念

工资是指用人单位根据国家有关规定或者劳动合同的约定，以货币形式直接支付给本单位劳动者的劳动报酬。工资是劳动者劳动收入的主要组成部分，是劳动者生活的主要或唯一的来源，是劳动者的核心利益。

工资具有如下特征：

1.工资是劳动者基于劳动关系所获得的劳动报酬；

2.工资是用人单位对劳动者履行劳动义务的物质补偿；

3.工资额的确定必须以劳动法规、劳动政策、集体合同和劳动合同的规定为依据；

4.工资必须以法定货币支付。

根据国家统计局 1990 年颁布并实施的《关于工资总额组成的规定》，工资一般包括计时工资、计件工资、奖金、津贴和补贴、延长工作时间的工资报酬以及特殊情况下支付的工资等。劳动者的以下劳动收入不属于工资范围：（1）单位支付给劳动者个人的社会保险福利费用，如丧葬抚恤救济费、生活困难补助费、计划生育补贴等；（2）劳动保护方面的费用，如用人单位支付给劳动者的工作服、解毒剂、清凉饮料费用等；（3）按规定未列入工资总额的各种劳动报酬及其他劳动收入，如根据国家规定发放的创造发明奖、国家星火奖、自然科学奖、科学技术进步奖、合理化建议和技术改进奖、中华技能大奖等，以及稿费、讲课费、翻译费等。

二、工资分配的原则

工资分配的原则，是由立法确认的贯穿于整个工资制度的基本准则，是实现工资制度立法目的的核心组成部分。《劳动法》第46条规定:"工资分配应当遵循按劳分配原则,实行同工同酬。工资水平在经济发展的基础上逐步提高。国家对工资总量实行宏观调控。"这一规定,明确了我国工资分配的原则。

(一) 按劳分配原则

按劳分配是分配个人消费品的社会主义原则,是指把劳动量作为个人消费品分配的主要标准和形式,按照劳动者的劳动数量和质量分配个人消费品,多劳多得,少劳少得。实行按劳分配原则,要体现奖勤罚懒,奖优罚劣,多劳多得,少劳少得。在我国以公有制为基础的市场经济条件下,按劳分配原则是工资分配的核心原则,我国劳动法的基本工资制度,就是依据这一原则建立的。

(二) 同工同酬原则

同工同酬是指用人单位对于从事相同工作岗位、付出相同劳动、取得相同工作业绩的劳动者,支付大体相同的劳动报酬。实行同工同酬,要求对所有劳动者不分性别、年龄、种族、民族,只要付出同等劳动,就付给同等的劳动报酬。同工同酬必须具备3个条件:一是劳动者的工作岗位、工作内容相同;二是在相同的工作岗位上付出了与别人同样的劳动工作量;三是同样的工作量取得了相同的工作业绩。

(三) 工资水平适应经济发展原则

生产决定分配,只有经济发展才能提供更多的可分配的社会产品;只有社会生产力发展了,才能有提高工资水平的物质基础。因此工资水平必须与经济发展水平相适应。

(四) 工资总量宏观调控原则

工资总量宏观调控是指国家根据既定的宏观经济、社会目标,对地区、部门(产业)、单位工资总量的确定和相互关系,综合运用经济、行政和法律等多种手段进行调节和控制,以实现资源优化配置和国民经济协调发展,使消费基金的增长与生产基金的增长相协调,消费与生产比例关系趋于合理。工资总量宏观调控的内容主要包括：界定工资总额，调控地区、部门（行业）工资水平以及调控用人单位工资总额等几方面。

三、劳动报酬权的基本内容

劳动报酬权是指劳动者依照劳动法律关系，履行劳动义务，由用人单位根据按劳分配的原则及劳动力价值支付报酬的权利。劳动报酬权包括劳动报酬协商权、劳动报酬请求权和劳动报酬支配权三方面基本内容。

（一）劳动报酬协商权

劳动报酬协商权，是指劳动者与用人单位依法通过协商确定劳动报酬的形式和水平的权利。其核心是依法确定劳动者自己的劳动报酬。依法是指双方在确定劳动报酬时，不得违背国家法律法规的规定。劳动者与用人单位协商确定的劳动报酬不能低于国家的最低工资标准，在此基础上可自由协商确定报酬水平。

（二）劳动报酬请求权

劳动报酬请求权，是指劳动者在与用人单位建立劳动关系、付出了劳动之后，有权请求用人单位按时足额支付劳动报酬。劳动报酬请求权在性质上属优先权，即优先受偿权。优先权是指依法律规定，特种债的债权人在债务人的全部财产或特定财产上享有的优先受偿的权利。这是根据劳动报酬具有生存保障价值而赋予的优先于债权而获得受偿的权利，也是人权优先的体现。尤其是在用人单位歇业、清算或者宣告破产时，劳动者的劳动报酬请求权得到法律的绝对优先保护。

（三）劳动报酬支配权

劳动报酬支配权，是指劳动者独立支配管理和处分自己劳动报酬的权利。劳动报酬支配权具有民法物权的属性，即劳动者有权自主地支配处分其劳动报酬，任何人都不能干涉和侵犯。否则，就构成了侵权。

四、工资的职能

工资具有以下基本职能：

（一）分配职能

工资是向职工分配个人消费品的社会形式，职工所得的工资额也就是社会分配给职工的个人消费品的份额。

（二）保障职能

工资作为职工主要的或唯一的生活来源，其首要作用是保障职工及其家属的基本生活需要。

（三）激励职能

工资是对职工的劳动的一种评价尺度或手段，对职工的劳动积极性主动性具有鼓励作用。

（四）补偿职能

工资可以使职工在劳动过程中体力与脑力的消耗得到补偿，保证劳动力的再生产，劳动才能得以继续，社会才能不断发展进步。

（五）效益职能

职工不仅创造了必要劳动价值，同时也创造了剩余劳动价值。剩余劳动价值的存在是企业的生存之本，是企业利润和效益的前提。所以从企业的角度看，支付给职工的工资不仅能补偿职工的劳动力消耗，而且还具有不断增值的效益功能，而正是这种效益功能才是企业投资的内在动力。

（六）杠杆职能

工资是国家进行宏观经济调节的经济杠杆，对劳动力总体布局、劳动力市场、国民收入分配、产业结构变化等都具有直接或间接的调节作用。

五、马克思主义关于工资的基本观点

马克思主义关于资本主义工资的理论，是剩余价值理论的重要部分。马克思深刻揭示了资本主义的本质及其运动规律。其基本观点在于：（1）工资是雇佣劳动关系的产物，是劳动力价值或者价格的转化形态，是在劳动力市场中根据劳动力生产费用和劳动供求关系而形成的。（2）资本主义工资的运动受价格规律和劳动力市场供求、竞争规律的调节支配，并受资本家与工人两大阶级力量对比和斗争的影响。（3）资本主义工资是以劳动力的价值或价格为尺度的，工资水平上升不会改变工人阶级被压迫被剥削的地位。

第二节　工资集体协商基本理论

一、工资集体协商的概念

（一）工资集体协商的含义

工资集体协商，是指职工代表与企业代表依法就企业内部工资分配制度、工资分配形式、工资收入水平等事项进行平等协商，在协商一致的基础上签订工资专项集体合同的行为。工资专项集体合同，是指专门就工资事项签订的专项集体合同。

工资集体协商是实现劳动关系双方共同参与、共同决定劳动者工资的一种收入分配方式，是工资正常增长机制和支付保障机制中的重要组成部分。

（二）工资集体协商的特点

工资集体协商具有如下特点：

1.工资集体协商的主体是特定的。一方是用人单位，一方是用人单位的职工，职工一方由工会代表。

2.工资集体协商双方的地位是平等的。地位平等是协商公平的前提和基础。双方协商代表要以平等的身份进行协商，双方享有平等的建议权、否决权和陈述权。为保证双方地位的平等，工会就应当是相对独立的，工会的协商代表应当是不受管理层制约和影响。

3.工资集体协商程序是法定的。工资集体协商是通过法定的程序决定用人单位内部工资分配问题，确定劳动者的工资收入水平。工资集体协商有严格的程序性要求，协商程序应当合法、规范。

4. 工资集体协商的结果是签订工资专项集体合同。工资专项集体合同具有法律效力。

5. 工资专项集体合同是一种组织行为和法律行为。工资专项集体合同应以国家宏观调控政策为基础，遵循国家法律法规并结合国家有关工资法律法规政策来规范协商内容和程序。

（三）工资集体协商的产生与发展

工资集体协商制度在西方国家已经有大约 200 年的历史了，西方称之为工资集体谈判。在 19 世纪中后期，集体谈判制度成为工人们改善工作环境、提高工资待遇、调整劳资关系的有力措施。在刚刚兴起工资集体协商的初期，工资集体协商不具有法律效力，只是劳资双方的一种君子协定，当然集体协商也不是真正意义上的法律行为。尽管工资集体协商产生初期的内容不全面不具体，但是为后来全世界范围内发展工资集体协商打下了坚实基础，迈出了工资集体谈判的初始步伐。20 世纪初期，劳资之间的矛盾随着工人运动的进一步发展越来越严重，对抗形式也越来越激烈。工人要求工资增长的态度不断强硬，罢工运动日益高涨，通过工人长期的抗争，工资集体协商在很多的国家都获取了法律地位，逐渐蓬勃发展起来。1918 年德国颁布了《团体协约法》，这一法律的颁布说明当时的主流工业国家接受工资集体谈判制度并且把它视为劳资关系调整的重要途径不再打压集体协商。现今，工资集体协商已然成为市场经济国家解决劳资矛盾的重要法宝。经过多次实践，最终证明它是适应我国社会主义市场经济发展、体现社会公平正义、有效解决劳资矛盾、构建和谐劳动关系、促进社会和谐进步的一种非常重要的工资决定机制。

二、工资集体协商与集体协商的关系

集体协商与集体合同制度是工会代表职工与用人单位代表就职工劳动就业、劳动报酬、工作时间、休息休假、劳动安全卫生、保险福利等与劳动关系有关的事项，在集体协商一致的基础上签订书面协议的制度。工资是职工生活的主要或唯一来源，是企业人工成本的主要组成部分，关系到劳动关系双方的利益。因此，工资分配问题是集体合同的核心内容，工资集体协商是集体协商的重要组成部分。工资集体协商的结果既可以作为工资问题的专项集体合同，也可以作为集体合同的附件，与集体合同具有同等的法律效力。平等协商集体合同与工资集体协商都属于协调劳动关系的机制，都是维护职工合法权益的重要手段。但平等协商集体合同的内容是全面的、综合性的，涉及职工合法权益的各方面；而工资集体协商是单一的、专项的，是专门就职工的最关心的核心利益——工资开展的集体协商。

三、建立工资集体协商制度的条件

企业建立工资集体协商制度一般应当具备以下条件：

（1）企业生产经营正常，产权关系明晰，具有工资分配自主权，具备独立承担民事责任的法人实体。

（2）企业领导班子健全，管理人员素质较高，民主意识强，基础管理工作较好，统计数据、统计分析等基础资料齐全，有较严格的责任制体系。

（3）企业建立了工会组织和职工代表大会制度，工会干部素质较高，对企业劳动工资业务熟悉，职工参与民主管理意识较强。

（4）企业工会和经营者（董事会）均有通过集体协商确定职工劳动报酬的愿望和要求。

四、工资集体协商的主要类型

工资集体协商的主要类型有：

（一）企业工资集体协商

企业工资集体协商，是指以企业为单位，根据本企业的实际情况，经企业工会或职工代表与企业代表依法进行工资集体协商，签订本企业工资专项集体合同。

（二）行业（产业）工资集体协商

行业（产业）工资集体协商，是指以行业（产业）为单位通过行业（产业）工会与对应的企业方代表依法进行工资集体协商，签订覆盖本行业（产业）的工资专项集体合同。

（三）区域性工资集体协商

区域性工资集体协商，是指以行政区域为单位（如区、镇、村、街道、经济开发区等），通过区域工会或企业工会联合会与对应的地区企业方代表组织，依法进行工资集体协商，签订覆盖本地区所有企业的区域性工资专项集体合同。

第三节　开展工资集体协商的重要意义与基本原则

一、开展工资集体协商的重要意义

（一）开展工资集体协商有利于构建和谐劳动关系，促进社会主义和谐社会建设

劳动关系是社会经济生活中最基本、最重要的关系，劳动关系问题涉及每个劳动者的切身利益，也关系到企业的和谐稳定与发展。在现代社会中，劳动关系的和谐稳定是和谐社会发展的最根本的基础和前提。工资集体协商是在市场经济条件下调整劳动关系的重要机制。工资集体协商的实质是通过集体协商的方式运用法定程序将企业工资的决定纳入规范化的契约模式中，从而使劳动关系双方为实现不同的经济利益要求找到彼此兼顾的结合点。通过开展工资集体协商，建立适应社会主义市场经济要求的企

业工资分配共决机制和正常的调整机制，既能保证职工的合法权益，又能保障企业的经营效益，从而达到维护职工合法权益与促进企业健康发展的"双赢"目标，真正实现在共建中共享，在共享中共建。而且，开展工资集体协商工作，还能够减少因工资分配问题引发的劳动纠纷和利益矛盾，把劳动者的利益诉求纳入理性合法的轨道，有利于促进劳动关系双方理解沟通、真诚合作，推动建立规范有序、公正合理、互利共赢、和谐稳定社会主义新型劳动关系，为社会主义和谐社会建设提供坚实基础。

（二）开展工资集体协商有利于促进经济社会发展

开展工资集体协商，使职工的工资水平在经济发展、企业经济效益提高的基础上得到同步提高，并保障职工工资支付，切实维护职工的工资权益，有利于充分调动广大职工的积极性、主动性、创造性，促进企业劳动生产率和经济效益提高，推动经济社会发展。

（三）开展工资集体协商有利于推进工资分配制度法治化

建设社会主义法治国家要求国家社会生活的各方面和领域都要纳入法治的轨道，在法治轨道上运行。工资分配作为关系职工切身利益和企业发展的重大问题，应当依法建立、依法规范、依法实施、依法完善。我国《工会法》《劳动法》《劳动合同法》等法律法规对工资集体协商做了明确规定，为开展工资集体协商提供了可靠的法律依据。所以，开展工资集体协商，用工资专项集体合同的形式来规范市场主体的工资分配权利和义务，符合市场经济的平等性、契约性原则，符合社会主义法治建设的要求，是推进工资分配制度法治化的需要。

（四）开展工资集体协商，是工会维权的重要手段

维护职工合法权益、竭诚服务职工群众是工会的基本职责，也是工会安身立命的根本所在。工资收入是职工的主要生活来源，是职工的核心经济利益，也是工会维权的重点。工会要维护职工以工资为核心的劳动经济权益，必须建立健全有效的维权机制。工资集体协商就是工会维权有效机制和重要抓手。工会应当根据法律赋予的职权，依法代表职工与企业开展工资集体协商，积极推动企业建立科学规范的工资决定机制、支付保障机

制与正常增长机制，使职工收入能够随着经济的发展、随着经济效益的增长同步增长，让职工共享企业改革发展的成果。

（五）开展工资集体协商，是加强基层协商民主的需要

党的十九大报告中指出，发挥社会主义协商民主重要作用。有事好商量，众人的事情由众人商量，是人民民主的真谛。基层协商是社会主义协商民主的重要组成部分。涉及人民群众利益的大量决策和工作，主要发生在基层。要按照协商于民、协商为民的要求，建立健全基层协商民主建设协调联动机制，稳步开展基层协商，更好地解决人民群众的实际困难和问题。职工群众最关心最直接最现实的问题，与群众的利益有关，主要发生在基层。因而基层协商主要是利益协商。在企业开展工资集体协商，正是基层利益协商的体现，工资集体协商保障了广大职工在工资决策中与企业经营者平等对话、民主协商的地位，提高了职工在工资分配中的参与度，强化职工的主人翁意识，从而增强企业的凝聚力和向心力，推动基层民主健康发展。

二、开展工资集体协商的基本原则

开展工资集体协商应当遵循的基本原则是：

（一）合法原则

合法原则，即开展工资集体协商必须遵守国家法律、法规、政策的规定，只有合法，工资集体协商才能产生法律效力，才能实现预期的目的，才能发挥其应有的作用。这就要求工资集体协商双方强化法律意识，熟悉并掌握有关法律法规的规定，严格依法办事，做到协商主体的资格、内容、程序、形式包括争议处理等都要符合《劳动法》《工会法》《劳动合同法》等法律法规的规定，保障工资集体协商工作落到实处。

（二）相互尊重、平等协商

工资集体协商应当相互尊重，真诚沟通。在协商过程中，劳动关系双方都应互相尊重对方，任何一方都不应采取回避、拒绝或歧视的态度，要认真倾听对方意见、建议和要求，把协商建立在尊重对方的基础上，营造良好的协商氛围与和谐环境，确保集体协商顺利开展。

集体协商的前提是主体的地位平等。主体平等十分重要，只有主体平等，才有民主协商，没有平等，也就没有民主协商。要真正促进工资集体协商，首先要保障工会应有的地位，保障工会依法享有代表和维护职工合法权益的权利。参与工资集体协商的工会组织与企业不存在行政隶属关系，双方的法律地位平等。任何一方不能依仗权势，不能居高临下，不能通过威胁手段把自己的意志强加给对方。应当抱着友好、真诚、合作的态度进行平等协商，通过协商解决分歧，形成共识，达成一致。

（三）诚实守信、公平合作

在工资集体协商中，协商双方都要坦诚互信，恪守承诺，切实承担起法律责任。同时，协商双方要能够维护工资专项集体合同的法律尊严与效力，使签订的工资专项集体合同能够通过劳动关系双方的共同努力得到切实履行。

在开展工资集体协商中，劳动关系双方的地位是平等的，要以平等的身份进行协商，公平合理地确定双方的权利和义务。在一个不平等、不公平的协商中，任何道理、任何知识、任何技巧，对于协商结果都难以取得根本的支撑。所以，必须确保协商的平等、公平。协商双方还应当发扬合作精神，树立互助互信、荣辱与共的观念，只有合作才能够把"蛋糕"做大，实现双方共同的利益，只有在双方合作的基础上才能形成企业凝聚力，形成共建共享、互利共赢的局面。

（四）兼顾双方合法权益原则

开展工资集体协商要注意兼顾企业和职工双方的合法权益，既要维护职工合法权益，又要从企业的实际出发，使企业权益也得到保障。工资集体协商双方都要以企业经济效益为前提，不应过度强调企业的经济效益，而忽视对职工经济利益的保护；也不应仅着眼于职工的经济利益，而不顾企业的长远发展。要把提高职工的工资水平、改善职工的生活条件与企业的发展结合起来，把职工的总体利益、长远利益与职工的具体利益、眼前利益结合起来，使工资水平在企业效益提高、经济发展的基础上逐步得到提高，谋求与实现劳动关系双方权益的共赢。

（五）维护正常的生产、工作秩序的原则

在工资集体协商过程中，双方应保持友好的态度，注意创造和维护和谐、合作的气氛。当集体协商发生分歧、意见僵持难以形成统一时，可暂时休会。任何一方不得采取过激行为，必须保证生产经营的正常秩序，维护社会的安定团结。

第四节　工资集体协商的法律依据

一、《宪法》

宪法是国家的根本大法，它规定了国家的根本制度和根本任务，是人们行为的基本法律准则。宪法中有关工资分配的规定是工资集体协商的最高法律依据。《宪法》第6条规定："中华人民共和国的社会主义经济制度的基础是生产资料的社会主义公有制，即全民所有制和劳动群众集体所有制。社会主义公有制消灭人剥削人的制度，实行各尽所能、按劳分配的原则。国家在社会主义初级阶段，坚持公有制为主体、多种所有制经济共同发展的基本经济制度，坚持按劳分配为主体、多种分配方式并存的分配制度。"第14条第3款规定："国家合理安排积累和消费，兼顾国家、集体和个人的利益，在发展生产的基础上，逐步改善人民的物质生活和文化生活。"第42条第2款规定："国家通过各种途径，创造劳动就业条件，加强劳动保护，改善劳动条件，并在发展生产的基础上，提高劳动报酬和福利待遇。"

二、《劳动法》

劳动法是调整劳动关系以及与劳动关系有着密切联系的其他关系的法律规范的总称。劳动法是我国法律体系中一个重要的、独立的法律部门。《劳动法》于 1994 年 7 月 5 日由第八届全国人民代表大会常务委员会第八次会议通过，自 1995 年 1 月 1 日起实施，2018 年 12 月 29 日第二次修订。《劳动法》第 33 条规定："企业职工一方与企业可以就劳动报酬、工作时间、休息休假、劳动安全卫生、保险福利等事项，签订集体合同。集体合同草案应当提交职工代表大会或者全体职工讨论通过。集体合同由工会代表职工与企业签订；没有建立工会的企业，由职工推举的代表与企业签订。"第 46 条规定："工资分配应当遵循按劳分配原则，实行同工同酬。工资水平在经济发展的基础上逐步提高。国家对工资总量实行宏观调控。"同时，《劳动法》对最低工资制度、工资支付的形式、时间、对象、要求以及特殊情况下工资等做了具体的规定。

三、《工会法》

工会法是调整工会与国家、工会与行政机构、工会与用人单位、工会与职工之间关系的法律规范的总称。它包括工会活动的宗旨及范围，成立工会的程序，工会的法律地位、组织原则和组织机构，工会的权利和职责，工会经费的来源与使用等。我国《工会法》第 21 条第 2、3 款规定："工会代表职工与企业、实行企业化管理的事业单位、社会组织进行平等协商，依法签订集体合同。集体合同草案应当提交职工代表大会或者全体职工讨论通过。工会签订集体合同，上级工会应当给予支持和帮助。"

四、《劳动合同法》

《劳动合同法》是为了完善劳动合同制度，明确劳动合同双方当事人的权利和义务，保护劳动者的合法权益，构建和发展和谐稳定的劳动关系而制定的。《劳动合同法》由中华人民共和国第十届全国人民代表大会常务委员会第二十八次会议于 2007 年 6 月 29 日通过，根据 2012 年 12 月 28 日第十一届全国人民代表大会常务委员会第三十次会议《关于修改〈中华人民共和国劳动合同法〉的决定》修正，自 2013 年 7 月 1 日起施行。《劳动合同法》第 51 条第 1 款规定："企业职工一方与用人单位通过平等协商，可以就劳动报酬、工作时间、休息休假、劳动安全卫生、保险福利等事项订立集体合同。集体合同草案应当提交职工代表大会或者全体职工讨论通过。"第 52 条规定："企业职工一方与用人单位可以订立劳动安全卫生、女职工权益保护、工资调整机制等专项集体合同。"第 53 条规定："在县级以下区域内，建筑业、采矿业、餐饮服务业等行业可以由工会与企业方面代表订立行业性集体合同，或者订立区域性集体合同。"

五、《集体合同规定》

为规范集体协商和签订集体合同行为，依法维护劳动者和用人单位的合法权益，2004 年 1 月 20 日原劳动和社会保障部颁布了《集体合同规定》。《集体合同规定》明确规定了集体协商、签订集体合同的原则，集体协商内容，集体协商代表，集体协商程序，集体合同的订立、变更、解除和终止、集体合同审查、集体协商争议的协调处理等内容，是开展工资集体协商的重要依据。

六、《工资集体协商试行办法》

为规范工资集体协商和签订工资集体协议的行为，保障劳动关系双方的合法权益，促进劳动关系的和谐稳定，原劳动和社会保障部于 2000 年 11 月 8 日发布了《工资集体协商试行办法》。该《办法》明确规定了工资集体协商的内容、工资集体协商代表、工资集体协商程序、工资协议审查等，为工资集体协商提供了具体的依据。

七、其他依据

除上述依据外，其他有关工资、集体协商的法律法规规章也是工资集体协商的依据，如《最低工资规定》《工资支付暂行规定》等。

第五节　工会在工资集体协商中的作用

一、充分认识工会推进工资集体协商的重要意义

（一）推进工资集体协商是工会参与社会利益协调、解决企业工资分配问题的必然选择

工资分配历来是劳动关系中最敏感、最核心的内容，是职工最关心最直接最现实的利益问题，当前已成为企业职工利益诉求的焦点。在政府不直接干预企业工资分配的情况下，构建与市场经济环境相适应的企业工资分配机制已迫在眉睫。建立一个由企业经营者和劳动者通过工资集体协商来确定劳动报酬的共决机制，符合"市场机制调节、企业自主分配、职工民主参与、政府监控指导"的企业工资分配体制的要求，也是目前市场经济国家解决企业工资分配问题的通行做法。

（二）推进工资集体协商是工会维护职工合法权益的有效机制

维护职工合法权益、竭诚服务职工群众是工会的基本职责，是工会工作的重中之重，是工会安身立命之本。工会只有做好维护职工合法权益和服务职工群众工作，才能赢得职工群众的信赖和支持。工资作为职工生活的主要的或者唯一的来源，是工会维护职工切身利益的主要内容之一。目前，我国工资分配存在的问题比较突出，主要是工资水平偏低，增长缓慢，差距过大。之所以出现上述问题，除了受到劳动力市场竞争因素的影

响，主要是由于企业工资共决机制不健全，实质上形成了企业单方决定工资的局面，致使资本分配和劳动分配严重扭曲。而建立以工资集体协商为主要形式的企业工资共决机制，就能促进职工工资增长与企业效益增长相协调，逐步提高劳动报酬在初次分配中的比重，使广大职工共享改革发展成果，不断提高职工生活水平。所以，工资集体协商是工会维护职工合法权益的有效机制。

(三) 推进工资集体协商是工会推动经济发展方式转变的重要途径

通过开展工资集体协商，使职工工资水平和消费水平逐步提高，会倒逼企业进行技术创新，改善管理水平，调整产品结构，节能降耗，促进经济增长由主要依靠投资、出口拉动向依靠消费、投资、出口协调拉动转变，由主要依靠增加物质资源消耗向主要依靠科技进步、劳动者素质提高、管理创新转变。而且，通过工资集体协商解决好工资分配问题，可以调动职工积极性主动性创造性，激发创新活力，促进企业劳动生产率和经济效益提高。

(四) 推进工资集体协商是工会促进劳动关系和谐稳定的基本手段

劳动关系实质上是一种利益关系，协调劳动关系实质上是协调劳动关系双方的利益关系，而工资是这种利益关系的核心内容。工资分配既是一个经济问题，又是一个政治问题；既关系职工的切身利益，又关系到企业的发展。工资问题解决的好坏，直接关系到劳动关系能否和谐稳定。如果工资分配不合理，就会引发劳资矛盾，不仅会影响企业的稳定和发展，还会影响一个地区的稳定和发展。做好劳动关系协调工作，构建和谐稳定劳动关系，应当积极推行工资集体协商，坚持和谐发展、互利共赢的理念，理顺分配关系，实现分配公平，预防劳动争议的发生，促进劳动关系的和谐稳定。

工会组织要充分认识全面深入推行工资集体协商制度的重要性、必要性和紧迫性，将其作为建立工资正常增长机制和支付保障机制、实现职工收入正常增长和预防、化解劳动关系矛盾与冲突的重要制度保障，在扩大工资集体合同覆盖面的同时，进一步建立健全工资集体协商机制，切实增强工资集体协商的针对性和实效性。

二、充分发挥工会在工资集体协商中的重要作用

在深入推进工资集体协商工作中，工会应当发挥重要的作用，主要包括：

（一）注重源头参与，进一步加大参与力度

进一步加强宏观参与工作，积极争取党委和政府对推进工资集体协商工作的领导和支持，形成党委政府高度重视、社会各界大力支持、工会组织强力推进的工作格局。与此同时，工会还应加大立法参与的力度，努力推动相关立法和政策的出台；积极借助各级人大及劳动执法检查活动、政府与同级工会的联席（联系）会议制度、劳动关系三方协商机制、厂务公开协调领导机构等渠道和平台，推动工资集体协商中重点难点问题的解决。

（二）为推进工资集体协商机制建设提供法律和政策保证

工会要推动工资集体协商机制建设，首先必须推动国家和各级地方立法，并做到在法律起草中积极主动表达职工的主张，以期在法律上保障工资集体协商制度的建立和协商双方的平等与共决，保障职工方能够真正行使协商权，形成法制化推进的工作格局。

地方工会应积极主动地通过各种平台进行协调沟通，力促地方党政主要领导出面强调对工资集体协商工作的要求，力推出台工资集体协商方面的政策文件。通过将法律与政策的统一和结合，以期加大工资集体协商的推进力度和规范化程度，扩大工资集体协商在区域内的覆盖面。

（三）加强工资集体协商指导和规范工作

工资集体协商具有较强的专业性，需要一批具有一定法律、政策水平、经济管理、薪酬设计知识的人才。同时，工资集体协商作为一种协调劳动关系的法律制度，必须具有规范的操作要求。因此，地方工会必须有针对性地在建制过程中加强指导和规范工作，确保工资集体协商的质量，

规范有序地推进工资集体协商工作。一是与有关部门合作，制定开展工资集体协商的规范性文件，对工资集体协商操作过程进行规范；二是建立专家型的工资集体协商指导员队伍，由地方工会聘请熟悉法律法规和工资理论及政策、有一定企业管理知识和协商能力的专门人才和工会干部，担任工资集体协商专家指导员，承担培训、咨询、指导和参与协商、监督检查等职责；三是加强分类指导，如为不同类别企业提供不同工资专项集体合同参考文本，明确工资集体协商的不同重点；对经营状况不同企业，提出不同的工资集体协商要求等。

（四）做好职工方工资集体协商代表培训

建立一支素质高、能力强、会协商的工资集体协商代表队伍是成功推行工资集体协商制度的基本条件。各级工会要高度重视、认真抓好协商代表培训工作：一要对协商代表的条件进行明确规定；二要抓好对职工方首席代表的培养；三要有针对性地对协商代表进行分级分类培训；四要通过工资集体协商专家团成员到一线进行现场指导性培训。

（五）建立和完善"要约"制度

企业工会敢不敢要约是开展工资集体协商的前提条件，基层工会敢不敢、会不会提出协商要求，决定了工资集体协商的法律程序是否能够真正启动，也决定着工资集体协商的覆盖面。因此，地方工会应把工作重点放在建立和完善要约制度上：一要与相关部门配合，出台相关地方法规、政策，明确要约有关规定；二要依靠政府主导力推区域内企业建立要约制度；三要建立工会主动要约制度；四要把基层工会主动"要约"和上一级工会代行"要约"相结合；五要建立要约监督考核制度。各级工会应进一步加强对企业工会或区域工会、行业工会的指导和督促，引导其依法主动行使要约权。尤其是当出现企业利润增长、劳动生产率提高、政府发布的工资指导线提高、城镇居民消费价格指数增长等情况时，工会应当主动就增长工资提出协商要约。上级工会要积极指导和督促基层工会代表职工依法主动启动要约程序；对拒绝或变相拒绝要约、不按期回应要约等违法行为，上级工会应及时要求用人单位限期整改，对拒不整改的，主动提请劳动保障行政部门依法追究其法律责任。

（六）加大对工资协议履行监督检查

建立工资集体协商机制的最终目的是为了协调劳动关系，实现劳资共赢。针对实践中存在的重签订轻履行的普遍现象，地方工会应与有关部门配合，做好工资专项集体合同的履行和监督检查工作，一是将工资集体协商工作纳入人大执法检查和政协委员视察的重要内容；二是加大与人力资源和社会保障部门的合作，搭建一定平台，做好区域内工资集体协商的日常监督检查，对拒绝建制和违约的企业，依法追究法律责任；三是有效发挥以职工代表为主的企业工资集体协商监督检查委员会作用，通过组织职工代表巡视、厂务公开、向职代会报告等形式，对工资专项集体合同履行情况和重点条款落实情况进行定期检查。

（七）加大宣传力度

工会应通过工资集体协商宣传月、宣传周、宣传日等活动，充分发挥广播、电视、报刊、网络、微信等新闻媒介的作用，采用各种形式和手段广泛宣传工资集体协商的重要意义、主要任务和工作重点，宣传有关法律、法规和政策，宣传工资集体协商工作中的先进经验和先进典型，为企业开展工资集体协商营造舆论氛围。

思考题：

1. 工资有哪些特征？
2. 我国工资分配的原则是什么？
3. 劳动报酬权的基本内容是什么？
4. 工资有哪些职能？
5. 什么是工资集体协商？
6. 工资集体协商有哪些特点？
7. 工资集体协商的主要类型有哪些？
8. 试述开展工资集体协商的重要意义。

9. 开展工资集体协商的基本原则是什么?

10. 简述工资集体协商的法律依据。

11. 如何充分发挥工会在工资集体协商中的重要作用?

案例1

山东青岛工会多措并举提升集体协商质量

2017 年 8 月 25 日　来源:《工人日报》

今年以来,山东青岛市总工会通过整合三方资源、健全指导员队伍等措施,提升全市建会企业工资集体协商工作的质量。截至 6 月,全市签订工资专项集体合同 19280 份,建会企业(单位)工资集体协商建制率达到 84%,覆盖职工 197 万余人,世界 500 强在青建会企业建制率达到 100%。

青岛市总推动市协调劳动关系三方加强合作,共同部署宣传、"集中要约"行动等工作,带动区市级三方联席会议常态化制度化。即墨、平度市协调劳动关系三方共同制订实施方案、召开联席会议、联合开展培训;崂山区协调劳动关系三方共同制定合同范本、加强备案管理,推动工资集体协商程序科学化、规范化;莱西市总工会不断健全三方协作机制,共同开展集体协商宣传、培训、督查等工作。

"集中要约"行动中,青岛市总对 12 个区市总工会和 75 家市直企业进行了专题督导,并向各区(市)反馈督查情况及考核结果,督促区市总工会争取党政支持,统筹协调解决遇到的困难和问题,完善实名制工资集体协商台账,动态跟踪企业签约和履约情况。

加强专职指导员队伍建设。2017 年上半年,青岛市总新聘任专职指导员 21 名,通过"划片包企"等多种形式主动进社区、进企业,指导监督企业工会开展工资集体协商工作。为不断提高专职指导员服务质量,市总还引导执业律师等专业人士参与企业工资集体协商。崂山区总工会与律师事务所签约,聘任执业律师担任专职指导员,为其设立工作站,轮流值岗,弥补工会法律人才短板,为工资集体协商工作注入了新活力。

此外，青岛市总还把培育推广区域性、行业性工资集体协商典型案例作为 2017 年度集体协商工作重点任务，对各区（市）总工会进行考核评价。同时，市总还选出一些协商程序规范、实效明显、具有一定示范性和影响力的区域性、行业性工资集体协商典型案例，编印《青岛市工资集体协商典型案例》，在全市推广宣传。（记者杨明清　通讯员吴留文）

案例 2

宁夏回族自治区总工会：深化集体协商促进劳动关系和谐

2017 年 12 月 19 日　来源：中工网——《工人日报》

中工网讯　截至目前，宁夏回族自治区建会企业工资专项集体合同签订率达到 93.16%，覆盖企业 29398 家，职工 65.56 万人。4 年来，宁夏回族自治区总工会多措并举深化集体协商提质增效，特别是各级工会聘用了工资集体协商专、兼职指导员 1121 名，全力推动集体协商制度建立，有效促进劳动关系和谐。

宁夏回族自治区总工会积极争取党政支持，不断完善工资集体协商制度，推动形成工作合力：提请自治区政府出台了《宁夏企业工资集体协商办法》；推动了自治区党委、政府将工资集体协商作为考核各市、县（区）党政工作的重要内容；联合有关部门每年开展相关执法检查。同时，加强指导员队伍建设，建立培训机制，并积极协调劳动关系三方，指导各市、县（区）建立协调劳动关系三方机制，形成区市县三级网络，形成共同推进工资集体协商的良好局面。

通过下发通知、召开会议、现场观摩等形式，宁夏回族自治区总工会还指导各市县（区）、产业积极推动行业集体协商，并结合和谐工业园区创建，在工业园区、个体户聚集区、楼宇及工会创业一条街等区域推进区域性协商。目前，在已覆盖建筑、化工、煤炭等传统行业的基础上，全区行业集体协商不仅实现了羊绒、枸杞采摘、清真食品等宁夏地方特色行业全覆盖，而且在保安、物流、商贸流通、电子软件、民营医疗等新兴行业实现了新突破。

结合不同地区、行业、规模及不同所有制、经营状况的企业实际，宁夏各级工会还因地制宜开展分类指导。如对国有企业和国有独资企业、股份制企业，突出职工薪酬方案在职代会上审议通过。对具有一定规模、效益好的非公有制企业，突出协商工资增幅和福利待遇；对生产经营困难的企业，突出协商工资支付保障。在小企业集中的地区，由区域或行业工会组织代表职工与相应的区域行业企业代表组织开展区域性工资集体协商，确定区域工资底线和行业工资标准，最大限度地扩大协商覆盖面，维护了一线职工的劳动经济权益。

近年来，宁夏各级工会更先后培育出建设建材、西夏区枸杞行业、金凤区美容美发行业、惠农区商贸流通行业等一批行业集体协商典型，发挥了引领示范作用。（记者　张锐）

第三章

工资集体协商内容与参考因素

　　要深入实施工资集体协商制度，提高工资集体协商质量，发挥工资集体协商制度的作用，签订好工资专项集体合同，工会干部和职工协商代表就必须明确工资集体协商的内容，以及在情况不同企业的不同协商重点；还要了解掌握工资集体协商时应当参考的因素，并能够熟练地加以运用，这样才能实现推行工资集体协商制度的预期效果。

第一节　工资集体协商内容

根据《工资集体协商试行办法》及有关规定，工资集体协商的主要内容包括以下几方面：

一、工资专项集体合同的期限

工资专项集体合同期限即工资专项集体合同的有效时间，是指工资专项集体合同双方当事人享有权利和履行义务的时间。工资集体协商一般1年进行1次，所以工资专项集体合同的期限一般为1年。工资集体协商双方均可在原工资协议期满前60日内，向对方书面提出协商意向书，进行下一轮的工资集体协商，做好新旧工资协议的相互衔接。

二、工资分配制度、工资标准和工资分配形式

(一) 工资分配制度

工资分配制度是用人单位依法确定和支付职工劳动报酬的原则、形式、办法和规定的统称。我国现行的工资分配制度主要有：

1.等级工资制

等级工资制，是指对从事不同岗位、担任不同职务的职工，根据其技术复杂程度、劳动繁重程度、操作熟练程度和工作责任大小等因素，划分劳动等级来相对区分其劳动差别，再按劳动等级规定相对应的工资等级标准，据以支付劳动报酬的一类基本工资制度。如工人的技术等级工资制、职员的职务等级工资制等。

2.岗位工资制

岗位工资制，是指按职工所在的不同生产或工作岗位规定劳动报酬的

一种基本工资制度。岗位工资制的特点是，按岗位所要求的技术复杂性、劳动熟练性、工作责任的不同，对岗位而不是对人规定工资报酬标准。实行岗位工资制，必须对各个岗位制定明确的岗位职责、技术要求和操作规程，据以考核支付工资。岗位工资制实行"一岗一薪、薪随岗变"的办法。它适用于专业化程度较高、分工较细、同一岗位内部技术差别不大、工作物对象较为固定且劳动强度较大的一线熟练工，例如，纺织运转工、钢铁冶炼工等。

3. 岗位技能工资制

岗位技能工资制，是指在对劳动技能、劳动强度、劳动责任和劳动条件等基本劳动要素进行全面测评的基础上，以岗位工资和技能职工为主要形式来规定职工劳动报酬的一种工资制度，属基本工资制度的范畴。其中岗位工资是按劳动强度大小、劳动责任轻重和劳动条件好坏对岗位划类分等规定工资；职工进入什么岗位，就拿什么岗位工资，"薪随岗变"。技能工资是按考核职工所达到的劳动技能等级所确定的工资。岗位技能工资既适用于企业中的技术工、熟练工和普通工，也适用于企业中的管理人员、技术人员和行政人员。

4. 岗位等级工资制

岗位等级工资制，是指既按岗位之间的综合劳动差别，又按岗位内部的技能差别加以划等而确定劳动报酬的一种基本工资制度。它同"一岗一薪"的岗位工资制的主要区别在于，在岗位内部也要按职工的技能差别，划分少许等级，实行"一岗数薪"。岗位等级工资制介于技术等级工资制和岗位工资制之间并兼容两者的优点。它适用于有少许技术深化要求的一线熟练工。

5. 结构工资制

结构工资制又称"分解工资制""组合工资制"，是指按照制约职工劳动提供量的各个因素，或者按照工资承担的不同职能把工资分解为几个部分，分别确定工资标准的一种基本工资制度。它的特点是：将职工的工资按照性质划分几个部分，各部分分别担负不同职能，互相区别又相互补充，实现合理的有机组合。

企业结构工资制的内容和构成，可以根据各个企业不同情况作出不同的具体规定。其组成部分可以按劳动结构的划分或多或少，各个组成部分的比例，可以依据生产和分配的需要或大或小，没有固定的格式。一般包括6个部分：一是基础工资，二是岗位工资，三是技能工资，四是效益工资，五是浮动工资，六是年功工资。

6.薪点工资制

薪点工资制，是指以"点"作为计量劳动尺度和支付报酬依据的一种基本工资制度。这种制度是采用点因素分析法，对制约或反映职工劳动提供量的岗位因素和个人表现因素加以细化，并用"点"作为共同尺度分别折算为点数；再在某些情况下按规定给予加分点数，加总得出总点数，然后用总点数去乘企业经济效益相联系的点值，借以结算并支付职工的劳动报酬。

7.绩效工资制

绩效工资，是指以对职工绩效的有效考核为基础，实现将工资与考核结果相挂钩的工资制度，它的理论基础就是"以绩取酬"。它有利于使职工工资与可量化的业绩挂钩，将激励机制融于组织目标和个人业绩的联系之中，有利于激发职工积极性，提高劳动生产率和经济效益。

8.定额工资制

定额工资制，是指企业在劳动者进行多种形式的定额劳动的基础上，按照劳动者完成定额的多少支付相应劳动报酬的企业内部工资分配制度。定额工资制应包括3个组成要素：第一，能反映职工劳动量的各种定额，即职工无论从事何种具体形式的劳动，都必须明确具体地规定生产、工作和应完成的数量及质量；第二，各种定额都应该有科学准确的计量标准，并能进行严格的考核；第三，职工工资的多少取决于其完成定额的多少。完成定额多，其工资就多；完成定额少，其工资就少。

确定工资分配制度的方式包括：（1）立法确定，即工资分配制度的内容，由立法以强行性规范具体规定。（2）自主协商确定，又称谈判确定，即工资分配制度的内容，由用人单位或团体与工会通过谈判签订集体合同来具体规定。（3）单方自主确定，即工资分配制度的内容，由用人单位依法制定内部规章来具体规定。在西方国家，国家机关的工资分配制度由立法确定，其他用人单位的工资分配制度普遍由谈判确定。在我国，国家机关的工资分配制度由立法确立；事业单位的工资分配制度，则部分由立法确定、部分由单方自主确定。企业的工资分配制度现在统一应由工资集体协商确定，立法对此作出了相应的规定。

（二）工资标准

工资标准又称"工资率"。国家、部门（或者行业）、用人单位对职工规定的在一定时期内的具体工资数额。它体现了一定时期的生产技术发展状况和社会生产力的发展水平，反映了劳动者在一定时间的工资水平的高低，具有相对的稳定性。可以按月、按日或者按小时规定工资数额，分别叫做月工资标准、日工资标准和小时工资标准。我国一般规定月工资标准，用人单位根据组织生产和计算工资的需要，可以把月工资标准换算成日工资标准或小时工资标准。确定合理的工资标准，关键是确定好最低的一级工资标准。一级工资标准是确定各级工资的基础，也是职工基本工资的起点。

工资集体协商双方应当根据国家法律法规规定，结合企业的实际，协商确定本单位的工资标准。

（三）工资形式

工资形式是工资制度的重要内容之一，它是指对劳动者的劳动实际付出量和相应劳动报酬所得量进行具体的计算与支付的方法。工资形式规定着劳动状况和劳动报酬量之间的比例关系。工资形式是工资分配的重要手段。不同的工资形式具有不同的特点，适用于不同的条件和范围。我国现行的工资形式主要有：

1. 计时工资

计时工资是指根据劳动者的实际工作时间和预先确定的计时工资标准支付给劳动者工资报酬的工资形式。它是工资的基本形式之一。按照时间单位的不同，计时工资分为小时工资、日工资、周工资、月工资、年工资等。

2. 计件工资

计件工资是按照劳动者生产合格产品的数量和预先规定的计件单价计量和支付劳动报酬的一种形式。它是工资的基本形式之一。实行计件工资制的工种或单位应具备一定的条件：

（1）能准确计量产品数量。

（2）有明确的质量标准，并能准确检验。

（3）产品的数量和质量主要取决于劳动者的主观努力。

（4）具有先进合理的劳动定额和较健全的原始记录。

（5）生产任务饱满，原材料、燃料、动力供应和产品销路正常，并需要鼓励其增加产量。

计件单价，指实行计件工资制时，企业为职工完成的每件合格产品（或某项作业）规定的工资支付标准，是支付计件工资的主要依据。所以，计件单价是否科学合理，主要取决于正确确定工作物等级和劳动定额。

计件工资可分个人计件工资和集体计件工资。具体有以下几种形式：

（1）直接计件工资。按计件职工完成合格产品的数量和计件单价来支付工资。

（2）间接计件工资。按职工所服务的计件职工的工作成绩或所服务单位的工作成绩来计算支付工资。

（3）有限计件工资。对实行计件工资的职工规定其超额工资不得超过本人标准工资总额的一定百分比。

（4）无限计件工资。对实行计件工资的职工超额工资不加限制。

（5）累进计件工资。是根据职工完成和超额完成定额程度，采用不同的累进的计件单价来计算工资。对职工完成定额以内的部分，按一般的计件单价计算工资；对超额完成劳动定额的部分，则按累进递增的单价计算工资。这种累进递增单价，根据超额完成定额的多少分段确定，超额越多，计件单价越高。

（6）累退计件工资。是对实行计件工资的职工规定超过限额采用计件单价累退办法。超额越高，计件单价越低。

（7）计件奖励工资。产品数量或质量达到某一水平就给予一定奖励。

3. 奖金

奖金是指对劳动者提供的超额劳动和增收节支所支付的报酬。奖金是职工工资收入的组成部分，是贯彻按劳分配原则、支付劳动报酬的辅助形式，是对基本工资的补充。奖金大体上可分为两类：一类是由于劳动者提供超额劳动，直接增加了社会财富（例如，增产、节约等）而给予的奖励；另一类是由于劳动者提供超额劳动，为增加社会财富创造了条件（例如，技术革新等）而给予的奖励。根据超额劳动的情况，奖金又可以分为综合奖和单项奖两种形式。综合奖是根据劳动者各方面的贡献全面地综合评定的奖金；单项奖则是根据劳动者某一方面的优良成绩评定的奖金。

4. 津贴

津贴是对劳动者在特殊条件下的额外劳动消耗或额外费用支出给予补偿的一种工资形式。它是一种辅助工资形式。

5. 浮动工资

浮动工资是劳动者劳动报酬随着企业经营好坏及劳动者劳动贡献大小而上下浮动的一种工资形式。

浮动工资总额通常不包括固定性的津贴和补贴（如副食品价格补贴）以及特殊情况下支付的工资。企业可以根据需要，选择工资总额中浮动部分的构成。

6. 包工工资

包工工资制是把生产任务包给个人或班组，如按期完成，发给包工工资。类似于集体计件工资。

包工工资制是一种集体的计件工资方式。首先，用工单位将成批量的，或成系统的生产当作任务发包给劳动者集体，事先协定好工作量、完成期限、包工工资数额等双方的义务与权限，使承包方如期完工之后，获得合同规定的工资总额，然后在包工集体中再分配。也可以包工前预付部分包工收入或分阶段支付工资。这种工资形式能促使劳动者缩短任务完成期，保质保量地完成任务，减少管理成本。适用于劳动量大，难以精确分解和必须集体进行的工作。

三、职工年度平均工资水平及其调整幅度

工资水平是指一定区域和一定时间内劳动者平均工资收入的高低程度。职工平均工资指企业、事业、机关单位的职工在一定时期内平均每人所得的货币工资额，是一定时期内全部职工工资总额除以这一时期内职工人数后所得的平均工资，一般分为年平均工资、月平均工资，其与每个人自己拿到的工资或工资单上的工资是有差别的，是反映职工工资水平的主要指标。工资水平分为企业工资水平和个人实得工资水平。工资集体协商只解决企业工资水平调整问题。

工资调整幅度，指的是劳动者的工资调整的比例，通常计算方法为：调整前的工资/调整后的工资×100％。

《劳动法》第47条规定："用人单位根据本单位的生产经营特点和经济效益，依法自主确定本单位的工资分配方式和工资水平。"第46条又规定："工资水平在经济发展的基础上逐步提高。国家对工资总量实行宏观调控。"因此，确定工资水平和调整幅度的总原则应为：企业工资总额的增长幅度低于经济效益增长幅度，职工实际平均工资增长幅度低于劳动生产率增长幅度，同时要符合当地的工资相关政策（最低工资标准、工资指导线等）。

职工年度工资水平及其调整幅度是职工群众非常关心的利益问题，也是工资集体协商的重中之重。所以，职工年度平均工资水平及其调整幅度是工资集体协商的最主要议题。

四、奖金、津贴、补贴等分配办法

奖金、津贴、补贴是职工劳动报酬的重要组成部分，也是工资集体协商的重要内容。

(一) 奖金

1. 奖金的特点

(1) 奖金具有很强的针对性和灵活性。奖金有较大的弹性，它可以根据工作需要，灵活决定其标准、范围和奖励周期等，有针对性地激励某项工作的进行；也可以抑制某些方面的问题，有效地调节企业生产过程对劳动数量和质量的需求。

(2) 可以弥补计时、计件工资的不足。任何工资形式和工资制度都具有功能特点，也都存在功能缺陷。例如，计时工资是从个人技术能力和实际劳动时间上确定劳动报酬，难以准确反映经常变化的超额劳动；计件工资主要是从产品数量上反映劳动成果，难以反映优质产品、原材料节约和安全生产等方面的超额劳动。这些都可以通过奖金形式进行弥补。

(3) 奖金具有激励作用。奖金作为对职工物质激励的主要表现形式之一，对于充分调动职工的工作积极性和创造性具有不容忽视的作用。奖金的激励功能来自依据个人劳动贡献所形成的收入差别。利用这些差别，使职工的收入与劳动贡献联系在一起，起到奖励先进，鞭策后进的作用。

(4) 及时性。奖金可以根据生产（工作）需要并随着生产的变化及时调整奖励对象、奖金数额、获奖人数以及奖励的周期和范围等，因而能够缩短考核时间，迅速准确地反映职工提供的超额劳动的数量和质量，从而及时地把职工的劳动和报酬更直接地联系起来。

(5) 荣誉性。奖金是对那些为企业做了较大贡献，付出了超额劳动的职工进行的物质奖励。它不仅是对职工的物质鼓励，同时，还具有褒扬先进、鞭策后进的作用，具有很强的精神鼓励性。

2. 奖金的种类

奖金按照不同的标准，可以划分为不同的种类：

（1）按奖励周期和奖励次数区分，可分为月度奖、季度奖、年度奖和一次性奖励以及经常性奖励；

（2）按计奖单位区分，可分为个人奖和以班组、车间、科室等为单位的集体奖；

（3）按奖励条件的考核项目区分，可分为单项奖和综合奖。

3.奖金制度的主要构成要素

（1）奖励指标；

（2）奖励条件；

（3）受奖范围；

（4）奖励周期；

（5）奖励基金的提取与分配。

奖金怎么发？发多少？可以由工资集体协商双方根据企业的生产经营特点以及劳动生产率提高、经济效益增长情况等因素，通过协商确定，在工资专项集体合同中明确规定。

（二）津贴、补贴

津贴补贴是指补偿职工在特殊条件下的劳动消耗及生活费额外支出的工资补充形式。津贴作为一种辅助形式，是对劳动者额外劳动付出的一种补偿，一般是指补偿劳动者在特殊条件下的劳动消耗及生活费额外支出的工资。补贴是为了补偿物价变动而设置的补偿，主要有生活费补贴和价格补贴。津贴和补贴本质上没有区别，但是补贴是对日常生活费用开支的补助，侧重于生活性；而津贴是对额外和特殊劳动消耗的补偿，侧重于生产性。

按津贴的性质区分，大体可分为以下3类：

1.岗位性津贴

是指为了补偿职工在某些特殊劳动条件岗位劳动的额外消耗而建立的津贴。职工在某些劳动条件特殊的岗位劳动，需要支出更多的体力和脑力，因而需要建立津贴，对这种额外的劳动消耗进行补偿。如高温津贴，有毒有害津贴、矿山井下津贴、特殊技术岗位津贴、保健津贴、医疗卫生津贴、夜班津贴、流动施工津贴、盐业津贴、邮电外勤津贴等，都属于岗位性津贴。

2.地区性津贴

是指为了补偿职工在某些特殊的地理自然条件下生活费用的额外支出而建立的津贴。如林区津贴、地区生活费补贴、高寒山区津贴、海岛津贴等。这类津贴一般是由国家或地区、部门建立的。企业所在地区如属这些津贴的执行范围，即可照章执行。

3.保证生活性津贴

是指为保障职工实际工资收入和补偿职工生活费用额外支出而建立的津贴。如副食品价格补贴、肉价补贴、粮价补贴、冬季取暖补贴等。这类补贴具体种类不多，主要是由国家或地区、部门建立的。企业属于执行范围的，即可照章执行。有些企业根据需要，在内部也建立了少量这类补贴，如房租、水电补贴等。

津贴需要集体协商的内容：

（1）津贴项目；

（2）津贴实施范围；

（3）津贴实施条件；

（4）津贴标准；

（5）津贴支付形式。

工资集体协商双方协商津贴、补贴事项时，需要注意以下几个问题：

1.确定建立津贴的条件

凡是要求建立津贴的岗位或工种，必须对有关的条件和环境进行认真调查研究，有的还要采用科学技术手段进行测定，如有毒有害成分的含量等。就是说，建立每一项津贴，都要有充足的理由和科学的根据。

2.规定津贴的种类和实行的范围

要对相近工种的有关因素进行分析对比，全面权衡，再决定津贴的种类，并确定哪些工种、岗位可纳入实行津贴的范围。否则，就会出现该享受的享受不上，不该享受的却享受了，以致产生新的矛盾。因此，在津贴的条件、范围、对象等问题上要规定得十分明确、具体，执行时便于对号入座，一般不宜留有伸缩和变通的余地，以免造成执行中的混乱。

3.制定津贴的标准和发放办法

津贴标准有两种制定方法，一种是按照职工本人标准工资的一定比率制定；另一种是按绝对额制定。这两种制定方法，适应不同的情况。在确定津贴标准时，除了应与计时工资和计件工资的标准统筹考虑外，还应考虑以下因素：一是职工在特殊条件下劳动的繁重程度；二是在特殊条件下劳动对职工身体的危害程度；三是职工在特殊条件下劳动生活费用支出增加的程度。另外，还应考虑劳动保护设施情况、工作时间的长短等不同情况。

五、加班加点工资

（一）加班加点工资的概念

加班加点是在用人单位执行的工作时间制度的基础上延长工作时间。凡在法定节假日和公休假日进行工作的叫做加班；凡在正常工作日延长工作时间的叫做加点。用人单位安排劳动者加班加点应当符合国家有关法律法规的规定。

加班加点工资，是指劳动者按照用人单位生产和工作的需要在规定工作时间之外继续生产劳动或者工作所获得的劳动报酬。劳动者加班加点，延长了工作时间，增加了额外的劳动量，应当得到合理的报酬。对劳动者而言，加班加点工资是一种补偿，因为其付出了过量的劳动；对于用人单位而言，支付加班加点工资能够有效地抑制用人单位随意地延长工作时间，保护劳动者的合法权益。根据劳动法和其他有关规定，用人单位在延长劳动者工作时间的情况下应当支付高于劳动者正常工作时间工资的工资报酬，即加班加点工资。

（二）加班加点工资标准

根据《劳动法》规定，用人单位根据实际需要安排劳动者在法定标准工作时间以外工作的，应按以下标准支付工资：

1. 用人单位依法安排劳动者在日法定标准工作时间以外延长工作时间的，按照不低于劳动合同规定的劳动者本人小时工资标准的 150% 支付劳动者工资；

2. 用人单位依法安排劳动者在休息日工作，而又不能安排补休的，按照不低于劳动合同规定的劳动者本人日或小时工资标准的 200% 支付劳动者工资；

3. 用人单位依法安排劳动者在法定休假节日工作的，按照不低于劳动合同规定的劳动者本人日或小时工资标准的 300% 支付劳动者工资。

实行计件工资的劳动者，在完成计件定额任务后，由用人单位安排延长工作时间的，应根据上述规定的原则，分别按照不低于其本人法定工作时间计件单价的 150%、200%、300% 支付其工资。

经劳动行政部门批准实行综合计算工时工作制的，其综合计算工作时间超过法定标准工作时间的部分，应视为延长工作时间，并应按本规定支付劳动者延长工作时间的工资。

实行不定时工时制度的劳动者，不执行上述规定。

(三) 日工资、小时工资的折算

根据《关于职工全年月平均工作时间和工资折算问题的通知》（劳社部发〔2008〕3 号），日工资、小时工资的折算为：

日工资：月工资收入÷月计薪天数。

小时工资：月工资收入÷（月计薪天数×8 小时）。

月计薪天数 =（365 天 – 104 天）÷12 月 =21.75 天。

工资集体协商双方应当在国家规定的加班加点工资标准的基础上，协商确定本企业的加班加点工资标准。

六、最低工资

最低工资是劳动者在法定工作时间或依法签订的劳动合同约定的工作时间内提供了正常劳动的前提下，用人单位依法应支付的最低劳动报酬。

最低工资立法最早是 19 世纪末的新西兰。1894 年，新西兰政府为了维护社会稳定和安全，颁布了《产业调解仲裁法》，运用法律强制手段，要求雇主付给工人不少于最低标准的工资。

（一）最低工资标准的确定

1. 最低工资标准的形式

最低工资标准一般采取月最低工资标准和小时最低工资标准的形式。

2. 确定和调整最低工资标准，应参考的因素

根据《劳动法》等有关法律法规规定，确定和调整最低工资标准，应参考以下因素：

（1）劳动者本人及平均赡养人口的最低生活费用；

（2）城镇居民消费价格指数；

（3）职工个人缴纳的社会保险费和住房公积金；

（4）职工平均工资；

（5）经济发展水平；

（6）就业状况等因素。

3. 最低工资标准的确定和调整方案

最低工资标准的确定和调整方案，由省、自治区、直辖市人民政府劳动保障行政部门会同同级工会、企业联合会/企业家协会研究拟订，并将拟订的方案报送劳动保障部。

劳动保障部对方案可以提出修订意见，若在方案收到后 14 日内未提出修订意见的，视为同意。

省、自治区、直辖市劳动保障行政部门应将本地区最低工资标准方案报省、自治区、直辖市人民政府批准，并在批准后 7 日内在当地政府公报上和至少 1 种全地区性报纸上发布。

（二）最低工资标准的执行

1. 根据《劳动法》《最低工资规定》，在劳动者提供正常劳动的情况下，用人单位应支付给劳动者的工资在剔除下列各项以后，不得低于当地最低工资标准：

（1）延长工作时间工资；

（2）中班、夜班、高温、低温、井下、有毒有害等特殊工作环境、条件下的津贴；

（3）法律、法规和国家规定的劳动者福利待遇等。

2.实行计件工资或提成工资等工资形式的用人单位，在科学合理的劳动定额基础上，其支付劳动者的工资不得低于相应的最低工资标准。

3.劳动者与用人单位形成或建立劳动关系后，试用、熟练、见习期间，在法定工作时间内提供了正常劳动，其所在的用人单位应当支付其不低于最低工资标准的工资。

工资集体协商双方应当根据国家法律法规规定，结合企业实际，在不低于当地最低工资标准的基础上，协商确定本企业的最低工资标准。

七、试用期工资

试用期是劳动关系双方为了相互了解而约定的进一步考察的期限。根据《劳动合同法》第 19 条规定：劳动合同期限 3 个月以上不满 1 年的，试用期不得超过 1 个月；劳动合同期限 1 年以上不满 3 年的，试用期不得超过 2 个月；3 年以上固定期限和无固定期限的劳动合同，试用期不得超过 6 个月。同一用人单位与同一劳动者只能约定 1 次试用期。以完成一定工作任务为期限的劳动合同或者劳动合同期限不满 3 个月的，不得约定试用期。试用期包含在劳动合同期限内。劳动合同仅约定试用期的，试用期不成立，该期限为劳动合同期限。

关于试用期的工资，《劳动合同法》第 20 条规定，劳动者在试用期的工资不得低于本单位相同岗位最低档工资或者劳动合同约定工资的 80%，并不得低于用人单位所在地的最低工资标准。《劳动合同法实施条例》第 15 条规定，劳动者在试用期的工资不得低于本单位相同岗位最低档工资的 80% 或者不得低于劳动合同约定工资的 80%，并不得低于用人单位所在地的最低工资标准。

工资集体协商双方在协商约定本企业试用期工资时应当把握以下几

点：一是要遵守国家法律法规规定；二是约定试用期工资应当体现同工同酬的原则；三是不得低于本单位相同岗位最低档工资的 80% 或者不得低于劳动合同约定工资的 80%，并不得低于用人单位所在地的最低工资标准。

八、病假工资

根据劳动部关于发布《企业职工患病或非因工负伤医疗期的规定》的通知（劳部发〔1994〕479 号）第 6 条规定，职工患病或非因工负伤治疗期间，在规定的医疗期内由企业按有关规定支付其病假工资或疾病救济费，病假工资或疾病救济费可以低于当地最低工资标准支付，但不能低于最低工资标准的 80%。

医疗期是指企业职工因患病或非因工负伤停止工作治病休息不得解除劳动合同的时限。企业职工因患病或非因工负伤，需要停止工作医疗时，根据本人实际参加工作年限和在本单位工作年限，给予 3 个月到 24 个月的医疗期：（1）实际工作年限 10 年以下的，在本单位工作年限 5 年以下的为 3 个月；5 年以上的为 6 个月。（2）实际工作年限 10 年以上的，在本单位工作年限 5 年以下的为 6 个月，5 年以上 10 年以下的为 9 个月；10 年以上 15 年以下为 12 个月；15 年以上 20 年以下的为 18 个月；20 年以上的为 24 个月。

关于劳动者的病假工资，劳动合同有约定的，按劳动合同约定的病假工资执行。集体合同（工资专项集体合同）确定的标准高于劳动合同约定标准的，按集体合同（工资专项集体合同）标准确定。劳动合同、集体合同均未约定的，在不低于当地最低工资标准 80% 的基础上，可以通过工资集体协商确定。

九、工资支付办法

工资支付，就是工资的具体发放办法。工资支付保障制度是指保障职工工资支付的法律规范的总称。我国工资支付保障制度的主要内容包括：

工资支付的形式、工资支付的对象、工资支付的时间和工资支付的数额、违反工资支付的处理办法和法律责任等。

工资支付的基本要求是:

(一) 货币支付

以货币形式支付工资是国际上通行的做法,我国《劳动法》及《工资支付暂行规定》也规定,工资应当以法定货币支付,不得以实物及有价证券替代货币支付。只有以货币方式支付工资,才能准确地反映劳动者实际付出的劳动量和应得的报酬,才能真正满足劳动者自身的消费需求和消费愿望,保障劳动者的经济利益。

(二) 按时支付

工资一般应当按月支付,用人单位与劳动者可以约定工资支付日期,工资发放日如遇节假日或休息日,则应提前在最近的工作日支付。用人单位每月至少应支付一次工资,对于实行小时工资制和周工资制的人员,工资也可以按日或周发放。对完成一次性临时劳动或某项具体工作的劳动者,用人单位应按有关协议或合同规定在其完成劳动任务后即支付工资。劳动关系双方依法解除或终止劳动合同时,用人单位应在解除或终止劳动合同时一次付清劳动者的工资。

用人单位应该按时向劳动者支付工资,不得无故拖延。但是,当用人单位遇到非人力所能抗拒的自然灾害、战争等原因,无法按时支付工资,或者用人单位确因生产经营困难、资金周转受到影响,在征得本单位工会同意后,可暂时延期支付劳动者工资,延期时间的最长限制可由各省、自治区、直辖市劳动行政部门根据各地情况确定。

(三) 足额支付

足额支付是指用人单位必须按照劳动者应得工资的全部数额向劳动者实际支付。禁止以各种理由克扣劳动者工资,一般情况下,也不允许用人单位代扣劳动者工资,对于确需代扣的,代扣的项目和额度必须依法进行限制。

下列情形不属于克扣劳动者工资:(1)国家的法律、法规中有明确规定的；（2）依法签订的劳动合同中有明确规定的；（3）用人单位依法制定并经职代会批准的厂规、厂纪中有明确规定的；（4）企业工资总额与经济效益相联系，经济效益下浮时，工资必须下浮的，但支付给提供正常劳动职工的工资不得低于当地的最低工资标准；（5）因劳动者请病事假等相应减发工资等。

根据法律规定，用人单位在下列情况下可以代扣劳动者工资：（1）用人单位代扣代缴的个人所得税；（2）用人单位代扣代缴的应由劳动者个人负担的各项社会保险费用；（3）法院判决、裁定中要求代扣的抚养费、赡养费；（4）法律、法规规定可以从劳动者工资中扣除的其他费用。

但是，如因劳动者本人的原因给用人单位造成经济损失，用人单位按照劳动合同的约定要求其赔偿经济损失的，虽然可以从劳动者本人的工资中扣除，但每月扣除的部分不得超过劳动者当月工资的20%；若扣除后的剩余工资部分低于当地月最低工资标准，则按最低工资标准支付。

（四）向劳动者本人支付

用人单位应将工资支付给劳动者本人，劳动者本人因故不能领取工资时，可由其亲属或委托他人代领。用人单位可委托银行代发工资。用人单位在支付工资时应向劳动者提供一份其个人的工资清单，列出应发工资额及其项目、扣款额及其项目、实发工资额等；用人单位必须书面记录支付劳动者工资的数额、时间、领取者的姓名以及签字，并保存2年以上备查。

（五）定地支付原则

用人单位应当以营业场所为工资支付地。（除另有约定外）

（六）破产企业首先要支付本单位劳动者的工资

《工资支付暂行规定》第14条规定："用人单位依法破产时，劳动者有权获得其工资。在破产清偿中用人单位应按《中华人民共和国企业破产法》规定的清偿顺序，首先支付本单位劳动者工资。"这是企业破产时，对劳动者工资支付的法律保障。

通过工资集体协商，可以根据法律法规的规定结合企业的实际，具体协商确定本单位工资支付的具体办法。

十、特殊情况下工资支付

特殊情况下的工资，是指在法律规定的特殊情况和合同约定的情况下，按照有关规定和约定，而不按劳动者提供劳动的数量和质量支付给劳动者的工资。《劳动法》第51条规定："劳动者在法定休假日和婚丧假期间以及依法参加社会活动期间，用人单位应当依法支付工资。"

特殊情况下工资支付主要包括：

（一）法定休假日工资

法定休假日，是指法律规定的劳动者休假时间。包括：

1. 法定节假日

法定节假日，又称法定休假日，是指国家统一规定的用以开展纪念、庆祝活动的休息时间。法定节假日是带薪休假，应当按照劳动合同中约定的工资标准向劳动者发放工资，不能以劳动者没有提供正常劳动而拒绝发放。这种带薪休假是国家给予劳动者的福利之一，用人单位不得无故剥夺。

2. 法定带薪年休假

机关、团体、企业、事业单位、民办非企业单位、有雇工的个体工商户等单位的职工，凡连续工作1年以上的，均可享受带薪年休假。单位应当保证职工享受年休假。职工在年休假期间享受与正常工作期间相同的工资收入。根据《职工带薪年休假条例》第3条规定：职工累计工作已满1年不满10年的，年休假5天；已满10年不满20年的，年休假10天；已满20年的，年休假15天。年休假在1个年度内可以集中安排，也可以分段安排，一般不跨年度安排。单位因生产、工作特点确有必要跨年度安排职工年休假的，可以跨1个年度安排。单位确因工作需要不能安排职工休年休假的，经职工本人同意，可以不安排职工休年休假；对职工应休未休的年休假天数，单位应当按照该职工日工资收入的300%支付年休假工资报酬。

（二）婚丧假期间工资

婚丧假是指劳动者本人结婚、其直系亲属死亡时依法享受的假期。一般为 1 至 3 天，不在一地的，可根据路程远近给予路程假。在此期间工资照发。

（三）劳动者依法参加社会活动期间工资

根据《工资支付暂行规定》，劳动者在法定工作时间内依法参加社会活动期间，用人单位应视同其提供了正常劳动而支付工资。社会活动包括：依法行使选举权或被选举权；当选代表出席乡（镇）、区以上政府、党派、工会、青年团、妇女联合会等组织召开的会议；出任人民法庭证明人；出席劳动模范、先进工作者大会；《工会法》规定的不脱产工会基层委员会委员因工会活动占用的生产或工作时间；其他依法参加的社会活动。

（四）非因劳动者原因停工、停产期间工资

《工资支付暂行规定》第 12 条规定："非因劳动者原因造成单位停工、停产在一个工资支付周期内的，用人单位应按劳动合同规定的标准支付劳动者工资。超过一个工资支付周期的，若劳动者提供了正常劳动，则支付给劳动者的劳动报酬不得低于当地的最低工资标准；若劳动者没有提供正常劳动，应按国家有关规定办理。"

（五）探亲假期间工资

探亲假，是指与父母或配偶分居两地的职工，每年享有的与父母或配偶团聚的假期。规定探亲假的目的是适当解决职工同亲属长期远居两地的探亲问题。根据我国《国务院关于职工探亲待遇的规定》第 2 条规定："凡在国家机关、人民团体和全民所有制企业、事业单位工作满一年的固定职工，与配偶不住在一起，又不能在公休假日团聚的，可以享受本规定探望配偶的待遇；与父亲、母亲都不住在一起，又不能在公休假日团聚的，可以享受本规定探望父母的待遇。但是，职工与父亲或与母亲一方能够在公休假日团聚的，不能享受本规定探望父母的待遇。"

《国务院关于职工探亲待遇的规定》第 4 条规定探亲假期分为以下几种：

1.探望配偶，每年给予一方探亲假 1 次，30 天。

2.未婚职工探望父母，每年给假 1 次，20 天，也可根据实际情况，2年给假 1 次，45 天。

3.已婚职工探望父母，每 4 年给假 1 次，20 天。探亲假期是指职工与配偶、父、母团聚的时间，另外，根据实际需要给予路程假。上述假期均包括公休假日和法定节日在内。

4.凡实行休假制度的职工（例如，学校的教职工），应该在休假期间探亲；如果休假期较短，可由本单位适当安排，补足其探亲假的天数。

《国务院关于职工探亲待遇的规定》第 5 条规定，职工在规定的探亲假期和路程假期内，按照本人的标准工资发给工资。第 6 条规定，职工探望配偶和未婚职工探望父母的往返路费，由所在单位负担。已婚职工探望父母的往返路费，在本人月标准工资 30% 以内的，由本人自理，超过部分由所在单位负担。

十一、变更、解除工资专项集体合同的程序

工资协议变更，是指工资专项集体合同依法订立后，在合同尚未履行或者尚未履行完毕之前，经劳动关系双方当事人协商同意，对工资专项集体合同内容作部分修改、补充或者删减的法律行为。

在履行工资专项集体合同的过程中，由于企业生产经营和市场条件的不断变化，订立工资专项集体合同所依据的客观情况发生变化，使得工资专项集体合同难于履行或者难于全面履行，这就需要劳动关系双方对工资专项集体合同的部分内容进行适当的调整。否则，在工资专项集体合同与实际情况相脱节的情况下，若继续履行，有可能会对当事人的正当利益造成损害。因此劳动关系双方当事人在一定条件下可以变更工资专项集体合同。

工资专项集体合同的变更是在原合同的基础上对原工资专项集体合同

内容作部分修改、补充或者删减，而不是签订新的工资专项集体合同。原工资专项集体合同未变更的部分仍然有效，变更后的内容就取代了原合同的相关内容，经双方协商新达成的变更合同条款与原合同中其他条款具有同等法律效力，对双方当事人都有约束力。

工资专项集体合同解除，是指工资专项集体合同依法订立后，尚未全部履行以前，由于某种原因导致工资专项集体合同一方或双方当事人提前消灭工资专项集体合同效力的法律行为。工资专项集体合同解除分法定解除和协商解除。

变更、解除工资专项集体合同的条件和程序可以由工会与企业平等协商，在工资专项集体合同中进行约定。

十二、工资专项集体合同的终止条件

工资专项集体合同终止，是指由于一定法律事实的出现而使工资专项集体合同当事人之间的权利义务关系消灭。一般工资专项集体合同终止的主要原因有：工资专项集体合同因完全履行而终止、工资专项集体合同期满而终止、工资专项集体合同当事人一方发出解约通知而终止、工资专项集体合同因免除而终止、企业因被依法宣告破产或者被吊销营业执照、责令关闭、撤销而终止。

十三、工资专项集体合同履行情况的监督检查

工资专项集体合同履行情况的监督检查是指劳动保障行政部门、上级工会、企业以及职工群众等对已生效的工资专项集体合同履行进行检查监督的行为。监督检查是建立和完善工资集体协商制度、全面履行工资专项集体合同的基本保障，也是充分发挥工资集体协商作用的重要手段。

工资专项集体合同履行情况监督检查的形式主要有：建立联合监督检查小组、企业行政对工资专项集体合同履行情况的监督检查、企业工会对工资专项集体合同履行情况的监督检查、上级工会对工资专项集体合同履

行情况的监督检查等。

工资集体协商双方可以协商约定对工资专项集体合同履行情况监督检查的形式、方式、内容等。

十四、工资专项集体合同履行过程中发生争议的处理

《劳动法》第 84 条第 2 款规定："因履行集体合同发生争议，当事人协商解决不成的，可以向劳动争议仲裁委员会申请仲裁；对仲裁裁决不服的，可以自收到仲裁裁决书之日起 15 日内向人民法院提起诉讼。"因此，工资专项集体合同履行过程中发生争议的处理方式主要是：一是向劳动争议仲裁委员会申请仲裁；二是对仲裁裁决不服的可以向人民法院提起诉讼。

十五、工资专项集体合同的违约责任

（一）工资专项集体合同违约责任概述

违约责任，是指当事人不履行合同义务或者履行合同义务不符合合同约定而依法应当承担的民事责任。违约方承担民事责任所应具备的条件包括：（1）须有客观存在的违约事实，即当事人有不履行或不适当履行的行为；（2）违约方主观上存有过错，但法律另有规定或双方另有约定者除外；（3）违约行为给当事人一方造成了损失；（4）违约行为与所造成的损失之间有因果关系。

违约责任的形式一般有：继续履行、采取补救措施、支付违约金、支付赔偿金、行政责任等。

工资专项集体合同违约责任，是指工资专项集体合同当事人由于自己的过错，造成工资专项集体合同不能履行或者不能完全履行时，依照法律或工资专项集体合同的约定必须承受的法律制裁。在实践中，工资专项集体合同的违约多属一方的行为。因此，由于当事人一方的过错，造成工资专项集体合同不能履行或不能完全履行的，则应由有过错的一方承担违约

责任。工资专项集体合同的违约行为，有时也表现为双方的过错造成的，在这种情况下，就应由双方当事人分别承担各自应承担的法律责任。

（二）工资专项集体合同约定违约责任的意义

工资专项集体合同约定违约责任的意义在于：第一，能有效地预防违约行为的发生。使当事人充分认识到，确定工资专项集体合同的内容必须慎重，履行工资专项集体合同的义务必须全面，这将对工资专项集体合同的全面履行产生积极意义。第二，依照工资专项集体合同约定的处罚措施，可以借助国家强制力保证这些措施的实施。对于因自己的过错造成合同不能履行或不能完全履行的当事人由有关部门追究责任，对于违约者进行有效的法治教育，可避免违约行为再次发生。第三，保护当事人的合法权益，使权利人受到侵害的权益得到补偿。工资专项集体合同虽然只规定义务性条款，但一方当事人承担的义务，也就是对方享有的权利。工资专项集体合同约定违约责任，有利于保护被侵犯权利人的利益。

（三）违反工资专项集体合同违约责任的形式

一般来说，违反工资专项集体合同承担的责任主要包括：

1. 企业行政违反工资专项集体合同应承担的法律责任

即指由于企业行政自己的作为或不作为的过错行为，造成工资专项集体合同不能履行或者不完全履行，根据法律规定和工资专项集体合同的约定必须承受的法律制裁。企业行政一方违反工资专项集体合同所应承担的责任形式主要有：

（1）行政责任。企业行政不履行工资专项集体合同规定的义务，应对其主管机关负纪律责任，如果由于其违约行为致使工资专项集体合同不能履行时，其主管机关就应依法对企业行政主要责任人员给予警告、记过、撤职等行政处罚或者是批评、教育一类的纪律处分。

（2）经济责任。企业行政违反工资专项集体合同规定的法定义务，如违反法律法规有关工资支付的规定时，集体合同管理部门就可以对其处以罚款处理。如果企业行政的违约行为致使工资专项集体合同不能履行或不完全履行时，则应视其违约情形和侵犯工会和职工利益的事实，承担赔偿责任，以补偿对方当事人和职工个人的损失。

（3）继续履行。继续履行是指企业行政不履行工资专项集体合同规定的义务时，根据工会和职工的要求，应当继续履行工资专项集体合同。

（4）支付违约金。企业行政违反工资专项集体合同规定的义务，不履行或没有完全履行工资专项集体合同，按照法律规定或合同的约定付给对方当事人一定数额的货币。违约金一般由企业行政直接责任人员支付。

（5）刑事责任。如果企业行政管理人员恶意违反工资专项集体合同，造成严重后果的，应根据《中华人民共和国刑法》及其有关规定，追究其刑事责任。

2. 企业工会组织违反工资专项集体合同的责任

企业工会作为工资专项集体合同的一方当事人，同样负有履行工资专项集体合同的义务。如果由于企业工会自己的过错，造成工资专项集体合同不能履行或不能完全履行时，企业工会同样应承担违反集体合同的法律责任。

按照国际惯例，企业工会不履行集体合同规定的义务，应对工会会员承担道义上和政治上的责任。工会本身不负担不履行经济赔偿责任。在我国的集体合同中，一般都规定由企业工会承担对职工进行宣传教育，组织劳动和技能竞赛，协助企业行政实现集体合同所规定的各项措施等义务。这些义务都是道义上的和政治上的。

3. 职工个人违反工资专项集体合同时应承担的法律责任

职工违反工资专项集体合同的有关规定，不履行工资专项集体合同或不完全履行工资专项集体合同规定的义务，同样也应承担相应的法律责任。当然职工个人的责任条件同样须具备违约行为和主观过错两个条件，另外常常还有造成严重后果一类的事实。职工承担的违约责任一般有：

（1）行政责任。由于职工不履行工资专项集体合同规定的义务，同时还违反了劳动纪律和企业内部劳动规则，所以应该依据企业内部规章和国家有关法律法规的规定承担行政责任。

（2）支付违约金。是指职工违反约定义务，支付企业行政一定数额的货币的责任形式。

（3）道义上的责任。

工资专项集体合同的违约责任可以由工资集体协商双方当事人在订立工资专项集体合同时事先约定。

十六、双方认为应当协商约定的其他事项

这是兜底性条款，双方可以根据需要约定。

第二节　工资集体协商的参考因素

劳动关系双方开展工资集体协商应当综合参考如下因素：

一、地区、行业、企业的人工成本水平

人工成本是指企业在一定时期内，在生产、经营和提供劳务活动中因使用劳动力而支付的所有直接费用和间接费用的总和，是企业总成本的组成部分。

国际上通用的人工成本包括：已完成工作的工资；未工作而有报酬时间的工资；奖金与小费；食品饮料及此类支出；雇主负担的工作的住房费用；雇主支付雇员的社会保险支出；雇工对职业培训、福利服务和杂项费用的支出，如工人的交通费、工作服、健康恢复及视为人工成本的税收等。

按我国原劳动部颁发的（1997）261号文件规定，人工成本范围包括：职工工资总额、社会保险费用、职工福利费用、职工教育经费、劳动保护费用、职工住房费用和其他人工成本支出。其中，职工工资总额是人工成本的主要组成部分。

职工工资总额指各单位在一定时期内，以货币形式直接支付给本单位全部职工的劳动报酬总额。包括计时工资、计件工资、奖金、津贴和补贴、加班加点工资、特殊情况下支付的工资。

社会保险费用是指国家通过立法，企业承担的各项社会保险费用，包括养老保险，医疗保险、失业保险、工伤保险、生育保险和企业建立的补充养老保险、补充医疗保险等费用。

职工福利费用是在工资以外按照国家规定开支的职工福利费用。主要用于职工的医疗卫生费、职工因工负伤赴外地就医路费、职工生活困难补助、文体宣传费、集体福利事业补贴（包括集体生活福利设施，如职工食堂，托儿所、幼儿园、浴室、理发室、妇女卫生室等，以及文化福利设施，如文化宫、俱乐部、青少年宫、图书室、体育场、游泳池、职工之家、老年人活动中心等）、物业管理费、上下班交通补贴。

职工教育费是指企业为职工学习先进技术和提高文化水平而支付的费用。包括就业前培训、在职提高培训、转岗培训、派外培训、职业道德等方面的培训费用和企业自办大中专、职业技术院校等培训场所所发生的费用以及职业技能鉴定费用。

劳动保护费用是指企业购买职工实际使用的劳动保护用品的费用。如工作服、保健用品、清凉用品等。

职工住房费用是指企业为改善职工居住条件而支付的费用。包括职工宿舍的折旧费（或为职工租用房屋的租金）、企业交纳的住房公积金、实际支付给职工的住房补贴和住房困难补助以及企业住房的维修费和管理费等。

其他人工成本费用包括工会费经费、企业因招聘职工而实际花费的职工招聘费、咨询费、外聘人员劳务费，对职工的特殊奖励（如创造发明奖、科技进步奖等），支付实行租赁、承租经营企业的承租人、承包人的风险补偿费等。解除劳动合同或终止劳动合同的补偿费用。

企业的人工成本水平（总成本中的人工成本含量、人工成本中的工资成本含量）对企业的工资增长有着重要影响，如果本企业的人工成本水平与本地区、本行业的人工成本相比偏高，那么工资增长的余地不大，增长幅度有限；反之，如果本企业的人工成本水平与本地区、本行业的人工成本相比偏低，则工资增长的余地比较大，可以较大幅度提高职工工资水平。

所以，一般来说，企业的人工成本水平应在有关部门发布的同行业人工成本水平的预警线下。若超过预警线，除特殊情况外，协商时一般不应提出工资增长的要求。

二、地区、行业的职工平均工资水平

职工平均工资是指各单位的职工在一定时期内平均每人所得的货币工资额。它表明一定时期内职工工资收入的高低程度，是反映职工工资水平的主要指标。计算公式为：职工平均工资＝报告期实际支付的全部职工工资总额/报告期全部职工平均人数。

按照国家统计局的统计标准，工资总额是指用人单位在一定时期内直接支付给本单位全部职工的劳动报酬总额，包括计时工资、计件工资、奖金、津贴和补贴、加班加点工资、特殊情况下支付的工资，不论是否计入成本，不论是以货币形式还是以实物形式支付，均包括在工资总额内。职工平均工资通常分为年平均工资、月平均工资。

职工平均工资高低对工资增长也有着重要影响。如果本企业职工平均工资高于本地区、行业的职工平均工资水平，则工资水平增长余地不大；如果本企业职工平均工资低于本地区、行业的职工平均工资水平，则工资水平应该有较大增长幅度。

三、当地政府发布的工资指导线

（一）工资指导线的概念

工资指导线制度是社会主义市场经济体制下，国家对企业工资分配进行宏观调控的一种制度。其实施方式为，有关地方政府结合当年国家对企业工资分配的总体调控目标，综合考虑本地区当年经济增长、物价水平及劳动力市场状况等因素的基础上，提出本地区当年企业工资增长指导意见，企业根据政府发布的工资增长指导意见，在生产发展、经济效益提高的基础上，合理确定本企业当年的工资增长率。建立工资指导线制度的目的在于引导各类企业在发展生产、提高效益的基础上适度增加工资，为企业确定工资水平提供依据；使企业的工资微观决策与政府的宏观调控政策保持协调统一，以达到政府稳定物价、促进经济增长、实现充分就业及提高职工生活水平的目的。

（二）实行工资指导线制度的意义

1.指导工资集体协商

企业与职工双方在进行工资集体协商时，均应围绕工资指导线确定职工工资水平，各级劳动保障行政部门依照工资指导线制度和其他有关法律法规对工资集体协商进行指导和协调。

2.促进劳动力市场均衡价格形成

通过试行工资指导线制度，设置工资增长预警线，减缓垄断性企业或行业工资水平偏高、增长过快现象，以缓解行业或企业间职工工资水平差距过大的问题，使平均工资率逐步与劳动力市场价格相衔接，引导劳动力合理流动。

3.完善工资宏观调控体系

政府通过实施工资指导线，监测工资总量、工资水平的增长情况，使工资增长与经济效益增长保持合理的比例关系，促进政府宏观调控目标的实现。

（三）工资指导线的构成

工资指导线由基准线、上线（又称为预警线）和下线构成。工资增长基准线是政府对大多数生产发展、经济效益正常的企业工资正常增长的基本要求。工资增长上线（预警线）是政府依据对宏观经济形势和社会收入分配关系的分析，对工资水平较高企业提出的工资增长的预警提示。企业工资增长如已达到当地政府提出的工资增长预警线，就应自我约束，以免工资增长过快，超过本企业经济效益和劳动生产率的提高幅度，对整个社会分配秩序产生冲击。工资增长下线是政府对经济效益下降或亏损企业工资增长的起码要求。明确规定这类企业的实际工资可以是零增长或负增长，但支付给提供正常劳动的职工的工资不得低于当地最低工资标准。

（四）实行工资指导线制度的要求

1. 国有企业

应严格执行政府颁布的工资指导线。企业在工资指导线所规定的下线和上线区间内，围绕基准线，并结合企业经济效益，合理安排工资分配。各企业工资增长均不得突破指导线的上线。在工资指导线规定的区间内，对工资水平偏高、工资增长过快的国有垄断性行业和企业，按照国家宏观调控阶段性从紧的要求，根据有关政策，从严控制其工资增长。

2. 非国有企业

应依据工资指导线，进行集体协商确定工资；尚未建立集体协商制度的企业，也应依据工资指导线确定工资，并积极创造条件建立集体协商制度。企业在生产、经营正常的情况下，工资增长不应低于工资指导线所规定的基准线水平；效益好的企业，可以相应提高工资增长幅度。

3. 其他企业

年度工资增长水平，不能低于工资指导线所规定的下线。

各企业支付给职工的工资不得低于当地最低工资标准。

工资指导线是工资集体协商的重要依据。在工资集体协商中，应根据生产经营状况和人工成本的承受能力，综合参考当地政府发布的工资指导线意见，在工资指导线区间内合理协商确定工资增长幅度。生产经营正常、有经济效益的协商单位，协商确定的工资增长不应低于基准线；经济效益增长较快、工资水平较低的协商单位，可在工资增长上线区间内达成与之相适应的工资增长水平；而其他协商单位受客观条件的制约，其工资增长可能是零增长或负增长。

四、劳动力市场工资指导价位

(一) 劳动力市场工资指导价位

劳动力市场工资指导价位制度，是市场经济下国家对企业工资分配进行指导和间接调控的一种方式。是指劳动保障部门按照国家统一规范和制度的要求，对各类职业（工种）工资水平进行广泛调查，经过汇总、分析和修正，公布有代表性的职业（工种）的工资指导价位，以规范劳动力市场供需双方的行为，从微观上指导企业合理确定劳动者个人工资水平和各类人员的工资关系。建立劳动力市场工资指导价位制度是市场经济国家的通行做法，有利于充分发挥市场机制对工资分配的基础性调节作用，促进市场均衡工资率的形成；有利于指导企业根据劳动力供求状况和市场价格，形成企业内部科学合理的工资分配关系。我国的劳动力市场工资指导价位制度始建于 1999 年。

(二) 劳动力市场工资指导价位的确定形式

劳动力市场工资指导价位的确定形式有 6 类：平均值、最高值、最低值、高位数、中位数、低位数。其中，最高值、最低值指一系列工资价位的最高和最低的数值；平均值指一系列工资价位的算术平均值；高位数、低位数是一系列工资价位按照从高向低的次序排列后，从高或从低依次抽取整个系列一定百分比数量的价位所求得的算数平均；中位数则是一系列工资价位按照从高向低的次序排列后，位于数列中间位置前后各一定数量价位数值的算术平均。通常发布的劳动力市场工资指导价位以高位数、中位数、低位数 3 类居多，其中中位数更具有较好的代表性意义。

(三) 劳动力市场工资指导价位的作用

劳动力市场工资指导价位的主要作用：一是有利于政府劳动行政管理部门转变职能，由直接的行政管理转化为充分利用劳动力市场价格信号指导企业合理进行工资分配，将市场机制引入企业内部工资分配，为企业合理确定工资水平和各类人员工资关系，开展工资集体协商提供重要依据；

二是有利于提高劳动力市场形成合理的价格水平，为劳动力供求双方协商确定工资水平提供客观的市场参考标准，减少供求双方的盲目性，提高劳动者求职的成功率；三是有利于引导劳动力的合理、有序流动，调节地区、行业之间的就业结构，使劳动力价格机制与劳动力供求机制紧密结合，构建完整的劳动力市场体系。

五、本地区城镇居民消费价格指数

（一）城镇居民消费价格指数概述

城镇居民消费价格指数属于消费领域的价格指数，它是反映一定时期居民生活消费品及服务项目价格变动趋势和程度的一种相对数，它可以观察居民生活消费品及服务项目价格变动对居民生活的影响，为各级政府掌握居民消费状况，研究和制定居民消费价格政策、工资政策提供科学依据，通常作为观察通货膨胀水平的重要指标，也是工资集体协商的重要参考因素。

城镇居民消费价格指数的调查范围和内容是居民用于日常生活消费品的全部商品和服务项目价格。包括食品、烟酒及用品、衣着、家庭设备用品及维修服务、医疗保健和个人用品、交通和通信、娱乐教育文化用品及服务、居住等8大类商品及服务项目价格。既包括居民从商店、工厂、集市所购买商品的价格，也包括从餐饮行业购买商品的价格。该指数以实际调查的综合平均单价和根据住户调查有关资料确定的权数，按加权算术平均公式计算。

（二）实际工资指数

实际工资指数亦称"实际收入指数"，反映职工在不同时期取得的货币工资（或称名义工资）额所能购买的实物商品与劳务商品的数量增减变动的经济指数。按工资标准用货币的形式支付给职工的劳动报酬是货币工资（或称名义工资），职工用其所得的货币工资实际能够购买的消费品和服务数量则是实际工资。实际工资的变动受多种因素的影响：（1）受货币工资的变动影响，当其他因素不变时，货币工资与实际工资成正比，货币工资增加实际工资增长。（2）受货币购买力变动的影响，在货币工资一定的情况下，货币购买力与实际工资变动成正比，物价上涨，实际工资下降。

（三）城镇居民消费价格指数是工资集体协商的重要参考因素

职工的实际工资的水平不仅取决于货币工资的高低，还取决于物价的高低。如果名义工资不变，物价上涨，或者名义工资的提高赶不上物价上涨的速度，实际工资就会下降。所以，在工资集体协商时，应当充分考虑本地区城镇居民消费价格指数的变化，以城镇居民消费价格指数为重要参考因素，确保职工工资水平增长幅度不低于或者高于城镇居民消费价格指数增长幅度。

六、劳动力市场供求状况

工资集体协商应当根据劳动力市场的供求变化来协商工资增长幅度。劳动力市场，是劳动力要素的交换场所，是按照市场规律对劳动力资源进行配置和调节的一种机制。

劳动力市场的供求状况，主要指劳动力资源量与需求量的关系。劳动力供给量即劳动力资源量，指进入劳动力市场可参与劳动力交换的劳动者的数量。影响劳动力供给量的因素是多方面的，主要包括人口规模及其增长速度、人口年龄构成及变化、社会劳动年龄规定、劳动力参与率等。劳动力的需求量，指社会经济发展对劳动力的需求总和。影响劳动力需求的因素，从宏观上看，有国家产业结构政策、宏观经济发展规模及水平、城市发展速度等；从微观上看，有企业劳动生产率的高低、企业技术结构变化、企业经济结构与规模以及劳动力价格水平等。当劳动力供大于求时，价格下降，供给减少；当劳动力需求大于供给时，价格上升，劳动力供给增加。劳动力市场的供求运动是在"看不见的手"的调节下，不断由供求不平衡到平衡，由平衡到新的不平衡，再到新的平衡的动态过程，其平衡状态是偶然的，而不平衡则是经常的。

劳动力的供求变化会引起工资的涨落，供大于求时工资呈下降趋势，供不应求时，工资又会上涨，进而也会影响劳动力供需之间的变化。

工资集体协商应当考虑到当地劳动力供求状况，如果劳动力供大于求，劳动者就业困难，失业率比较高，工资水平增长幅度不可能太高；如果劳动力供不应求，用人单位招工困难，失业人员较少，工资水平增长幅度就可能大一些，可以为职工争取更高的工资水平。

七、国家、地方有关工资分配的法律、法规、政策

国家、地方有关法律、法规、政策对工资分配作了明确规定，政府依法制定和适时调整的最低工资标准，法律规定的加班加点工资标准，规范工资支付行为的规定等，用人单位必须严格遵守。

工资集体协商应当遵守合法原则，所谓合法就是要符合国家、地方有关工资分配的法律、法规、政策，在国家、地方法律、法规、政策规定的基础上进行工资集体协商，双方在协商确定职工工资水平时，不能违背国家法律法规政策的规定。双方协商确定的工资水平不能低于国家的最低工资标准，工资增长幅度应当以当地政府发布的工资指导线为依据，在此基础上可自由协商确定职工工资水平。只有符合国家法律法规政策的规定，签订的工资专项集体合同才能有效。

八、企业劳动生产率和经济效益

生产决定分配，生产力水平决定社会成员的工资收入水平。在企业内部，职工工资水平的高低归根结底取决于企业劳动生产率和经济效益。

(一) 企业劳动生产率

劳动生产率，是指劳动者在一定时期内创造的劳动成果与其相适应的劳动消耗量的比值。劳动生产率水平可以用同一劳动在单位时间内生产某种产品的数量来表示，单位时间内生产的产品数量越多，劳动生产率就越高，反之，则越低；也可以用生产单位产品所耗费的劳动时间来

表示，生产单位产品所需要的劳动时间越少，劳动生产率就越高，反之，则越低。

劳动生产率，从价值形式来看，是指平均 1 个劳动者在一定时期内所创造的总产值或净产值，即新创造价值。是考核企业经济活动的重要指标，是企业生产技术水平、经营管理水平、职工技术熟练程度和劳动积极性的综合表现，也是决定工资分配的重要因素。

按照马克思主义关于生产决定分配和交换的原理，劳动生产率的水平应当决定工资水平，劳动生产率的提高幅度应当决定工资的增长幅度。因此，劳动生产率与工资水平是正相关关系。工资集体协商应当把工资和劳动生产率联系起来，把劳动生产率作为工资水平提高的决定性因素，在职工人均工资增长低于职工劳动生产率增长的原则下，根据本企业的劳动生产率来协商确定工资水平及工资增长幅度。

（二）企业经济效益

企业经济效益，是指企业的生产总值与生产成本之间的比例关系。利润是生产总值与生产成本之间的差额。评价企业效益的好坏，既可以企业的生产总值与生产成本之间的比例关系来判断，也可以单位资本所获得的单位利润来判断。

经济效益和劳动生产率之间既有严格的区别，又有紧密的联系。劳动生产率是生产者单位时间内生产产品的能力，是单位产品与生产单位产品的劳动时间之间的比例关系，它反映的是生产者的劳动能力；经济效益则反映的是企业"亏损"或"盈利"的经营效果，是衡量一切经济活动的最终的综合指标。如果企业经济效益高，意味着它获得的经济利益相对就多，这有利于增强企业的自我发展能力，有利于增强企业的市场竞争力，也有利于提高职工工资水平和生活水平。

工资集体协商应当坚持在提高劳动效率、提高经济效益的基础上，按照工资总额增长低于经济效益增长的原则，逐步提高职工工资水平，并合理拉开分配差距。

九、国有资产保值增值

国有资产保值增值，是指企业在考核期内，期末国家所有者权益大于或等于期初国家所有者权益。国有资产保值增值是维护社会简单再生产从而进行扩大再生产的必要条件，也是企业持续发展的前提。国有资产保值增值直接反映企业的资本规模、生产能力以及企业的经营损益和创利能力，是各有关方面经济决策者的重要依据。国有资产保值增值是社会稳定和经济发展的重要手段，是实现资源的可持续利用，社会的可持续发展的必要措施。我国宪法明确规定国有资产所有权属于全国人民，保障国有资产的保值增值就是保障全国人民资产的保值增值，这对于保障全国人民的根本利益具有重要意义。

在国有企业开展工资集体协商，必须充分考虑国有资产保值增值情况，合理确定年度工资总额增长。国有资本实现保值增值，且经济效益增长的企业，当年工资总额增长幅度可在不超过经济效益增长幅度范围内确定。企业未实现国有资产保值增值的，工资总额不得增长。

十、上年度企业职工工资总额和职工平均工资水平

职工工资总额和职工平均工资水平增长幅度或比例是以上一年度为基数来计算的，所以，上年度企业职工工资总额和职工平均工资水平也是重要参考因素，应当了解和掌握。

(一) 上年度企业职工工资总额

工资总额，是指用人单位直接支付给本单位全部职工的劳动报酬总额，包括计时工资、计件工资、奖金、津贴和补贴、加班加点工资以及特殊情况下支付的工资。但是，劳动者的以下收入不属于工资范围：(1) 单位支付给劳动者个人的社会保险福利费用，如生活困难补助费、计划生育补贴等；(2) 劳动保护方面的费用，如用人单位发放给劳动者的工作服；(3) 按规定未列入工资总额的各种劳动报酬及其他劳动收入，如根据国家

规定发放的创造发明奖等。

上年度企业职工工资总额是企业上年度 1 ~ 12 月发给职工的所有工资之和。

（二）上年度职工平均工资水平

平均工资，是一项反映职工工资总体水平的指标，指企业、事业、机关单位的职工在一定时期内平均每人所得的货币工资额。上年度职工平均工资为：上年度职工工资总额除以上年度职工平均人数。上年度职工平均人数为：按月相加职工人数除以 12。

十一、企业工资支付能力

开展工资集体协商，确定职工工资增长幅度，还应当充分考虑企业的工资支付能力。

企业工资支付能力是指企业支付职工工资的能力。在市场经济中，决定一个企业的工资支付能力的主要因素是该企业的劳动生产率和经济效益。企业工资支付能力强弱关系到职工工资水平高低和工资支付的保障程度。一般来说，资本实力雄厚、盈利能力强、劳动生产率高、经济效益好且正处于上升时期的企业，职工的工资水平要高于盈利能力差、劳动生产率低、经济效益不好的企业。因为企业经济效益归根结底决定着企业对职工的工资支付能力。企业劳动生产率高、经济效益好，企业工资支付能力强，职工工资收入随之而增加；反之，如果企业劳动生产率下降、经济效益不好，产品价值无法实现，企业工资支付能力弱，那么职工工资水平的提高也就失去了经济基础。

十二、按劳分配与按生产要素分配的关系

对股份制企业来讲，协商中要正确处理按劳分配和按生产要素分配的关系。因为在股份制企业中，劳动者和投资者同时存在，他们所关心的利益侧重面不一样。劳动者关心的是工资收入的最大化，而投资者关心的是

利润的最大化。在工资集体协商中，如果强调工资水平高，则人工成本上去了，利润要下降，投资者分红将会减少；如果强调利润高，则投资者分红多而人工成本下降，劳动者工资收入增长就难以保证。因此要找到工资增长和利润增长的最佳平衡点，就必须实行"按劳分配"和"按生产要素分配"相结合；坚持以按劳分配为主体，按生产要素分配要以职工按劳分配工资收入不低于当地社会同行平均工资为前提，在认真测算、分析的基础上，做到有理有据，然后才能确定切实可行的目标，最终达到企业和职工双赢的目的。

十三、其他与工资集体协商有关的情况

第三节　突出重点妥善处理各方利益分配关系

一、开展工资集体协商，要突出重点

开展工资集体协商要根据各地区和各企业的不同情况，把职工最关心、最现实、最直接的利益问题作为协商的重点，切实解决企业工资分配中的突出问题。工资集体协商的内容可以是全面的，也可以有所侧重。生产经营正常和效益较好的企业，应重点就工资水平、奖金分配、补贴和福利等进行协商，建立正常的工资增长和调整机制，使广大职工共享企业改革发展的成果。生产经营比较困难的企业，可重点就工资支付办法、离岗职工生活费等进行协商，重在建立工资支付保障机制。在企业改制过程中，要重视从理顺内部分配关系入手，协商确定企业工资分配制度和办法。当前，要通过工资集体协商，着力解决部分企业存在的拖欠、克扣职工工资问题，确保职工工资按时足额发放。

二、开展工资集体协商，必须妥善处理好各方利益分配关系

开展工资集体协商既要依法保障职工的劳动报酬权益，又要保障企业的经济利益，促进企业的发展，努力实现互利共赢。要正确处理出资人、经营者与职工之间的关系，企业科技管理人员与一般职工之间的关系，不同层次、不同岗位工种职工之间的关系，持股职工与未持股职工之间的关系，按劳分配与按其他生产要素分配之间的关系，工资分配与企业经济性裁员、再就业安置、保险福利之间的关系等，努力做到统筹兼顾、科学合理、公平公正。实行岗位工资制度的企业，要把确定和调整岗位工资标准作为协商重点；实行计件工资制度的企业，要通过工资集体协商合理确定工人的劳动定额和计件单价；实行股份制的企业，要正确处理工资分配、股息红利与劳动分红之间的比例关系，防止利润侵蚀工资或工资分配侵蚀利润；实行经营者年薪制的企业，要根据企业实际情况合理确定企业经营者与职工的工资分配关系，既要充分体现对经营管理者劳动的肯定和激励作用，又要切实保证职工工资收入随经济效益的提高逐步增加。

思考题：

1. 我国现行的工资分配制度有哪些？
2. 我国现行的工资形式有哪些？
3. 什么是工资水平？
4. 奖金的种类有哪些？
5. 奖金制度的构成要素有哪些？
6. 津贴的种类和支付形式有哪些？
7. 加班加点工资标准是多少？
8. 什么是最低工资？
9. 最低工资标准如何确定？
10. 试用期工资是如何规定的？

11. 工资支付的基本要求是什么？

12. 特殊情况下的工资支付包括哪些？

13. 违反工资专项集体合同承担责任的形式是什么？

14. 人工成本的范围是什么？

15. 什么是工资指导线？如何构成？

16. 什么是劳动力市场指导价位？其作用是什么？

17. 城镇居民消费价格指数对工资有什么影响？

18. 劳动力市场供求状况对工资集体协商有什么影响？

19. 企业劳动生产率和经济效益与工资集体协商是什么关系？

案例1

龙矿集团工会坚持以职工为中心推进集体协商集中要约"接地气"

2020年03月27日　　来源：山东能源集团有限公司网站

近年来，龙矿集团工会认真贯彻落实上级一系列关于工资集体协商工作的指示精神，始终把握以职工为中心这一原则和促进劳动关系和谐稳定这一主题，坚持"人本"理念，建塑"尊严"文化，使工资集体协商制度成为构建新型劳动关系的重要渠道和载体，实现了职工与企业共商共决、和谐共建、共赢发展。2017年，集团公司荣获了"全国厂务公开民主管理示范单位"、山东省"推行协商民主、加强社会责任示范单位"称号。

做好"规定动作"，把握集体协商集中要约活动"总基调"

一是在协商制度上再规范。我们积极推动《龙矿集团工资集体协商实施细则》的落实，形成了党委统一领导，行政、工会组织实施，有关部门积极运作的组织领导体制和工作格局。利用各种宣传阵地和工具向广大干部职工宣传《劳动法》《工会法》《集体合同规定》《工资集体协商工作条例》等法律法规，为全面推行工资集体协商制度奠定了群众基础。并根据机构、人员变化情况，每年对平等协商暨工资集体协商委员会进行调整充实一次。同时，遵循合法、平等合作、协商一致、利益兼顾、权利义务对等的原则，每年就集体合同、工资协议的签订、履行情况以及履行过程中存在的问题至少进行一次集体协商。

二是在协商步骤上再理顺。在推行集体协商集中要约活动的过程中，不断完善协商步骤，增强可操作性，最终形成"六步工作法"：第一是规范内容。明确协商重点，即工资分配原则、分配标准、分配形式、分配目标、职工收入水平及增长幅度、支付规定、变更解除协议程序、违约责任和工资协议期限等内容要全部纳入《工资协议》。第二是完善流程。每年《工资协议》起草工作小组要听取职代会劳动法律法规委员会对上一年度《集体合同》《工资协议》履行情况报告，拟定《工资协议》草稿，征求职工群众的意见和建议，据此，进行二次修改提交集体协商委员会协商。第三是集体协商。采取行政方与工会方轮流主持的形式，协商过程中提出的问题由执行主席提出意见后再次对工资协议进行修改，提交职代会审议。第四是审议签订。提交职代会审议的《工资协议（草案）》经职工代表讨论审议通过后，由公司法人和工会主席在职工代表大会签字。第五是上报备案。职代会签订的《工资协议》，按照规定要求，分别报送上级机关部门备案。第六是全面落实。各基层单位根据集团公司《工资协议》，结合本单位生产经营情况和上年度职工收入情况，起草本单位《工资协议》，方案中职工年度工资增长幅度不得低于集团公司《工资协议》规定增幅。经预审合格提交本单位职代会审议通过。集团公司所属的建立职代会制度的22个二级单位（子公司）全部根据集团公司的统一要求，制定了贯彻工资集体协商实施意见（细则），每年按规定同步签订本企业（单位）《工资协议》，签订后报集团公司工会和人力资源部备案。工资协议建制率和覆盖率达到了100%，形成了横到边、竖到底的网络体系。

三是落实协商成效全覆盖。注重贯彻落实《企业民主管理规定》《山东省企业职工代表大会条例》《山东省厂务公开条例》，以工资分配公平、公正、公开为抓手，将集体协商集中要约活动与厂务公开民主管理、职工幸福指数紧密结合起来，坚持把"尊严"文化渗透到民主管理各个层面，将企业各项决策全过程放到桌面上，置于阳光下，纳入监督中，推进企业民主管理制度化、规范化、法治化、程序化建设，保证协商的各个环节透明纯净。

面对"疫情防控"，全力保障职工合法权益协商"总目标"

当前，新型冠状病毒感染的肺炎疫情防控工作仍处于关键时期。党中央、国务院和省委、省政府多次召开会议对做好疫情防控工作进行专题部署，全总、省总工会下发文件通知，针对做好疫情防控工作提出了明确要求。为确保疫情防控工作坚决到位，企业复工复产时间不断推延。为了保障企业正常生产，维护职工合法权益，集团工会切实发挥协调劳动关系三方作用，同企业行政方和人力资源部门进行了积极协商，全力支持企业复工复产，促进劳动关系和谐稳定。

一是协商制订工资支付方案。经协商，集团公司按照鲁人社函〔2020〕5号、山东人社《省内企业延迟复工期间有关问题的通知》、山东省人力资源和社会保障厅等4部门转发人社部发〔2020〕8号文件《做好我省新型冠状病毒感染肺炎疫情防控期间稳定劳动关系支持企业复工复产的通知》、能源集团《关于延迟复工期间有关问题的通知》等文件要求，结合企业实际情况，制定下发了《2020年春节假期、延迟复工以及新冠肺炎疫情防控期间工资待遇有关支付规定》。规定说明，对受疫情影响导致企业生产经营困难的，通过协商民主程序与职工协商采取调整薪酬、轮岗轮休、缩短工时等方式稳定工作岗位；对暂无工资支付能力的，由企业与工会协商延期支付，帮助企业减轻资金周转压力。

二是全力维护职工合法权益。对于在延迟复工期间的工资待遇，与职工协商优先使用带薪年休假。在受疫情影响的延迟复工或未返岗期间，对用完各类休假仍不能提供正常劳动或其他不能提供正常劳动的职工，参照国家关于停工、停产期间工资支付相关规定与职工协商，在一个工资支付周期内的按照劳动合同规定的标准支付工资；超过一个工资支付周期的按有关规定发放生活费。经工会与行政协商后，企业可以优先考虑安排职工带薪年休假。其中职工累计工作满1年不满10年的，年休假5天；已满10年不满20年的，年休假10天；已满20年的，年休假15天。对因依法被隔离导致不能提供正常劳动的职工，企业按正常劳动支付其工资；隔离期结束后，对仍需停止工作进行治疗的职工，按医疗期有关规定支付工资。对在春节假期延长假期间因疫情防控不能休假的职工，企业应先安排补休，对不能安排补休的，依法支付加班工资。对新型冠状病毒感染的肺炎患者、疑似病人、密切接触者在其隔离治疗期间或医学观察期间以及因政府实施隔离措施或者采取其他紧急措施导致不能提供正常劳动的企业职工，各单位不得依据劳动合同法第四十条、四十一条与职工解除劳动合同。在此期间，劳动合同到期的，分别顺延至职工医疗期、医学观察期、隔离期期满或者政府采取的紧急措施结束。

三是及时回应职工合理诉求。要求各级工会组织和工会干部及时学习掌握人力资源社会保障部门和集团公司出台的应对新型冠状病毒感染肺炎疫情做好劳动关系工作的有关政策规定，通过网络、电话等方式，及时回应职工诉求，妥善处理疫情防控期间劳动关系问题，监督企业依法保障职工劳动报酬、休息休假等合法权益，切实加强劳动关系监测和劳动争议调处工作，努力促进劳动关系和谐稳定。目前龙矿集团基层单位复产率已经达到90%，员工复工率接近80%。

多年来，龙矿集团工会在集体协商集中要约活动中，积极推动工资集体协商、沟通协商机制建设，始终把解决职工合理诉求作为着力点，把职工满不满意作为衡量沟通协商的工作标准，认真做好"民情日记"，如实记录群众声音，进一步保障了职工的知情权、参与权、表达权和监督权等各项民主权利的落实，广大职工群众的存在感、价值感明显增强，实现了维护职工权益和企业健康发展的双赢。

案例2

"上代下"谈薪促劳资双赢

宝坻区方家庄镇沙发行业工资集体协商有实招

2017年1月04日　　来源：中工网——《天津工人报》

中工网讯　企业工会组建率100%、工资集体协商率100%、2016年工资纠纷案件零投诉，在由数十家小微企业、1000 多名职工组成的宝坻区方家庄镇沙发行业工会中，这些数字成功搭起了职工与企业间的信任桥梁。

据了解，该镇从事沙发制作劳动的有 1000 多人，占建会总职工人数的 40%。沙发行业大多属于小型民营性质企业，规模小、数量多，由于一些企业对职工劳动定额标准不确定或不合理，导致工人积极性不高、队伍不稳定。在此背景下，该镇总工会开展"上代下"工资集体协商，将这些小企业职工的具体工资权益主张固定下来，让职工、业主都尝到了协商的甜头。"通过签订行业合同，更好地保护了我们劳动者的合法权益，去年厂里又为一线工人上浮 1000 元工资。"谈到该行业开展工资集体协商谈判时的情景，职工方代表孙进丽感慨地说。

"开展工资集体协商，重点在小型非公有制企业。但是在这些企业，工会和企业谈判确实很为难。"谈到开展行业工资集体协商，该镇总工会负责同志表示，"在这种情况下，我们采取了'上代下'的方式，由上级工会派人组织协调企业开展协商，使职工的工资水平与企业发展相适应。为了使职工方的合理诉求得到解决，职工方协商主体采取'上代下'的原则，由镇总工会主席担任职工方首席代表，代表行业职工开展协商。"

据悉，在开展工资集体协商之前，镇总工会和经贸办在全镇沙发行业范围内开展了工资专项调查活动，主要围绕职工生活现状、工资收入情况、对工资收入期望值等方面展开调研，及时反映职工的现状和心声。通过工资专项调查，工作人员了解了沙发行业 5 大工种工资构成和标准，初步形成了整个行业的岗薪调整和工资增长方案。镇总工会将初步方案提交每个企业的职工和老板进行讨论，进一步收集职工的意见和建议并将修改的方案及时向企业老板进行反馈，征求老板的意见和建议，完善岗薪工资制度。通过不断反馈汇总，最终起草合同文本，确定协商重点。一家沙发企业的工人告诉记者，合同的整个签订过程都由镇总工会和职工代表全程参与，职工代表由普通职工推举产生，能更好地维护自身权益。

目前，方家庄镇沙发行业主要包括包工、木工、裁剪工、缝纫工和纸板工。经过几年来的协商，职工工资增长成效显著，仅去年工人的平均工资就同比增长 10%，包工工种工资已达到 3000 多元，企业生产总值也比 2015 年同期提高 7%。不仅如此，协商的开展还有效地改善了企业用工环境。企业经营者表示，"上代下"工资集体协商开展后，职工可以安下心来谋划企业发展，真的是实现了劳资双赢。(记者 李洋)

第四章

工资集体协商代表与工资集体协商程序

　　工资集体协商是由双方的协商代表进行的，明确工资集体协商代表的产生、职责及其权利和义务，是开展工资集体协商的基本条件。工资集体协商程序是开展工资集体协商的基本方法步骤，是工资集体协商合法有效的前提和保障。开展工资集体协商还要了解并符合规定的协商程序。

第一节　工资集体协商代表

一、工资集体协商代表的概念

工资集体协商代表，是指按照法定程序产生并有权代表本方利益进行工资集体协商的人员。这个定义中，工资集体协商代表有 3 个要素：第一，按照法定程序产生。第二，有权代表本方利益。第三，参加工资集体协商。工资集体协商是由双方的协商代表进行的，明确工资集体协商代表的产生、职责及其权利和义务，对于工资集体协商的顺利实施有着非常重要的作用。

二、工资集体协商代表的产生

工资集体协商代表应依照法定程序产生。双方的代表人数应当对等，每方至少 3 人，并各确定 1 名首席代表。

（一）职工方协商代表

职工方协商代表，是指按照法定程序产生并有权代表职工方利益进行集体协商的人员。职工方协商代表的能力素质直接影响到工资集体协商的效果，影响到职工工资权益的实现程度。因此，必须高度重视职工方协商代表的产生及其作用的发挥。

根据规定，职工一方由工会代表，未建工会的企业由职工民主推举代表，并得到半数以上职工的同意。职工一方的首席代表由本单位工会主席担任。工会主席可以书面委托其他协商代表代理首席代表。工会主席空缺的，首席代表由工会主要负责人担任。未建立工会的，职工一方的首席代表从协商代表中民主推举产生。

用人单位一方的协商代表，由用人单位法定代表人指派，首席代表由用人单位法定代表人担任或由其书面委托的其他管理人员担任。

协商代表履行职责的期限由被代表方确定。

工资集体协商双方首席代表可以书面委托本单位以外的专业人员作为本方协商代表，委托人数不得超过本方代表的1/3。但首席代表不得由非本单位人员代理。

用人单位协商代表与职工协商代表不得相互兼任。

协商过程中，协商双方可以按照协商代表产生办法更换协商代表。

三、工资集体协商代表的职责和权利义务

（一）工资集体协商代表的职责

根据《集体合同规定》，工资集体协商代表的职责主要是：

1.参加工资集体协商；

2.接受本方人员质询，及时向本方人员公布协商情况并征求意见；

3.提供与工资集体协商有关的情况和资料；

4.代表本方参加工资集体协商争议的处理；

5.监督工资专项集体合同的履行；

6.法律、法规和规章规定的其他职责。

工资集体协商首席代表的主要任务是在工资集体协商期间共同主持协商会议，负责工资集体协商的有关组织协调工作，并对协商过程中发生的问题提出处理建议。

（二）工资集体协商代表的权利

工资集体协商代表享有以下权利：

1.协商双方享有平等的建议权、否决权和陈述权；

2.由企业内部产生的协商代表参加工资集体协商的活动应视为提供正常劳动，享受的工资、奖金、津贴、补贴、保险福利待遇不变；

3.职工协商代表的合法权益受法律保护。企业不得对职工协商代表采

取歧视性行为，不得违法解除或变更其劳动合同。职工协商代表在其履行协商代表职责期间劳动合同期满的，劳动合同期限自动延长至完成履行协商代表职责之时，除出现下列情形之一的，用人单位不得与其解除劳动合同：

（1）严重违反劳动纪律或用人单位依法制定的规章制度的；

（2）严重失职、营私舞弊，对用人单位利益造成重大损害的；

（3）被依法追究刑事责任的。

4.职工一方协商代表履行协商代表职责期间，用人单位无正当理由不得调整其工作岗位。

（三）工资集体协商代表的义务

工资集体协商代表应当履行以下义务：

1.协商代表应遵守双方确定的协商规则，履行协商代表职责。

工资集体协商代表的基本职责就是参加工资集体协商及做好相关工作。工资集体协商代表应当切实代表本方利益，认真履行好自己的职责。

2.维护本单位正常的生产、工作秩序，不得采取过激、威胁、收买、欺骗等行为。

维护本单位正常的生产、工作秩序是工资集体协商应当遵守的基本原则。在协商过程中如果发生分歧、意见僵持难以形成统一时，可暂时休会。还可以以书面形式向劳动保障行政部门提出协调处理申请，由劳动保障部门协调处理，决不能采取过激的行为，影响企业正常的生产工作秩序。威胁、收买、欺骗是一种不正当的协商行为，违背了自愿原则，不利于工资集体协商的顺利实施，应当予以禁止。

3.应当保守在工资集体协商过程中知悉的用人单位的商业秘密。

商业秘密，是指不为公众所知悉、能为权利人带来经济利益，具有实用性并经权利人采取保密措施的技术信息和经营信息。商业秘密是企业的财产权利，它关乎企业的竞争力，对企业的发展至关重要，有的甚至直接影响到企业的生存。工资集体协商代表在协商过程中如果知悉或了解到用人单位的商业秘密，应当保守商业秘密，不得侵犯，否则要承担法律责任。

四、培训工资集体协商代表

提升协商代表的协商能力是推进工资集体协商提质增效的重要基础。协商代表产生后，应当积极开展对协商代表的培训。要通过各种途径和形式，对协商代表进行国家有关法律法规政策以及工资集体协商知识、方法、技巧的培训，通过培训，使协商代表认识到工资集体协商重要意义，提高法治意识和政策水平，了解工资集体协商的基本理论和基础知识，掌握工资集体协商的方式方法和技巧，全面提升协商代表能力水平，为工资集体协商工作提质增效打造一支高素质的人才队伍。

五、工资集体协商代表的保护

为了确保工资集体协商代表认真履行职责，必须加强对工资职工协商代表的保护。企业应当保证职工协商代表履行职责必要的工作时间，其工资和其他待遇不受影响。职工协商代表在本人劳动合同期限内，除严重违反劳动纪律、企业规章制度和严重失职、营私舞弊、给企业利益造成重大损害以及被追究刑事责任外，企业不得与其解除劳动合同。职工协商代表在任期内，劳动合同期满的，企业原则上应当与其续签劳动合同至任期届满。职工工资协商代表的任期与当期工资专项集体合同的期限相同。企业不当变更或解除职工协商代表劳动合同的，劳动保障部门应当责令限期改正。

六、工资集体协商指导员

工资集体协商指导员是由工会组织领导、聘用和管理，负责指导、帮助和经聘请参与工资集体协商、签订工资专项集体合同的人员。2012年5月30日中华全国总工会发布了《关于加强专职集体协商指导员队伍建设的意见》，对专职指导员的基本要求、主要责任、选聘条件和办法、管理制度等作出了明确规定。

(一) 基本要求

加强集体协商指导员队伍建设，应当在目前集体协商指导员专兼职结合、以兼职为主的基础上，更加注重发挥专职集体协商指导员的优势和作用。通过建立规范化的专职集体协商指导员选聘、管理、使用和培养制度，使具有较高道德素养、掌握专业知识技能、善于协商协调的专职集体协商指导员，能够更加积极主动开展集体协商相关工作，推动集体协商工作的质量水平不断提高。

聘用专职集体协商指导员，原则上省级总工会2～3人，地（市）级总工会不少于3人，县（区）级总工会2～3人。有条件的地方，也可结合本地实际扩大选聘规模。专职集体协商指导员可以根据本级工会的统一部署，实行集中办公并直接参与本地工会集体协商相关工作。

(二) 指导员的选聘条件

专职集体协商指导员应从曾在党政机关、工会组织、教学研究机构、企业等供职，且已退休或离岗的人员中聘请，并具备以下条件：

(1) 认真贯彻党的路线方针政策，学习宣传实践中国特色社会主义工会发展道路，政治立场坚定，品行端正，作风严谨，办事公道，热心群众工作，廉洁自律，具有较强的事业心和责任感。

(2) 掌握国家和地方劳动法律法规和相关政策，熟悉企业人力资源管理、财务制度，以及劳动工资、社会保障、劳动安全卫生等相关专业知识。

(3) 熟悉集体协商工作，具备一定的集体协商知识和实践经验，有较强的组织协调能力、协商谈判能力和研究解决问题的能力。

(4) 身体健康，能独立承担参加协商、调查研究、工作指导和培训教学等任务，年龄一般不超过65周岁，特殊需要的经上一级工会同意可延聘至68周岁。

(三) 指导员的选聘办法

按照专职集体协商指导员的职责任务和选聘条件，坚持公开、平等、竞争、择优的原则，严把准入门槛，规范选聘程序，建立规范化的面向社会公开招聘的工作制度。

专职集体协商指导员实行聘任制，与所聘用单位建立劳务关系，原则上一年一聘。省（区、市）总工会可以直接从符合条件的人员中选聘。地（市）级总工会可从符合条件的各类人员中择优选择，报省级总工会审核批准后，统一培训、考试合格者颁发聘任证书，登记注册、建立档案并报省级总工会备案。地（市）级总工会可根据实际需要，将聘用的专职集体协商指导员分派到所辖各县（区）工会或产业工会开展工作。经济发达、中小企业集中、职工人数较多的县（区）级总工会，开发区（工业园区）总工会，可根据实际情况，从符合条件的各类人员中择优选择，经地（市）级总工会审核批准，统一培训、考试合格后颁发聘任证书，登记注册、建立档案并报地（市）级总工会备案。

(四) 指导员的职责和义务

1. 积极宣传国家和地方劳动法律法规、政策和工资集体协商相关专业知识；

2. 接受劳动保障、工会、企业家协会或企业的委托，依法指导企业开展工资集体协商工作；

3. 负责对企业劳资双方协商代表进行业务培训，规范工资集体协商程序，帮助企业拟定工资协议草案；

4. 负责工资集体协商中涉及到法律法规和政策的咨询解释；

5. 认真执行国家收入分配政策，坚持原则，维护资产所有者、劳动者和企业的合法权益；

6. 对企业工资协商中产生的矛盾，认真负责地进行调解，避免突发性事件和冲突事件发生，并及时向上级组织报告，维护稳定；

7. 严格为企业保守商业秘密，不得泄露与协商有关的事项；

8. 尊重企业的工资分配自主权，不得以任何上级组织和部门的身份，对企业工资集体协商施加影响；

9. 主动接受劳动保障部门、总工会、企业家协会的业务指导和监督管理，定期汇报工作情况，积极参加本级及上级总工会组织的有关工资集体协商活动。

第二节　工资集体协商程序

工资集体协商程序，是指工资集体协商从启动到工资专项集体合同成立生效所经过的过程。根据《集体合同规定》《工资集体协商试行办法》的规定，工资集体协商的程序主要包括：

一、提出协商要求

提出协商要求即要约，职工和企业任何一方均可提出进行工资集体协商的要求。工资集体协商的提出方应向另一方提出书面的协商意向书。工资协商意向书是指工资集体协商双方在正式开展工资集体协商、达成工资专项集体合同之前，表达初步设想的意向性文书。协商意向书的内容主要包括：协商的时间、地点、议题、内容等。

另一方接到协商意向书后，应于 20 日内予以书面答复，并与提出方共同进行工资集体协商。无正当理由不得拒绝进行工资集体协商。

用人单位无正当理由拒绝工会或者职工代表提出的职工工资集体协商要求的，按照《劳动合同法》《工会法》及有关法律、法规的规定处理。

启动协商要约应注意选择时机。选择最佳时机向用人单位提出工资集体协商要约，是成功开展首次工资集体协商的关键所在。目前企业第一次进行工资集体协商有以下两种情况：一种是根据企业发展的需要，经营者主动进行工资集体协商。另一种是经营者被动进行工资集体协商，这种情况就要求企业工会一定要把握好时机，比如，在劳动强度大、劳动报酬低，造成企业劳动关系紧张、矛盾激化时；技术人员严重外流时；企业出现恶性竞争时；企业需要扭亏时以及把握劳权与市场订单挂钩规律等。开展工资集体协商的时机还有很多，如企业进入正常生产，出现利润增长，劳动生产率提高，政府发布的工资指导线提高，城镇居民消费价格指数增长等。

二、协商准备工作

做好充分的准备工作，是工资集体协商顺利实施的基本保障。在开展工资集体协商前应做好下列准备工作：

（一）宣传推介，营造氛围

工会要通过各种会议，举办培训班，组织知识竞赛等多种途径，充分运用广播电视和网络媒体、报刊橱窗等宣传阵地，向企业经营者、广大职工宣传国家有关工资集体协商制度的法律法规和政策规定，深入宣讲工资集体协商的内容、形式、作用，宣传和引导职工关注自身权益，提高维权意识，懂得依法享有的权利和应尽的义务，知晓兼顾各方利益、实现双赢目标的道理。通过宣传进一步提高思想认识，激发职工群众积极参与的内在动力，为开展工资集体协商奠定思想基础和群众基础。

（二）熟悉与工资集体协商内容有关的法律、法规、规章和制度

包括学习了解有关工资分配、工资支付、集体协商、集体合同的有关法律法规规章。

（三）收集了解与工资集体协商内容有关的情况

开展工资集体协商必须有充分的资料准备作支撑，所以对有关资料的收集、梳理和研究十分重要。资料的收集主要包括两部分：一部分是企业外部的信息资料，包括国家和地方有关工资集体协商工作的法律法规、政策制度、上级的要求；国家和地方有关经济社会发展的目标措施、劳动和社会保障方面的政策规定，企业改制的政策规定和要求，劳动就业和工资报酬、安全生产和社会保险等涉及协商内容的各项劳动标准和劳动条件；国家和地方有关物价指数、最低工资标准、工资指导线、劳动力市场价位和当地的职工生活消费价格指数等信息资料；地区和行业的职工平均工

资、工资增长水平和其他劳动标准、劳动条件的情况。另一部分是企业内部的情况资料,包括企业的生产经营状况、目标任务、具体的计划指标、劳动生产率和经济效益、企业职工工资总额、职工平均工资水平、企业的各项规章制度和管理办法、国有资产保值增值等。对于外资企业特别是跨国公司还要注意其企业文化和企业理念、不同国家的习惯做法、公司在其他国家的企业的经营状况和员工收入等情况,并研究这些因素可能会对工资集体协商带来的影响。工会应该通过正常渠道和程序,以书面形式要求企业方提供相关资料,并列出索取资料的明细表。企业方应按照规定,有义务和责任向工会和职工协商代表提供与工资集体协商有关的情况资料,工会和职工协商代表对企业经营的情况有保守秘密的义务。对收集到的资料要做分析和研究,特别是对有关重要资料数据要认真测算及梳理分析,特别要注意对用人单位年度可能达到的工资水平、增长幅度以及各类人员的分配比例等进行科学测算,做到心中有数,为顺利开展协商并在协商中争取主动权奠定基础。

按照规定,在不违反有关法律、法规的前提下,协商双方有义务按照对方要求,在协商开始前 5 日内,提供与工资集体协商有关的真实情况和资料。

收集工资集体协商相关资料的基本要求是:系统性、针对性、准确性、时效性。

(四)充分征求职工的意见

职工方协商代表是代表职工进行工资集体协商,应当充分反映职工的意见和要求。因此,在开展工资集体协商之前,应通过发放征求意见表、召开工会小组会、不同人员座谈会、个别访谈、开通网上信箱等形式,多层面、多渠道征求职工工资方面的意见和建议。

(五)拟定工资集体协商议题

拟定集体协商议题,应当通过召开座谈会、问卷调查等各种方式,收集企业方面和职工群众方面关心的议题,然后对收集的意见进行分析、整理、筛选,确定集体协商议题;已经开展过工资集体协商、签订过工资专项集体合同的企业，可以将到期的工资专项集体合同的履行情况与企业的现状进行对比分析，查找存在的问题，将需要协商的问题纳入新一轮工资集体协商议题之中。工资集体协商议题可由提出协商一方起草，也可由双方指派代表共同起草。

（六）确定协商重点

要坚持从本单位实际出发，突出重点。较大企业、效益较好的企业可以就多项内容进行协商；效益较差的企业，可以就一项或几项内容进行协商。

（七）确定集体协商的时间、地点等事项

工资集体协商的时间、地点应由双方共同商定。协商时间一般在年初或年末，具体时间应当协商确定在双方合适的时间。协商地点的选择，往往涉及到一个协商的环境心理因素的问题，它对于协商效果具有一定的影响，许多人协商前都尽可能地将地点定得对自己更有利。确定协商地点时应征求各方意见，综合考虑双方的利益。

（八）制定工资集体协商方案

工资集体协商方案是工资集体协商双方开展开展工资集体协商的具体工作计划，它是工资集体协商准备工作中一个重要的环节。在对工资集体协商目标、内容、时间、地点、协商代表等协商基本事项进行了较详细、全面的安排和策划之后，应该制定一个工资集体协商方案，将所有上述事项统一纳入方案中。协商方案的形式多种多样，文字可长可短，内容可多可少、可简可繁。主要内容包括：工资集体协商的基本任务、目标、议程、工作日程、方法步骤、策略、技巧、协商代表的组成、分工及其职责、具体要求等。一般来说，集体协商方案应简明、具体而又有弹性，以便协商代表记住其主要内容，使方案的主要内容与基本原则能够清晰地印在自己的大脑里，进而使自己能够在协商中得心应手地与对方协商，而且能随时与方案进行对照应用。

（九）产生协商代表

工资集体协商代表是指按照法定程序产生并有权代表本方利益进行集

体协商的人员。开展工资集体协商，应当依照法定程序产生工资集体协商代表，这是开展工资集体协商的基本条件，也是一项重要的准备工作。

（十）人员的分工准备

对集体协商人员进行角色分工，明确每个协商代表分别担任的角色、主要阐述的问题，做到准备充足、有的放矢。

（十一）共同确定 1 名非协商代表担任工资集体协商记录员

工资集体协商会议的记录员不能由协商代表兼任，而应由双方共同确定 1 名非协商代表担任。记录员应保持中立、公正，并为集体协商双方保密。

三、集体协商

（一）前期沟通

正式协商前，工资集体协商双方可就协商中将要涉及的重点问题，进行先期交流，以便沟通思想，了解诉求，力争使协商重点接近一致，为下一步正式进入协商做好准备工作。

（二）协商会议

根据《集体合同规定》，集体协商主要采取协商会议的形式。协商会议由双方首席代表轮流主持。

协商会议按下列程序进行：

（1）宣布议程和会议纪律；

（2）一方首席代表提出协商的具体内容和要求，另一方首席代表就对方的要求作出回应；

（3）协商双方就商谈事项发表各自意见，开展充分讨论；

（4）双方首席代表归纳意见。达成一致的，应当形成工资专项集体合同草案文本，由双方首席代表签字。

工资集体协商未达成一致意见或出现事先未预料的问题时，经双方协商，可以中止协商。中止期限及下次协商时间、地点、内容由双方商定。

工资集体协商会议应当做好会议记录，并经双方首席代表签字存档。

为开好工资集体协商会议和有效进行工资协商，工会要注意营造良好的协商氛围。一是诚挚协商。没有做好协商准备之前，不要妄自与对方展开讨论；既讲原则，又讲风格；既重标准，又重实际，不要轻易做出让步，否则一旦无步可让，僵局难解；神态自信饱满，讲话简洁明了，态度诚恳可信；凡事不要仓促决定，要给对方更多的考虑，给自己更多的时间。二是和谐协商。切忌垄断讲话时间，保持双方说话时间大体对等；讲话内容上要突出与对方一致的方面，并可反复强调；不要因为听到对方对我方提出抱怨，即做出不适当的行为；每次协商时间不宜过长，疲累易造成精神不集中，不利协商进行。三是把握进程。即要有一个总体时间安排，给双方产生时间效应；协商初始阶段，要尽量多地掌握对方的要求，及时提出自己的要求，并合理合法地指出对方要求的不足；不一定要让最初的要求太接近最终的目标，要有序有节。

（三）工资专项集体合同的格式与起草

1. 工资专项集体合同的格式

工资专项集体合同一般采用条文式，包括以下几部分：

（1）工资协议名称。

（2）序言（正文前一段叙述性文字，也可以省略序言，直接进入正文，把正文第一部分作为总则，写明目的、意义）。

（3）正文（工资协议的基本条款）。

（4）结尾。多放在"附则"一章，包括：协议的期限、正副本的份数及法律效力，双方首席代表签名盖章，签订的时间、地点等。

2. 起草工资专项集体合同应注意的问题

（1）内容要合法，不得违反国家法律法规的规定。

（2）要反映企业实际，不要照抄照搬。

（3）要有可操作性，表达要具体明确，便于履行。

（4）使用的概念要准确、严谨。

（5）用字要正确，不错字、不漏字，标点符号规范化。

（6）确保协议对企业有约束力，要有明确的违约责任。

四、审议通过

根据《工资集体协商试行办法》第 19 条的规定，工资专项集体合同草案应提交职工代表大会或职工大会讨论审议。

职工代表大会是职工民主管理的基本形式，是职工行使民主管理权力的机构。企业可以根据职工人数确定召开职工代表大会或者职工大会。根据《企业民主管理规定》第 13 条的规定，职工代表大会行使下列职权：

（1）听取企业主要负责人关于企业发展规划、年度生产经营管理情况，企业改革和制定重要规章制度情况，企业用工、劳动合同和集体合同签订履行情况，企业安全生产情况，企业缴纳社会保险费和住房公积金情况等报告，提出意见和建议。

审议企业制定、修改或者决定的有关劳动报酬、工作时间、休息休假、劳动安全卫生、保险福利、职工培训、劳动纪律以及劳动定额管理等直接涉及劳动者切身利益的规章制度或者重大事项方案，提出意见和建议。

（2）审议通过集体合同草案，按照国家有关规定提取的职工福利基金使用方案、住房公积金和社会保险费缴纳比例和时间的调整方案，劳动模范的推荐人选等重大事项。

（3）选举或者罢免职工董事、职工监事，选举依法进入破产程序企业的债权人会议和债权人委员会中的职工代表，根据授权推荐或者选举企业经营管理人员。

（4）审查监督企业执行劳动法律法规和劳动规章制度情况。

（5）民主评议企业领导人员，并提出奖惩建议。

（6）法律法规规定的其他职权。

按照上述规定，审议通过工资专项集体合同草案是职工代表大会法定职权。所以，工资专项集体合同草案应提交职工代表大会讨论审议。根据《企业民主管理规定》，职工代表大会每年至少召开 1 次。职工代表大会全体会议必须有 2/3 以上的职工代表出席。职工代表大会议题和议案应当由企业工会听取职工意见后与企业协商确定，并在会议召开 7 日前以书面形式送达职工代表。职工代表大会选举和表决相关事项，必须按照少数服从多数的原则，经全体职工代表的过半数通过。对重要事项的表决，应当采用无记名投票的方式分项表决。所以，职工代表大会或者全体职工讨论审议工资专项集体合同草案，应当有 2/3 以上的职工代表出席，须经全体职工代表半数以上或者全体职工半数以上同意，工资专项集体合同草案方获通过。

如果经职工（代表）大会讨论，工资专项集体合同草案没有通过的，双方协商代表应当重新进行协商。

五、签字

工资专项集体合同草案经职工代表大会或者职工大会通过后，由集体协商双方首席代表签字。《工资集体协商试行办法》第 20 条规定："工资集体协商双方达成一致意见后，由企业行政方制作工资专项集体合同文本。工资专项集体合同经双方首席代表签字盖章后成立。"

六、报送、登记、审查

根据《集体合同规定》，工资专项集体合同签订后，应当自双方首席代表签字之日起 10 日内，由用人单位一方将文本 1 式 3 份报送劳动保障行政部门审查。劳动保障行政部门对报送的工资专项集体合同应当办理登记手续。

劳动保障行政部门应当对报送的工资专项集体合同的下列事项进行合法性审查：

（1）工资集体协商双方的主体资格是否符合法律、法规和规章规定；

（2）工资集体协商程序是否违反法律、法规、规章规定；

（3）工资协议的内容是否与国家规定相抵触。

劳动保障行政部门对工资专项集体合同有异议的，应当自收到文本之日起 15 日内将《审查意见书》送达双方协商代表。《审查意见书》应当载明以下内容：

（1）工资协议当事人双方的名称、地址；

（2）劳动保障行政部门收到工资协议的时间；

（3）审查意见；

（4）作出审查意见的时间。

《审查意见书》应当加盖劳动保障行政部门印章。

用人单位与本单位职工就劳动保障行政部门提出异议的事项，经集体协商重新签订工资专项集体合同的，用人单位一方应当根据《集体合同规定》第 42 条的规定将文本报送劳动保障行政部门审查。

劳动保障行政部门自收到文本之日起 15 日内未提出异议的，工资专项集体合同即行生效。

七、公布

生效的工资专项集体合同，应当自其生效之日起由协商代表及时以适当的形式向本方全体人员公布。一般应采用公告或将工资专项集体合同发至每位职工等适当形式向全体职工公布。

第三节 工资集体协商应注意的问题及争议处理

一、工资集体协商时应注意的问题

在开展工资集体协商时，应注意以下几个问题：

（一）要尊重对方

一个人只有懂得尊重别人，才能赢得别人的尊重。在工资集体协商时一定要尊重对方，要讲文明、讲礼貌，即使对对方的观点不认同，双方意见发生分歧，也不能使用过激或不礼貌的语言，要保持友善的态度，营造和谐的协商氛围。

（二）重点问题事先沟通

一些重点问题进行事先沟通是协商成败的关键所在，尤其是双方首席代表的事先沟通。通过事先沟通，企业可以了解职工的真实想法和愿望，工会可以了解企业的实际情况和困难。从而寻求积极的解决办法。

（三）要抓住重点

没有重点就没有工作方法。开展工资集体协商，要结合企业实际，按照职工的意见和要求，抓住协商的重点，确定工作目标，然后集中精力，努力实现协商的目的。

（四）要顾全大局

开展工资集体协商时，要树立大局观念，顾全大局，正确处理企业和职工利益、眼前利益和长远利益关系，维护职工合法权益，促进企业发展，构建和谐劳动关系。

二、工资集体协商争议处理

（一）工资集体协商争议概念

工资集体协商争议，是指双方当事人在进行工资集体协商时就确定工资专项集体合同的内容产生的纠纷。它是一种利益争议，利益争议是指劳动关系当事人就如何确定双方的未来权利义务关系发生的争议，它不是现实的权利争议，而是对如何确定期待的权利而发生的争议。

（二）工资集体协商争议的处理方式

工资集体协商过程中发生争议，双方当事人不能协商解决的，当事人一方或双方可以书面向劳动保障行政部门提出协调处理申请；未提出申请的，劳动保障行政部门认为必要时也可以进行协调处理。

劳动保障行政部门应当组织同级工会和企业组织等三方面的人员，共同协调处理工资集体协商争议。

协调处理工资集体协商争议，应当自受理协调处理申请之日起30日内结束协调处理工作。期满未结束的，可以适当延长协调期限，但延长期限不得超过15日。

（三）协调处理工资集体协商争议的程序

协调处理工资集体协商争议应当按照以下程序进行：

（1）受理协调处理申请；

（2）调查了解争议的情况；

（3）研究制定协调处理争议的方案；

（4）对争议进行协调处理；

（5）制作《协调处理协议书》。

《协调处理协议书》应当载明协调处理申请、争议的事实和协调结果，双方当事人就某些协商事项不能达成一致的，应将继续协商的有关事项予以载明。《协调处理协议书》由集体协商争议协调处理人员和争议双方首席代表签字盖章后生效。争议双方均应遵守生效后的《协调处理协议书》。

思考题：

1. 工资集体协商代表如何产生？

2. 工资集体协商代表的职责是什么？

3. 工资集体协商代表有哪些权利和义务？

4. 如何加强对工资集体协商代表的保护？

5. 如何提出集体协商要求？

6. 开展工资集体协商应做好哪些准备工作？

7. 集体协商会议有哪些程序？

8. 工资专项集体合同应如何提交职工代表大会审议？

9. 工资专项集体合同应如何报送、登记、审查？

10. 工资集体协商发生争议应如何处理？

案例 1

淮安市深化工资集体协商工作措施扎实成效凸显

2018 年 3 月 28 日   来源：中工网

为进一步推动淮安市工资集体协商工作深化发展，推进实施集体合同制度攻坚计划，切实维护职工合法权益，促进劳动关系和谐稳定，2015 年市政府转发了市人力资源和社会保障局、市总工会、市企业联合会/企业家协会、市工商业联合会制定的《全市深化工资集体协商工作规划（2015—2017 年）》。三年来，各县区按照"规划"部署要求，积极开展工作。

一是领导重视，构建集体协商良好格局。各县区积极争取党政支持，分别成立了由党政领导为组长、各职能部门参与的工作领导小组，将工资集体协商列入县区年度工作规划，融入党政全局工作统筹部署，纳入了政府年度目标考核体系一考核。

二是强化宣传，积极营造集体协商浓烈氛围。各县区通过悬挂宣传标语，编辑宣传手册，拍摄宣传片，利用报刊、网站、QQ 微信群等媒体，通过工资集体协商法律法规进社区、进企业、进广场宣传咨询活动，推广宣传好的经验做法和成功案例，增强了全社会的认同度，扩大了集体协商工作的知晓率。

三是程序规范、重点突出，确保集体协商顺利开展。各县区完善一个文本，坚持"级别对等、人数对等、内容对等、时间地点对等、资料提供对等"的工作原则，严格在协商代表产生、要约复约、协商谈判、合同签订、审查公示、跟踪监督等重要程序上进行全程跟踪指导，确保集体协商工作公正公平开展。

四是示范引领，全力打造集体协商"363"工程。各县区积极开展典型选树工作，按照"规划"要求，分别在行业、区域和企业集体协商工作中，培育协商效果突出、影响广泛的工资集体协商典型。每年，全市培育10 个行业，20 个企业，10 个区域先进典型，较好地起到了示范引领作用。

五是创新工作方法，确保集体协商质效提升。为了使集体协商工作不断深入、持续开展，清江浦区创新了"一元二次"集体协商工作法，有效破解了中小企业不实谈，合同千篇一律的难题。涟水县今世缘酒业构建"1+5"协商新模式，即在工资、奖金等基本薪酬的基础上，有机融入特殊补贴、特殊福利、特殊深造、特殊就业、特殊救助等协商内容，对集体协商提质增效起到了促进和推动作用。

截至2017年年末，全市集体合同建制企业11190家，覆盖职工906871人，签订区域、行业集体合同480份，覆盖企业8111家，覆盖职工将近29万人，培训专兼职集体协商指导员和工会干部近4000名，全市三星级企业已达715家。（张伯俊　许盼）

案例2

一家外企的双赢协商

2020年3月25日　　来源：《工人日报》

疫情发生后，苏州晶端电子公司工会与人事部门及时召开网络协商，就疫情期间职工工资和女职工特殊权益保护展开讨论，最终明确"休息的员工不扣工资，上班的员工双倍工资""孕期女职工全部在家休息"，实现了劳动关系双方共赢。

"1月30日—2月9日，高新区企业延期复工期间，在家休息的员工领取全额工资，出勤的员工按双倍工资计薪""所有孕期女职工无论怀孕时间，全部在家休息，按待产假处理"……这是春节后晶端显示精密电子（苏州）公司集体协商的结果。

晶端电子是江苏苏州市高新区的一家日资企业，主要生产车载产品。因为订单量比较固定，节假日也不停工。疫情发生前，公司像往常一样，鼓励员工延迟休假、错峰休假。因此，春节期间公司有一半的外地员工选择留苏工作。疫情发生后，企业在第一时间成立了防灾本部，全面统筹疫情防控、生产保障。

从 1 月 28 日起，公司工会每天下午 1 点定时召开网络会议，商讨在非常时期如何进一步协助做好防疫生产，切实维护好职工合法权益。首日会议便对员工关心的工资计算问题进行了讨论，并在当日将相关信息反馈给公司人事部门。

1 月 29 日，苏州市人社部门发布文件明确，疫情期间"不能提供正常劳动的职工，视同提供正常劳动并支付其工资""职工提供劳动的，足额支付劳动报酬，并鼓励用人单位以适当方式给予关怀和奖励"。公司工会在当天的会议上提出：对于上班员工的适当"关怀和奖励"，公司需要尽早明确，并在 2 月 3 日前公告全体员工。这一信息也在当日反馈给了公司人事部门。

1 月 30 日下午 1 点，公司工会与代表企业行政的人事部门开始了首次网络协商。工会方提出：政府文件明确未上班视同上班并支付工资，因此这部分员工的工资问题不需要讨论；对上班员工的适当"关怀和奖励"，文件没有明确规定，建议公司将非常时期上班的员工按加班工资计算，以避免"关怀和奖励"力度不够影响员工情绪进而影响生产。

1 月 31 日下午 1 点，公司工会与人事部门进行第二次网络协商。公司方表示经讨论工会建议后，最终决定：非常时期未上班的员工正常发放工资，上班的员工以加班（双倍）工资计算。公司工会与人事部门关于劳动报酬一事经协商后得出了一致的结论。

与此同时，双方还就女职工特殊权益保护展开了多轮协商。结合《江苏省女职工劳动保护特别规定》的相关条款，最终协商确定：所有孕期女职工无论怀孕时间，全部在家休息，按待产假处理，相关规定从 1 月 24 日起实施。

目前，公司全部 18 名孕妇均在家安心待产，包括 11 名孕早、中期女职工。

苏州高新区工会相关负责人介绍，晶端电子开展集体协商已有 10 多年，公司连年被评为"苏州市劳动关系和谐企业"。这次协商在特殊时期既保障了企业生产，又维护了职工合法权益，实现了劳动关系双方共赢，将疫情对企业的影响降到最小。（记者　王伟　通讯员　杨奕）

第五章

工资专项集体合同的履行、变更、解除和终止

　　工资专项集体合同的履行是工资专项集体合同制度实现的基本形式。工资专项集体合同一旦生效，就具有法律效力，合同双方必须遵守执行，这样才能实现签订工资专项集体合同的目的，才能发挥工资专项集体协商的作用。工资专项集体合同的变更、解除和终止也有明确的法律规定，必须符合变更、解除和终止的条件、程序。

第一节　工资专项集体合同的履行

一、工资专项集体合同的效力

（一）工资专项集体合同效力的概念

工资专项集体合同的效力，是指工资专项集体合同的法律约束力。工资专项集体合同的效力以具备有效要件为前提，即主体合法、内容和形式合法、意思表示真实、订立程序合法。

《劳动法》第 35 条规定："依法签订的集体合同对企业和企业全体职工具有约束力。职工个人与企业订立的劳动合同中劳动条件和劳动报酬等标准不得低于集体合同的规定。"《劳动合同法》第 54 条第 2 款规定："依法订立的集体合同对用人单位和劳动者具有约束力。行业性、区域性集体合同对当地本行业、本区域的用人单位和劳动者具有约束力。"可见，凡符合法律规定的工资专项集体合同，一经签订就具有法律效力。

（二）工资专项集体合同的效力范围

工资专项集体合同的效力范围主要表现在以下几方面：

1. 工资专项集体合同对人的法律效力：工资专项集体合同对人的法律效力是指它对什么人具有法律约束力。根据我国《劳动法》的规定，依法签订的集体合同对用人单位和用人单位全体劳动者具有约束力。这种约束力表现在：工资专项集体合同双方当事人必须全面履行工资专项集体合同规定的义务，任何一方都不得擅自变更或解除工资专项集体合同。如果当事人违反了工资专项集体合同的规定就要承担相应的法律责任。工资专项集体合同的法律效力高于劳动合同。劳动者个人与用人单位订立的劳动合同中有关工资、奖金、津贴、最低工资、加班加点工资等劳动报酬标准不得低于工资专项集体合同的规定。当劳动合同与工资专项集体合同约定条款相抵触的情况下，比如，劳动合同中的劳动报酬标准低于工资专项集体合同规定标准，按效力优先的原则确认劳动合同的此类约定条款无效；当劳动合同与工资专项集体合同约定条款相符合的情况下，比如，劳动合同中的劳动报酬标准等于或高于工资专项集体合同规定标准，作为集体合同约定的具体化和个别化，按适用优先的原则优先适用劳动合同的约定。

2. 工资专项集体合同的时间效力：工资专项集体合同的时间效力是指工资专项集体合同从什么时间开始发生效力，什么时间终止其效力。工资专项集体合同的时间效力通常以其存续时间为标准，一般从工资专项集体合同成立之日起生效。如果当事人另有约定的，应在工资专项集体合同中明确规定。工资专项集体合同的期限届满，其效力终止。

3. 工资专项集体合同的空间效力：工资专项集体合同对空间的效力是指工资专项集体合同规定的对于哪些地域、哪些从事同一产业的劳动者、用人单位所具有的约束力。依法订立的企业工资专项集体合同对本企业和本企业劳动者具有约束力。行业性、区域性工资专项集体合同对当地本行业、本区域的用人单位和劳动者具有约束力。

二、工资专项集体合同的履行

（一）工资专项集体合同履行的概念

工资专项集体合同的履行，是指在工资专项集体合同依法签订后，双方当事人按照工资专项集体合同约定的时间、地点和方法，全面完成工资专项集体合同规定的义务。当事人完成了工资专项集体合同规定的全部义务，叫工资专项集体合同的全部履行；只完成了工资专项集体合同规定的部分义务，叫工资专项集体合同的部分履行；没有完成工资专项集体合同规定的义务，叫工资专项集体合同未履行。工资专项集体合同一旦生效，就具有法律效力，双方当事人必须严格遵守执行，无法定理由拒不履行合同的，应当承担违约责任。

企业方和职工方应当按照工资专项集体合同的约定自觉履行义务，并接受劳动行政部门、地方工会或者产业工会、有关主管部门以及行业协会等组织的指导、监督、检查。履行工资专项集体合同过程中出现的问题，双方应当协商解决。

（二）工资专项集体合同履行的原则

双方当事人在履行工资专项集体合同时应坚持以下原则：

1. 全面履行原则

全面履行原则，即工资专项集体合同生效后，当事人双方按照工资专项集体合同规定的时间、地点、数量以及履行方式等，全面完成工资专项集体合同规定的义务。

2. 实际履行原则

实际履行原则，即当事人完全按照工资专项集体合同约定的义务履行，合同中规定了什么义务就履行什么义务，除了法律、法规有规定或征得对方当事人同意外，不得用完成另外的义务来代替约定的义务。一方违约时，也不得用其他方式代替履行。对方要求继续履行时，仍应完成工资专项集体合同规定的义务。

3. 协作履行原则

协作履行原则，是指工资专项集体合同当事人不仅适当履行自己的义务，而且应基于诚实信用原则的要求协助对方当事人履行其义务的履行原则。相互配合、相互协作是双方当事人全面履行工资专项集体合同所规定义务的保障。所以，在履行工资专项集体合同中，双方当事人之间应团结合作、相互支持、相互帮助、密切配合完成工资专项集体合同规定的义务。

（三）加强对履行工资专项集体合同的监督检查

工资专项集体合同监督检查是指政府劳动行政部门、企业、企业工会、职工群众以及上级工会等有关方面对已生效的工资专项集体合同进行检查，督促其全面履行的行为。监督检查是保证工资专项集体合同全面履行的重要措施。加强对工资专项集体合同的监督检查，有利于增强各义务主体的合同意识，提高履行义务的积极性、主动性。

工资专项集体合同签订以后，能否有效地履行，采取多种形式加强监督检查是关键的一个环节。在实践中，工资专项集体合同履行的日常监督，可以由企业与职工双方组成的本企业集体合同监督委员会（小组）负责，也可以由企业或企业工会对工资专项集体合同履行情况进行监督检查，还可以由上级工会、政府劳动行政部门对工资专项集体合同履行情况进行监督检查。劳动保障监察部门应当把工资专项集体合同履行情况作为劳动保障监察的重要事项实施监察。在企业内部，尤其要加强工会对工资专项集体合同的监督检查工作。因为工会对工资专项集体合同的监督检查，是工会劳动法律监督的重要组成部分，也是工会维护职工合法权益的重要机制。作为对工资专项集体合同执行情况进行的有组织的群众监督，工会对工资专项集体合同履行情况的监督检查具有自身的特征和优势。工会应充分行使工资专项集体合同监督检查时依法享有的权利，如对用人单位工资专项履行集体合同情况进行监督的权利；参与调查处理的权利；提出意见要求改正的权利；要求劳动保障监察部门处理的权利；提起仲裁、诉讼的权利等。在企业外部，政府劳动行政部门应加大对工资专项集体合同的监督检查力度，通过对工资专项集体合同审查、执法检查、调处工资专项集体合同争议和追究违约者法律责任等方式来进行监督检查，督促义务主体履行合同义务。

加强工资专项集体合同的监督检查，还需要建立健全监督检查组织和工作制度，把监督检查制同履约责任制、整改反馈制、责任追究制结合起来。坚决纠正和认真依法处理工资专项集体合同违约问题，保证工资专项集体合同的严肃性和权威性。要充分发挥职工代表大会的作用，做到与平等协商、集体合同制度有机结合、互相促进。确定平等协商、集体合同的议题和内容，要通过职工代表大会等形式，充分听取并反映绝大多数职工的意愿和要求，以职工群众最关心、要求最迫切的问题为重点；通过集体协商达成的工资专项集体合同或协议，必须经职工代表大会审议通过，得到绝大多数职工群众的认可；双方首席代表每年至少一次在职工代表大会上报告工资专项集体合同的履行情况，接受职工群众的监督。

企业每年应至少进行一次专门的工资专项集体合同履约情况监督检查。检查人员可由双方协商代表组成，也可由职工代表大会专门委员会成员担任，还可由党委、职工代表和行政有关部门负责人组成。检查内容是工资专项集体合同主要劳动标准的兑现情况。检查的结果及督查中发现问题的整改情况，要向职工代表大会或工资专项集体合同双方签约代表通报。可把合同标准条款分解到部门，责任到人，检查时进行对照，并与奖惩挂钩。上级工会应积极会同人大、劳动部门联合进行《劳动法》执法检查，并将工资集体协商制度作为《劳动法》执法检查的重要内容，形成社会合力。

三、因履行工资专项集体合同发生争议的处理

（一）因履行工资专项集体合同发生争议的概念

因履行工资专项集体合同发生争议，是指当事人双方对工资专项集体合同是否已经履行或是否已经按约定的方式履行以及合同没有履行或没有完全履行时，当事人对应当由哪一方承担责任和承担多少责任产生的分歧。

在我国社会主义市场经济条件下，集体合同当事人的根本利益是一致的，他们之间没有根本的利害冲突。集体合同争议通常采用协商手段解决，或依照劳动争议处理程序处理。

（二）因履行工资专项集体合同发生争议处理的基本原则

履行工资专项集体合同争议处理是劳动争议处理法律制度中的重要组成部分，其基本职能就是通过法定机构和法定程序，妥善处理企业职工与企业之间发生的争议，促进劳动关系的稳定。处理工资专项集体合同争议应当遵守的基本原则是：

第一，合法、公平、及时地处理争议。合法，是指要严格依照法律规定的程序和手段进行处理，这样才能使处理结论得到当事人的有效执行。

公平，是指对工资专项集体合同争议进行公正处理，不得有任何偏私行为，使争议当事人对处理结果满意。及时，是指迅速处理工资专项集体合同争议，特别是对那些有可能涉及社会公众利益的工资专项集体合同争议，更应在尽量短的时间内加以妥善解决。

第二，保障社会公众的整体利益，维护社会的稳定。工资专项集体合同争议区别于其他劳动争议的特点是它涉及面广，影响广泛，特别是那些与公共利益有关的企业或行业因工资专项集体合同发生争议，将会在一定程度上影响社会公众的利益。所以，处理工资专项集体合同争议时，要通过各种必要的手段制止或限制发生此类集体合同争议。即使发生了此类争议，政府劳动行政主管部门应发挥不可替代的作用，及时、妥善地解决那些涉及面广的工资专项集体合同争议，促进劳动关系的和谐，维护社会的稳定。

（三）因履行工资专项集体合同发生争议处理的方式

《劳动法》第 84 条中规定："因履行集体合同发生争议，当事人协商解决不成的，可以向劳动争议仲裁委员会申请仲裁；对仲裁裁决不服的，可以自收到仲裁裁决书之日起 15 日内向人民法院提起诉讼。"根据这一规定，我国因履行工资专项集体合同发生争议的处理方式是：

1.协商

协商解决工资专项集体合同争议是指企业与工会在自愿的基础上，互谅互让，按照法律、法规规定，解决双方纠纷。协商解决工资专项集体合同纠纷的原则是：（1）在国家法律、法规允许的范围内协商解决。协议内容不得违反国家法律、法规，不得损害第三者的利益，即国家利益、社会利益和其他人的利益。对于违约责任的处理，只要工资专项集体合同中约定的违约责任条款是合法的，就应追究违约者的责任。不能借协商之名，对违法行为姑息迁就。（2）在平等的前提下协商解决。工资专项集体合同当事人双方的法律地位是平等的，在协商解决工资专项集体合同纠纷时，都应以平等的态度对待对方，决不允许给对方施加压力，或以某种手段要挟。

协商解决工资专项集体合同纠纷，简便易行，能够及时解决纠纷，且有利于双方团结，防止矛盾扩大。

2. 仲裁

仲裁是指劳动争议仲裁机关对工资专项集体合同纠纷的仲裁。它既不同于当地人民政府行政部门协调解决，也不同于法院的审判，它是具有法律效力的行政措施。通过仲裁，对不遵守工资专项集体合同的有过错的一方，采取强制措施，追究违约责任，以保障工资专项集体合同的全面履行。工资专项集体合同仲裁兼有行政、社会和法律的三重性质。

3. 诉讼

诉讼，是指工资专项集体合同争议当事人不服劳动争议仲裁委员会的裁决，在规定的期限内向人民法院起诉，人民法院依法受理后，依法对工资专项集体合同争议进行审理的活动。诉讼制度，从根本上将工资专项集体合同争议处理工作纳入了法治轨道，以法的强制性保证了争议的彻底解决。同时，这一制度也初步形成了对劳动争议仲裁委员会的司法监督机制，有利于提高仲裁质量。诉讼是解决工资专项集体合同争议的最终程序。人民法院审理工资专项集体合同争议案件适用《中华人民共和国民事诉讼法》所规定的诉讼程序。

通过司法手段解决行政手段不能解决的那部分工资专项集体合同争议案件，有利于工资集体协商制度的推行和生产、工作秩序的稳定。

四、工资专项集体合同履行存在的主要问题及其原因分析

(一) 存在的主要问题

当前，我国工资专项集体合同履行中存在的问题主要有以下几方面：

1. 重签约、轻协商、轻履约的现象普遍存在

一些企业还没有充分认识到工资集体协商制度的重要性，开展工资集体协商工作中重签约、轻协商、轻履约的现象普遍存在。有的企业是"一次协商管几年"，在签约前开展过平等协商后就再也没有协商了；即使是经过平等协商的企业，也是"以个人协商代替集体协商"，遇到问题都由

工会主席个人与行政有关部门负责人凭关系、靠反复交涉去解决，而没有通过规范的平等协商程序来处理有关职工切身利益的问题；不少企业工资专项集体合同"以不变应万变"，不论企业经济效益怎么变，也不论经济形势和有关法律法规政策发生多大变化，工资专项集体合同一旦签订后就再也没有根据情况变化对合同中的有关条款经过平等协商后进行修改、变更。由于双方缺乏认真、充分、平等的协商，直接带来了工资专项集体合同质量和履约率不高的后果。

2. 文本照抄，缺乏个性

有些地方和企业存在着"一个文本管全县、管全市"的现象，工资专项集体合同文本照抄照搬，脱离企业的实际，没有本企业的特点，缺乏操作性，无法履行，难以发挥应有的作用。这种现象应当说与目前我国工资集体协商制度实施中采取的推行方式有关，属于带有某种"行政指令"特点的自上而下的推行方式，在措施上主要通过下发文件、统一印制工资专项集体合同文本和下达计划指标等，从而使签订工资专项集体合同的表现形式也有自身的特点，表面上造成实行工资集体协商制度的企业户数迅速扩张，其中不乏形式主义的现象，一些地方和企业的工资专项集体合同文本互相抄袭、缺乏个性，难以履行。

3. 工资专项集体合同内容不明确、不具体

工资集体协商作为一种劳动法律制度，是商品经济高度发展的产物，也是市场经济条件下协调劳动关系的重要手段。工资专项集体合同是劳动关系双方主体，根据国家的有关法律法规规定，结合本单位的实际情况，通过平等协商、反复协商，认识达成一致后签订的有关工资分配的书面协议。它反映了签约双方的意志，体现了双方当事人的利益，推动着双方当事人的平等合作。但在有的工资专项集体合同中，对工资、奖金、最低工资等劳动标准的规定过于笼统、原则，甚至照抄照搬法律法规的规定，内容不具体、不明确，缺乏可操作性，看似面面俱到，但无法实际履行，不能有效地解决职工工资的实际问题。

4. 履约责任制缺乏或者弱化，监督检查制度不到位、不完善

工资专项集体合同签订后，重在履行，得不到履行的工资专项集体合同条款就是走形式，等于一张白纸。有的工资专项集体合同中没有约定违约责任，有的违约责任约定的不明确，缺乏力度。一些已经建立工资集体协商制度的企业，没有建立相应的组织机构和有关制度来加以落实，如没有把工资专项集体合同标准条款分解到部门，责任到人，检查时进行对照，并与奖惩挂钩等。工资专项集体合同的监督检查制度不落实，无检查，无报告，无整改措施，致使工资集体协商制度形同虚设。

(二) 原因分析

从以上工资专项集体合同履行中存在的问题来看，目前工资专项集体合同履行仍然是整个工资集体协商制度的薄弱环节，其原因涉及以下几方面：

1.我国的法治建设仍不尽完善，工资集体协商缺乏可靠法律保障

在建立工资集体协商制度的过程中，立法的不完善是制约工资集体协商制度发展的重要原因。主要是现行的有关工资集体协商的法律依据还是原劳动和社会保障部于2000年11月8日发布的《工资集体协商试行办法》和2004年1月20日发布的《集体合同规定》，至今尚未制定专门的工资集体协商法律和行政法规。原劳动和社会保障部颁布的这两个行政规章，一是立法层次不高、效力有限。二是由于社会经济的不断发展变化，有些规定已不适应当前推行工资集体协商制度的现实需要。而且工资立法滞后，工资分配的法律制度不健全，影响工资集体协商的实施。此外，执法监督机制较为薄弱，执法不严和违法不纠的现象比较普遍，这就不能不影响到集体合同的有效履行。

2.对于工资专项集体合同在履行过程中出现的违约行为缺乏一整套行之有效的处罚措施

针对工资专项集体合同的违约行为没有相应的法律处罚规定，这就弱化了工资专项集体合同的法律效力。目前我国关于工资专项集体合同制度的法律法规远远滞后于调节劳动关系的实际需求。以《劳动法》为例，其对平等协商和集体合同制度的有关规定，如第33条"企业职工一方与企

业可以就劳动报酬、工作时间、休息休假、劳动安全卫生、保险福利等事项，签订集体合同"，这一条款本身就缺乏强制性；至于对职工协商代表的保护、违约责任等则未作任何规定，仅仅明确"集体合同由工会代表职工与企业签订；没有建立工会的企业，由职工推举的代表与企业签订"，缺乏相应的制约措施。因此，法律责任的缺失必然影响工资专项集体合同的履约，加上有关部门执法不严，使得工资专项集体合同的法律效力、履约质量在实践中大打折扣。

3. 一些企业的经营者和工会工作者对工资集体协商重视不够

一些企业的经营者和工会工作者没有充分认识到工资集体协商的重要性，没有把工资集体协商摆到应有的重要位置，重视不够，措施不得力，影响工资集体协商的开展。一些企业的经营者和工会工作者法律意识比较薄弱，缺乏法治观念，没有把工资集体协商纳入法治轨道。再加上企业内缺乏有效的监督和监管机制，使得工资专项集体合同的履行流于形式。

（三）确保工资专项集体合同履行的对策思考

针对工资专项集体合同履行中存在的问题及原因，为了确保工资专项集体合同的履行，充分发挥工资集体协商制度的作用，应当采取以下针对性的措施：

第一，要加快完善工资集体协商立法及其配套的法律制度和措施。我国推行工资集体协商制度已经20多年了，但至今没有一部专门法律来加以规范，工资集体协商立法明显滞后于实践，在一定程度上影响和制约工资集体协商制度的深入发展。因此，加快工资集体协商制度立法刻不容缓，应加快出台《集体合同法》，同时还要加快完善工资集体协商相关的法律制度，如工资分配法律法规等，从根本上建立起保障工资专项集体合同有效履行的法律体系和运行机制。

第二，建立和完善工资集体协商机制。建立和完善工资集体协商机制，并以此为重点，全面提高工资专项集体合同签订和履行的质量。在企业要建立健全工资集体协商制度，对协商的内容、程序、协商代表构成、协商的次数、效力等作出明确规定。做到企业凡涉及职工工资分配的有关方案，一定要由工会代表职工与企业进行平等协商来作出决定；企业劳动关系中重要的、广大职工最关心的工资问题，一定要作为平等协商解决的重点问题，并纳入到工资专项集体合同中；充分发挥工资集体协商机制机动灵活的特点，遇到问题随时协商，适时调整充实工资专项集体合同内容，做到制度化、规范化。

第三，强化工资专项集体合同法律责任是破解工资专项集体合同履约难的关键。从法律方面来说，违反工资专项集体合同的责任通常是指合同当事人由于自己的过错造成工资专项集体合同不能履行或不能完全履行时，依法或依约必须承担的法律责任。工资专项集体合同当事人违约应当承担的责任是工资专项集体合同的基本责任，其形式主要有违约赔偿、继续履行、单方面宣布解除工资专项集体合同、承担道义责任；个人责任是在当事人责任基础上根据个人违法或违约情况而产生的从属责任，其主要形式有行政处分责任（警告、记过、撤职、罚款等）、纪律责任、刑事责任等。

依照国家有关法律规定和法定程序订立的工资专项集体合同一经生效后，对劳动关系双方便具有法律的约束力。这种效力是工资专项集体合同制度得以存在和巩固的必要条件。在多数工业化市场经济国家，集体谈判与集体合同之所以能够在协调劳资关系中发挥应有的作用，其重要原因就在于劳资双方能够自觉维护集体合同制度的法律严肃性，同时集体合同对劳资双方也确实具有法律约束力。在集体合同的履约过程中，无论哪一方违反或没有履行合同约定的条款，均要承担相应的法律责任并受到相应的处罚。在我国，工资专项集体合同在履行过程中的违约现象时有发生，其原因是多方面的，除了法律规范不到位、合同内容不具体、企业效益不稳定等原因外，还有一个重要的原因就在于劳动关系双方的法律责任意识不强，同时相关的监督与处罚制度不健全，极易导致工资集体协商制度流于形式。

为了增强工资专项集体合同的效力，确保工资专项集体合同的履行，可以借鉴西方市场经济国家有关集体合同法律责任的规定，明确劳动关系中的签约双方对保证工资专项集体合同制度的正常履行和运转均负有法律责任。并对责任主体、法律程序以及处罚措施等事项作出具体规定。

第四，建立健全履约责任制和监督检查制度。所有建制企业都应当建立健全工资专项集体合同履约责任制，要把履行工资专项集体合同的责任逐条分解落实，纳入企业行政、职能部门和工会的岗位责任制、目标责任制和经济责任制进行管理和考核，具体体现到企业各项管理制度中，成为企业依法治企、健全科学管理体制的重要内容和有机组成部分。与此同时，要保证工资专项集体合同的有效履行，还必须建立起行之有效的监督检查机制，这套机制由严密的组织机构、行之有效的方式方法和对违约行为的处理处罚构成。

第五，结合实际、因企制宜，分类履行。工资集体协商的内容、标准和形式，要从企业的实际出发，因企制宜，灵活多样，才能保证工资专项集体合同的有效履行。考虑到签订工资专项集体合同的企业既有公有制企业，也有非公有制企业，既有经济效益好的企业，也有困难企业。工资专项集体合同的订立和履行应表现出个性化差异，体现企业特色，符合企业实际。

第六，建立和完善工资集体协商制度，必须同步推进工会自身改革。工资集体协商制度的实施，对工会自身建设与改革提出了更高的要求。开展工资集体协商、签订工资专项集体合同客观要求工会必须真正成为职工合法权益的代表者和维护者，成为职工群众最可信赖的"职工之家"，这正是我国工会自身改革所要解决的问题和实现的目标。面对新的形势和任务，工会组织要聚焦增强政治性、先进性、群众性，进一步优化工会的组织体制、运行机制、管理模式和工作方式，深化工会改革创新，不断增强工会工作的动力活力。

第二节　工资专项集体合同的变更

一、工资专项集体合同变更概述

所谓工资专项集体合同的变更，是指双方当事人在工资专项集体合同没有履行或虽已开始履行但尚未完全履行之前，因订立工资专项集体合同的主客观条件发生了变化，依照法律规定的条件与程序，对原合同中的部分条款进行修改、补充的法律行为。

工资专项集体合同一经依法订立，即具有法律约束力，受法律保护，双方当事人应当严格履行，任何一方不得随意变更合同约定的内容。但是，当事人在工资集体协商、签订工资专项集体合同时，有时不可能对涉及合同的所有问题都做出明确的规定；合同订立后，在履行合同的过程中，由于社会生活和市场条件及企业生产经营的不断变化，订立工资专项集体合同所依据的客观情况发生变化，使得工资专项集体合同难于履行或者难于全面履行，或者使合同的履行可能造成当事人之间权利义务的不平衡，这就需要双方当事人对工资专项集体合同的部分内容进行适当的调整。否则，在工资专项集体合同与实际情况相脱节的情况下，若继续履行，有可能会不利于当事人的利益，影响劳动关系的和谐稳定。因此工资集体协商双方当事人在一定条件下可以变更工资专项集体合同。双方当事人可以依据有关法律法规的规定，经协商一致，就工资专项集体合同的部分条款进行修改、补充或者删减，通过对双方权利义务关系重新进行调整和规定，使工资专项集体合同适应变化发展了的新情况，从而保证工资专项集体合同的继续履行，发挥其应有的作用。

工资专项集体合同的变更是在原合同的基础上对原工资专项集体合同内容作部分修改、补充或者删减，而不是签订新的工资专项集体合同。原工资专项集体合同未变更的部分仍然有效，变更后的内容就取代了原合同的相关内容，新达成的变更合同的条款与原合同中其他条款具有同等法律效力，对双方当事人都有约束力。

二、工资专项集体合同变更的情形

工资专项集体合同变更分协商变更和法定变更。

（一）协商变更

在一般情况下，只要工资集体协商双方当事人协商一致，即可变更工资专项集体合同约定的内容。这就是说：首先，工资专项集体合同是工资集体协商双方协商达成的协议，当然也可以协商变更；对于工资专项集体合同约定的内容，只要是经双方当事人协商一致而达成的，都可以经协商一致予以变更。其次，对变更工资专项集体合同，工资集体协商双方当事人之间应当采取自愿协商的方式，不允许合同的一方当事人未经协商单方变更合同。一当事人未经对方当事人同意任意改变合同内容的，在法律上是无效行为，变更后的内容对另一方没有约束力，而且这种擅自改变合同的做法也是一种违约行为。再次，工资专项集体合同的变更只是对原工资专项集体合同的部分内容作修改、补充或者删减，而不是对合同内容的全部变更。对工资专项集体合同所要变更的部分内容，当事人双方通过协商后，必须达成一致的意见。如果在协商过程中，有任何一方当事人不同意所要变更的内容，则就该部分内容的合同变更不能成立，原有的合同就依然具有法律效力。最后，在变更过程中必须遵循与订立工资专项集体合同时同样的原则，即遵循合法、相互尊重、平等协商、诚实守信、公平合作、兼顾双方合法权益、不得采取过激行为的原则。

（二）法定变更

法定变更，是指在法律规定的原因出现时，当事人一方可依法提出变更工资专项集体合同，双方协商一致后对相应条款进行变更。

根据规定，有下列情形之一的，可以变更工资专项集体合同：

1.用人单位因被兼并、解散、破产等原因，致使工资专项集体合同无法履行的；

2.因不可抗力等原因致使工资专项集体合同无法履行或部分无法履行的；

3.工资专项集体合同约定的变更条件出现的；

4.法律、法规、规章规定的其他情形。

需要指出的是，法定变更的情形出现的，当事人一方可以提出变更工资专项集体合同，但是变更的内容仍需要当事人双方协商一致。

三、工资专项集体合同变更的程序

工资专项集体合同的变更必须遵循法定程序。变更工资专项集体合同适用工资集体协商程序。具体程序可以在工资专项集体合同中约定。

第三节 工资专项集体合同的解除

一、工资专项集体合同解除的概念

所谓工资专项集体合同的解除，是指工资专项集体合同依法签订后，未履行完毕前，由于某种原因导致当事人一方或双方提前终止工资专项集体合同的法律效力，停止履行双方劳动权利义务关系的，使合同关系归于消灭的法律行为。

二、工资专项集体合同解除的情形

工资专项集体合同的解除分协商解除与法定解除。

（一）协商解除

协商解除，是指工资集体协商双方当事人在完全自愿的情况下，互相协商，在彼此达成一致意见的基础上提前终止工资专项集体合同的效力。工资集体协商双方协商代表协商一致，可以解除工资专项集体合同。

协商解除工资专项集体合同没有规定实体、程序上的限定条件，只要双方达成一致，内容、形式、程序不违反法律禁止性、强制性规定即可。

（二）法定解除

法定解除，是指出现国家法律法规或合同规定的可以解除工资专项集体合同时，不需双方当事人协商一致同意，合同效力可以自然或单方提前终止。

根据《集体合同规定》第 40 条的规定，有下列情形之一的，可以解除工资专项集体合同：

（1）用人单位因被兼并、解散、破产等原因，致使工资专项集体合同无法履行的；

（2）因不可抗力等原因致使工资专项集体合同无法履行或部分无法履行的；

（3）工资专项集体合同约定的解除条件出现的；

（4）法律、法规、规章规定的其他情形。

三、工资专项集体合同解除的程序

工资专项集体合同解除的程序必须合法。根据《集体合同规定》规定，解除工资专项集体合同适用工资集体协商程序。具体程序可以在工资专项集体合同中约定。

第四节 工资专项集体合同的终止

一、工资专项集体合同终止的概念

工资专项集体合同的终止，是指双方当事人约定的工资专项集体合同期满或者工资专项集体合同约定的终止条件出现，以及工资专项集体合同一方当事人不存在，无法继续履行工资专项集体合同时，立即终止工资专项集体合同的法律效力，使合同当事人之间的权利义务关系消灭，双方的合同关系不复存在。

二、工资专项集体合同终止的情形

有下列情形之一的，工资专项集体合同终止：

（一）工资专项集体合同期满

工资专项集体合同期限为 1 年，期限已满，合同终止。工资专项集体合同期满前 3 个月内，任何一方均可向对方提出重新签订或续订的要求。

（二）双方约定的终止条件出现

工资专项集体合同可以协商约定合同的终止条件，当约定的终止条件出现以后，工资专项集体合同即终止。

（三）工资专项集体合同一方当事人不存在

企业被依法宣告破产、被吊销营业执照、责令关闭或者工会组织解散，签订工资专项集体合同的一方当事人已经不存在，工资专项集体合同无法继续履行，因而终止。

三、工资专项集体合同终止的程序

工资专项集体合同终止的程序应当符合法律法规规定，办理法定手续。具体程序可在工资专项集体合同中约定。

工资专项集体合同的权利义务终止后，当事人应当遵循诚信原则，履行通知、协助、保密等义务。

思考题：

1. 工资专项集体合同的效力如何？

2. 什么是工资专项集体合同的履行？工资专项集体合同履行的原则是什么？

3. 应如何加强对履行工资专项集体合同的监督检查？

4. 因履行工资专项集体合同发生争议应当如何处理？

5. 什么是工资专项集体合同变更？工资专项集体合同变更的情形有哪些？

6. 什么是工资专项集体合同的终止？工资专项集体合同终止的情形有哪些？

案例 1

"白领"的工资也是应当协商确定的

——辽宁省大连市软件行业工资集体协商案例分析

2011 年 8 月起，大连市总工会和大连高新区总工会抓住全国总工会提出"两个普遍"要求，依法推动企业普遍开展工资集体协商的有利契机，针对大连高新区职工绝大多数为"高学历、高职称、高技能"的"白领"，而软件行业从业人员又占园区"白领"绝大多数的实际情况，将推动软件行业工资集体协商工作作为突破口来抓，通过调研先行、主动要约、规范操作、充分协商等步骤，经过近9个月的积极探索和艰辛努力，于2012年4月正式签订了全国软件行业首份工资专项集体合同，为在"白领"职工集中的行业开展工资集体协商，积累了宝贵的经验、提供了有益的探索。

一、行业概况

大连高新区是1991年3月经国务院批准建立的首批国家级高新技术产业园区之一，是大连市高新技术产业集聚的基地、自主创新的平台，辖区面积153平方公里，总人口20万人，现有高新技术企业3000余家。软件和服务外包产业是大连高新区的主导产业，规模占大连市总量的80%以上，其中有世界500强企业48家，软件和服务外包企业员工10万余人。2011年，大连高新区软件和服务外包产业销售收入达到760多亿元，在企业规模、平均增速、销售收入、空间潜力、产学合作、品牌形象等方面都走在了全国前列，已经成为大连软件和信息服务业发展的核心区域。2011年11月，大连高新区被国家科技部授予"国家创新型软件产业集群"称号，成为全国唯一的创新型软件产业集群。

二、启动集体协商的背景

（一）全面推进工资集体协商成为大势所趋。随着社会主义市场经济体制的建立和逐步完善，形成适应社会主义市场经济要求，公正合理、规范有序的收入分配制度，理顺企业内部收入分配关系，妥善协调和处理好改革发展进程中的各种利益关系，对于完善社会主义市场经济体制，促进社会公平和正义，实现全面建成小康社会、构建社会主义和谐社会的战略目标，具有极其重要的意义，特别是国家"十二五"规划纲要明确提出，按照"市场机制调节、企业自主分配、平等协商确定、政府监督指导"的原则，建立反映劳动力市场供求关系和企业经济效益的工资决定机制和增长机制，进一步突出了集体协商在健全完善工资决定机制和增长机制中的基础性、关键性地位。按照党和国家关于保障和改善民生、推进收入分配制度改革的一系列决策部署，全国总工会明确提出"两个普遍"，并且制定了《2011—2013年深入推进工资集体协商工作规划》，明确提出从2011

年起，用 3 年时间实现已建工会组织的企业工资集体协商建制率达到 80%
的目标。可以说，从当时的形势看，全面推进工资集体协商，法律上有明
确规定，政策上有有力支撑，社会上有普遍期待，已经成为大势所趋。基
于此，为了有效维护高新技术"白领"阶层的劳动经济权益，拓宽员工利
益诉求表达渠道，促进高新技术企业稳定、持续发展，2011 年 8 月，大连
市总工会联合大连市经济和信息化委员会、大连市软件行业协会和大连高
新区总工会，决定下大力气推动大连高新区软件行业开展工资集体协商。

（二）制度政策逐步健全完善成为有力支撑。行业工资集体协商推行
的基础和前提是要有政策法规体系作支撑。近年来，大连市各级工会组织
结合当地实际，本着由内向外、从易到难、循序渐进的原则，积极努力推
动建立健全地方集体协商的制度和法规，主要有：工会自身发文件、立标
准、建制度、联合协调劳动关系三方和多部门出台政策，推动政府制定行
政规章，争取党委和政府下发意见，积极推动地方人大立法，逐步推动形
成开展工资集体协商的地方政策法规体系，优化本地区开展集体协商的法
制环境，营造全社会认知的舆论氛围。截至大连高新区软件行业开展工资
集体协商前，大连市政府颁布了《平等协商集体合同规定》和《大连市工
资集体协商规定》两个政府令；大连市委、市政府"两办"出台了《关于
全面推进工资集体协商工作的意见》等 3 个政策性文件，明确提出"大力
推行区域性行业性工资集体协商"，在行业特点明显，非公企业、中小企
业、劳动密集型企业相对集中的地区，重点开展行业性工资集体协商，并
对健全行业性工资集体协商主体、完善行业性工资集体协商方式、明确行
业性工资集体协商内容等提出明确要求；大连市总工会先后印发了《关于
开展区域性、行业性工资集体协商的通知》《关于开展工资集体协商集中
行动的实施方案》等多个文件，联合市人社局、企联、民政局、经信委等
7 部门下发了《关于大力推行行业性工资集体协商的实施意见》，将"大
连市工资集体协商条例"的立法建议案提交大连"十二五"立法规划论证
机构。这些政策措施的出台，为工会运作行业工资集体协商提供了政策依
据、营造了工作氛围。

（三）切实有效规范行业秩序成为劳资共识。近年来，随着大连高新区软件行业的快速发展，影响行业健康发展的一些问题也日益凸显出来。一方面，大连高新区软件行业非公有制企业居多，其中外商独资、合资企业、民营企业比重较大，小规模企业（50人以下）扎堆，人工成本高（占总成本的60%左右），各企业间相同工种工资标准不统一，工时工价、劳动定额等实际差异较大，客观上造成了同一技术工种收入水平参差不齐。特别是软件行业的员工绝大多数是"高学历、高素质、高技能"的白领群体，平均年龄30岁左右，有着多样化的物质与精神文化需求，对个人劳动经济权益具有较强的维护意识，虽然软件行业劳动报酬平均水平高于传统制造业与服务业，但员工在劳动定额、隐性加班加点、工资正常增长机制及分配公平合理等方面都缺乏制度保护，员工利益诉求日渐增多，形成了软件行业劳动关系复杂的局面。另一方面，对于知识密集型的高科技企业来说，掌握核心技术的员工是"命根子"。然而随着人才流动环境的日益宽松，特别是在缺乏对人才流动进行有效规范的社会信用系统的现实背景下，软件行业内人才的无序流动问题显得尤为突出。从长远看，这既不利于员工自身的发展，也会对企业发展带来很多现实性问题。相关调查表明，大连市很多高科技企业的人才流动率已经接近30%，明显偏高。为此，作为一个"三高"人群集中度相当高的行业，软件行业亟须通过开展行业工资集体协商，建立起规范合理的行业秩序，既鼓励和保障人才的自由、有序流动，又对非正常甚至恶意的跳槽行为进行规范，使得劳资双方的利益都能得到有效保障，行业秩序得到有效维护。

三、集体协商的相关准备

为了确保大连高新区软件行业工资集体协商的顺利实施，大连市总工会和大连高新区总工会在协商前做了大量的基础性准备。

（一）循序渐进建立健全主体。大连高新区总工会分三步走，循序渐进建立健全了开展软件行业工资集体协商的主体。在确立职工方协商主体方面，第一步，组建企业工会，为行业工会组建培育"细胞"。大连高新区作为全国最大的软件和服务外包基地，700多家软件和服务外包企业中的大多数为跨国公司和民营等非公有制企业，企业管理文化各有不同。在经常性遭遇外企经营者不予接待、个别企业甚至阻碍进厂等各种困难面前，大连高新区总工会始终坚持"夯实基础、上下联动、突破难点、以点带面"的方针，做到"有决心、有诚心、有耐心"，坚持"腿勤、嘴勤、脑勤"，通过"送宣传为引导、送法律为依据、送服务为纽带"等形式，到 2009 年年底推动实现了全区基层建会动态全覆盖，为软件行业工会建设培育起众多"细胞"。第二步，组建区域联合工会，为行业工会组建创造条件。与传统的行政区划不同，大连高新区没有街道和上级主管部门依托，区总工会要直接联系数千家企业，困难极大。为此，大连高新区总工会以自然区域为单位，将全区软件和服务外包企业及其他企业划片分割，组建了 6 个工会联合会，进行区域工会覆盖。形成了区总工会、区域工会联合会、楼宇工会小组、企业工会 4 级组织构架，既有利于工作联系，又有利于对新建企业及时掌握和及时指导其组建工会。软件和服务外包企业工会形成网格状态，为软件产业工会建立创造了基础条件。第三步，组建软件行业工会，建好职工方协商主体。在这个过程中，大连高新区总工会主要做了以下工作：一是坚定推进软件行业工会组建，形成劳方的整体力量，摆脱在企业层面协商的困难。二是明确行业协商覆盖范围。以大连软件园工会联合会为依托，将先期已经建立的网络行业工会、动漫行业工会、工业设计行业工会以及各区域内的软件企业工会网格化体系，集中纳入高新区软件行业工会工资协商范围中。三是按照成立行业工会的有关规定，选举产生工会委员会和工会主席，履行各项法定程序，办好法人登记手续。四是区总工会及时批复，确定软件行业工会工资协商主体资格。在确立企业方协商主体方面，大连高新区总工会在高新区尚未建立软件行业协会组织的情况下，主动与大连软件行业协会的主管部门——市经信委协调，由市软件行业协会以"上代下"的方式，作为高新区软件企业的代表组织，与高新区软件行业工会开展工资集体协商。协商主体确定后，关键是要选好协商代表。为此，大连高新区总工会精心部署，统筹协调，加强指导，积极支持和配合软件产业工会做好职工代表民主推荐选举工作。按照代表条件和民主程序，在近 200 个有规模、有影响的软件企业中，选举产生出 200 名职工代表，按照要求推荐选举 11 名参加协商的职工代表。同时，在大连软件行业协会的具体指导下，11 名企业方代表也顺利产生。随即，大连高新区总工会和大连软件行业协会分别将本方的 11 名协商代表名单在网上公示，广泛征求意见，这也为工会方代表充分表达职工意愿、企业方代表合理反映企业利益搭建了沟通平台。

（二）科学合理确定协商议题。软件行业是新兴行业，包含的工种门类众多，收入分配方式和分配标准很复杂，尤其是与人力资源和社会保障部已明确规定的 200 余种常规行业拥有的现成标准不同，这也成为软件行业工资协商的最大难点。为了科学合理确定协商议题，大连高新区总工会做了大量的基础性准备工作。一是筛选出软件行业 10 大通用技术岗位工种。行业工资集体协商的主要内容是协商决定行业通用职业工种的工时工价和劳动定额，在准备过程中，大连高新区总工会将确定行业通用技术工种（岗位）作为开展行业协商的重要基础性工作来做。2011 年 9 月，大连市总工会会同大连高新区软件行业工会根据大连软件行业协会公布的《IT 职业技能通用要求》（辽宁省标准）所涉及的 26 个技术岗位，依据"覆盖企业多、从业人员多、一线员工多"的原则，经过有关方面联席会议讨论论证，筛选出 10 个代表性岗位工种，并以此为基础进行行业通用技术岗位工资情况调研。二是开展问卷调查，了解职工心声。大连高新区软件产业工会印制了包括企业工资制度、工资分配形式、工资支付方式等内容的《企业调查问卷》，针对全区 300 余家不同所有制和不同规模的软件企业下发了 3000 余份调查问卷。为了不影响企业工作，工作人员采取深入软件园各员工食堂随机向软件企业员工发放调查问卷的方式，收集了 10 个主要工种 14000 名员工的工资数据。在汇总整理出通用技术岗位现行工资数据之后，大连高新区总工会会同市软件行业协会、企业行政方代表、职工代表、人力资源专家等召开联席会议，共同拟定出科学合理的软件行业通用技术岗位工资标准，为工资集体协商与签订合同提供重要依据。三是确定了 29 项协商议题。为了保证软件行业工资协商的科学性、严谨性，充分表达各方意见，大连市总工会和大连高新区总工会将问卷调查、走访企业和劳资恳谈过程中的典型性、普遍性问题加以汇集，形成了诸如软件行业企业工资分配制度和工资调整幅度、软件行业 10 个职业种类最低工资标准、职工工资水平应与企业效益增长和劳动生产率提高同步增长、职工工资水平应与企业效益增长和劳动生产率提高同步增长、职工有关各项福利待遇等共 29 项议题。而且，为确保协商取得实质性成果，经讨论研究，大连市总工会和大连高新区总工会确定了协商中要坚持"守住底线，合理让步，保证建制"三个原则以及"三个一定要"的利益目标，即一定要确定下来全区软件行业最低工资标准；一定要确定职工年均工资涨幅；一定要确定几条适应软件行业特点的职工有关福利待遇条款。四是广泛征求意见。大连市总工会和大连高新区总工会集中时间和精力，用近一个月的时间深入企业走访，通过个别访谈或座谈会的形式，充分听取企业投资者、经营者对初步拟定的软件行业通用技术岗位工资标准的意见。按照"实事求是、能够承受、可行可用"的原则，大连市总工会和大连高新区总工会根据经营者的意见、建议，对拟定的通用技术岗位工种的确定与工资标准进行了适当调整，促成了在全行业内形成共识。

（三）借势借力凝聚共识。为了减少软件行业工资集体协商推进中可能遇到的阻力，大连市总工会和大连高新区总工会借势借力加以正确引导，充分调动各方面工作积极性。一是加强组织领导，统一认识。2011 年 8 月，经过协商沟通，大连市总工会牵头协调大连市经信委成立了软件行业工资集体协商工作推进小组，为推进软件行业工资集体协商提供了组织领导保证；大连高新区党工委专门下发了《关于推进工资集体协商工作的意见》，阐明意义、要求，明确各方职责，为推进软件行业工资集体协商工作提供了政策支持。二是工会上下联动，合力推进。大连高新区总工会设立了软件行业工资协商办公室，动员协调各区域工会联合会、行业工会和企业工会，形成了集中人力、精力"攻关"的工作态势。三是企业组织配合，劳资共谋。大连高新区总工会凭借长期服务企业建立的相互信任关系，深入重点骨干企业宣传工资协商对促进企业发展的重大意义，或请求行业协会的上级主管部门领导出面协调，或邀请行业协会负责人参加工会活动，出席工会举办的恳谈会、座谈会，加强交流、增进感情，不断取得企业经营者对开展工资集体协商工作的共识与支持。

四、集体协商的具体过程

（一）2012年度协商。2011年9月9日，大连高新区软件产业工会向大连软件行业协会发出工资集体协商要约，要约书提出了协商的主要内容和协商的具体时间；9月15日，大连市软件行业协会复函同意协商要约，双方约定于2012年4月10日正式开展协商。2012年4月10日，由软件企业推荐的11名企业方代表和各企业工会推选出11名员工方代表进行了正式集体协商。协商时，参加人员除双方协商代表各11人外，还有市、区协调劳动关系三方观察员各1人，市总工会集体协商指导员1人，会议记录员1人，列席观摩25人。其中，市总工会委派的集体协商指导员主持了双方的协商会议。

1.协商过程。协商会议开始后，劳资双方就《大连高新区软件行业工资专项集体合同（草案）》的29项议题逐一进行协商讨论。协商议题包括"行业通用技术工种最低工资标准和平均工资标准""通用技术工种劳动定额""计件工资标准""行业内企业员工工资水平应与企业经济效益增长和劳动生产率提高同步""年度员工平均工资增长幅度""企业支付加班工资基数""从事需要长时间在电脑前持续工作的技术工种，企业应允许员工在正常工作时段进行适当间休""部分实行弹性工作时间或允许员工在家作业的企业，应参照法定劳动时间合理设置劳动定额"等内容。虽然事前做了大量的调查研究和数据分析，广泛征求了企业和员工的意见，但是，正式协商中又对10个技术岗位工种的最低工资标准、最低工资增长幅度等争论还是非常激烈的，由于双方各持己见、争执不下，不得不暂时休会。双方代表在现场分别去另外两个房间，各自统一意见。比如，对于职工年均工资增长幅度，职工方提出的上、中、下线分别为12%、10%、6%，效益下滑的企业在保证职工最低工资标准的情况下可以允许零增长和负增长。而企业方提出，只保留"涨幅不低于6%"一项。经反复论证协商，职工方代表考虑当前大的形势背景和企业实际，适当做出让步。最终双方协商同意，在原定"最低涨幅为6%"一项条款的基础上，增加了"经济效益增长较快、工资支付能力较强的企业2012年度职工平均工资增长率不低于10%一项条款。

2. 协议通过。2012年4月11日，大连高新区软件行业召开首届职工代表大会，由各企业经民主程序推选的200名高新区软件行业企业的职工代表出席了会议。在200名职工代表中，企业管理人员40名，占20%；一线职工代表102名，占51%；工会代表58名，占29%。会上，职工代表审议了《大连高新区软件行业工资专项集体合同（草案）》，并通过无记名投票方式，以190票同意、8票弃权、1票不同意、1张无效票的表决结果通过了《大连高新区软件行业工资专项集体合同（草案）》，协商双方首席代表在正式合同文本上签字。随后，大连高新区人力资源和社会保障局的工作人员对《大连高新区软件行业工资专项集体合同》进行了现场审查，并宣布合同生效。同时，会上还成立了工资专项集体合同履约监督小组，以后将对双方履行合同条款情况进行监督检查。事后，《大连高新区软件行业工资专项集体合同》文本和《企业执行协议书》分别由行业协会和工会两个渠道向所属企业、员工公告，同时还将《合同文本》和《企业执行协议书》翻译成了中日和中英对照文本，发到行业内不同国别的外资企业，便于外商了解和履约执行。

3. 监督落实。为了确保行业企业全面履约，大连高新区总工会加强了对软件行业工资专项集体合同的监督。一是企业代表现场签署执行协议。为确保软件行业工资集体合同在行业内各企业中得以全面履行，大连高新区总工会在大连高新区软件行业首届职工代表大会上，组织了12家软件行业企业法定代表人和本企业工会主席分别代表劳资双方在《大连高新区软件行业工资专项集体合同企业执行协议书》上签字，郑重承诺严格履行行业工资专项集体合同，为软件行业内其他企业履行合同做出了示范。二是成立区级履约监督小组。为了监督《合同》在全行业得到有效落实，大连市高新区总工会根据有关文件要求和党工委的《意见》精神，成立了由区总工会主席任组长，区人力资源和社会保障局负责人任副组长，有关方面代表为成员的合同履约监督小组，制定了相关制度，明确了违约责任，尤其是把合同兑现纳入和谐劳动关系企业创建及工会各项先进评选之中，作为一票否决条件，这对合同的执行起到制约作用。三是督导企业开展二次协商。行业集体合同生效后，大连高新区总工会通过多种有效形式，倡导和促进企业结合各自实际，在《合同》总体规定要求范围内，积极开展企业二次工资集体协商，细化条款，量化目标，落实责任，以求软件行业工资协商获得更大成效。

（二）2013年度协商。2013年3月，大连市总工会、市软件行业协会、市电子信息产业工会、高新区总工会、高新区软件产业工会等联合召开软件行业工资集体协商第一次协调会。会议议定，由大连市电子信息产业工会代表软件行业职工向大连软件行业协会正式发出工资集体协商要约。随后，大连软件行业协会接受要约，这标志着2013年度大连市软件行业工资集体协商工作正式启动。按照要约书的约定，双方定于2013年7月3日进行正式协商。

从整体上看，2013年的协商从准备到实施的过程与2012年的协商有很多相似之处。比如，确定的软件行业通用技术岗位工种与2012年保持一致，协商前通过发放软件行业《企业调查问卷》和《职工调查问卷》对职工工资数据进行调研，协商前召开软件行业工资集体协商劳资恳谈会进行沟通交流等。但是，2013年度的协商也呈现一些新变化、新特点，主要有：

1. 协商层级提至市级。为巩固和扩大2012年4月大连高新区圆满完成全国软件行业首签行业工资集体合同工作的成果，大连市总工会按照辽宁省构建和谐劳动关系工作目标要求，结合大连市推进行业性工资集体协商工作的实际情况，决定在高新区软件行业工资专项集体合同到期续签之际，将覆盖软件行业企业80%以上的高新区软件行业工资集体协商升级为市级软件行业工资集体协商。为此，大连市总工会与大连市经信委协调，在此前成立的大连高新区软件行业工资集体协商工作推进小组的基础上，又成立了大连市软件行业工资集体协商推进小组。同时，鉴于2012年4月签署的《大连高新区软件行业工资专项集体合同》已经到期，需要劳资双方重新协商续签，经大连市总工会、市软件行业协会、市电子信息工会、高新区总工会、高新区软件行业工会等相关机构研究讨论，决定市、区两级软件行业工资集体协商同步进行，即劳资双方协商主体分别代表市、区两级企业方和职工方进行协商研讨，根据协商结果同时签署市、区两级软件行业工资专项集体合同；为了尽量少占用职工代表的工作时间，节省筹办会议的人力、物力，决定市、区两级职工代表大会也合并举行。

2. 协商主体有所变化。根据大连市软件行业企业的实际情况，大连市软件行业工资集体协商工作推进小组决定继续由大连软件行业协会作为企业方的协商主体。同时，由于软件行业工资集体协商已经从之前的高新区层面提升到全市层面，工会方协商主体也同步升格为大连市电子信息工会。另外，考虑到大连市软件行业80%以上的企业集中分布于高新区，作为职工方协商主体的大连市电子信息工会授权委托高新区软件行业工会主席作为职工方首席协商代表，同时委托高新区软件行业工会代行组织协商前期软件企业工资状况调研、数据分析和职代会筹备等项工作。

由于有了2012年开展协商奠定的良好基础，2013年的协商进展相对比较顺利。双方的协商焦点主要集中在10个通用技术岗位的最低工资标准调整以及个别条款的文字表述的准确性上。经过双方协商，就以下事项达成了一致意见。一是双方根据上年度协议执行过程中企业提出的反馈意见，在企业制定工资分配制度和调整幅度时的参考要素增加了职业品德和从业资历两项，从而在利益上约束一些职工的频繁跳槽。二是对10个通用技术岗位的名称进行了准确界定。双方认为，其他的技术岗位描述的都是工作内容，只有"模型师"和"渲染师"这两个职业种类描述的是"人"，不够妥当，一致同意将"模型师"和"渲染师"分别修改为"模式设计"和"动漫渲染"。同时，还将"日文数据录入"改为"数据录入"。三是最低工资标准有升有降。双方通过协商，一致同意除模式设计、动漫渲染两个技术岗位的最低工资标准维持不变以及呼叫中心服务支持岗位最低工资略有降低外，其他 10 个工种的最低工资标准均较 2012 年度有不同程度的提高。

五、集体协商的效果

大连高新区软件行业工资集体协商，开软件行业工资集体协商之先河，取得了实实在在的效果。

（一）促进了工会的自身建设。通过开展软件行业工资集体协商，大连市高新区工会组织体系得以不断健全完善。全区 700 多家软件和服务外包企业已经全部纳入工会组织覆盖中，在软件行业工资集体协商的带动下，全区 300 家网络企业，140 家动漫企业，95 家工业设计企业也已全部纳入行业工会覆盖。除正处于孵化成长期的企业外，绝大多数企业已经建立工会组织，员工入会率达 90% 以上。通过软件等行业工资集体协商的带动，全区工会建设和作用发挥发生了质的飞跃，工会文化训练营、文化示范基地、特色职工书屋、员工读书节、员工文化月和百余家"员工小剧团"等"十项文化品牌"与员工服务"十项工程"、和谐劳动关系建设"十项举措"相互配合，不断促进工会活力和凝聚力的增强。

（二）减少了行业内无序流动。通过开展软件行业工资集体协商，对不同工种的工资标准的普查与协商确定，对于"三高"员工选择方向，确定自我发展目标，起到了积极的促进作用。在协商进行中与合同签订后，许多员工表达了"这种工资标准相对一致性、公开性，特别是合同的制约性，为我们自身权益提供了保证"的感受。许多软件企业投资者、经营者，在经历软件行业工资集体协商与合同签订全过程后，深深感到开展行业工资集体协商带给中小企业的很多好处，普遍认为这种行业协商与制度约束，为形成行业自律、消除恶性竞争、减少无序流动发挥了积极作用。

（三）维护了职工的合法权益。通过开展软件行业工资集体协商，既确定了软件行业 10 个通用技术岗位的最低工资标准，又明确了行业内职工的年度工资涨幅，为职工权益的实现提供了实实在在的保障。在最低工资标准方面，2013 年合同约定的最低工资标准，项目建设与管理为 3300 元/月，程序设计为 2750 元/月，嵌入式系统开发为 2750 元/月，网站开发与维护为 2700 元/月，软件测试为 2450 元/月，呼叫中心服务支持为 2100 元/月，模式设计为 1850 元/月，CAD 设计 2000 元/月，动漫渲染为 1800 元/月。在工资增长幅度方面，2012 和 2013 年度的合同均约定，经济效益增长较快、工资支付能力较强的企业，当年度职工平均工资增长率不低于 10%；生产经营正常、经济效益增长的企业，当年度职工平均工资增长率不低于 6%；经营亏损，职工工资发放出现困难的企业，经与工会或职工代表协商，可以安排本企业工资零增长或负增长，但支付提供正常劳动职工的工资不得低于本市最低工资标准。

（四）扩大了工作的社会影响。大连高新区通过开展软件行业工资集体协商，在劳动关系双方之间建立了一种常态化、制度化、长效化的利益协调机制，实现员工在收入分配上的知情权、建议权、参与权和监督权，对保障行业企业员工的劳动经济利益，保持行业持续发展竞争力，构建区域和谐劳动关系具有深远的意义。"白领"员工积极性的高涨和企业劳动制度的建设完善，大大促进了企业和园区劳动关系和谐度的增强，为全区、全市稳定和谐起到重要保障，为大连高新区荣膺"全国模范劳动关系和谐园区"称号增添了新的光彩。

（选自《工资集体协商典型案例分析》新华出版社 2013.12）

案例2

在协商中实现共赢

——甘州区总工会开展工资集体协商工作纪实

2016 年 11 月 15 日　来源：中国张掖网

5 月 19 日，甘肃省总工会在甘州区召开全省区域性工资集体协商现场会。甘肃省总工会负责人在组织各市州工会领导、干部观摩了甘州区南街街道 2016 年工资集体协商会议这样评价道：会议程序规范、内容丰富、过程完整、场面热烈生动有序、协商技巧营运灵活，既据理力争，又折中让步，协商氛围既体现出活跃和谐，又不失严肃认真，充分展示出基层民主协商在构建和谐劳动关系中的魅力。这场区域性工资集体协商观摩会仅仅是甘州区工资集体协商工作的一个缩影。近年来，该区总工会通过凝聚协商合力、整合部门资源等方法，采用"企业协商个性化、行业协商标准化、区域协商行业化"三种模式，有效进行了"四项合同"全覆盖，消除了工作盲区。截至 2015 年年底，全区单独签订"四项合同"企业 111 份，覆盖职工 7837 人；签订行业性"四项合同"7 份，覆盖职工 22262 人；签订区域性"四项合同"6 份，覆盖职工 5154 人。

深入企业摸底调查用脚步丈量企业、职工的诉求

"2012 年年初，我市某酒店开业前夕，为了吸引更多的人才，该店老板将其他酒店多名管理层职工和服务员通过恶意涨工资的方式挖走，在全区餐饮界造成非常恶劣的影响。当时我就认为我们必须通过开展集体协商来稳定行业发展秩序，规范用工单位之间的相互竞争。"提起甘州区开展行业工资集体协商，2012 年发生的这件事让甘州区总工会主席马海荣感慨万千。

万事开头难。为快速有效推进工资协商，2012 年 5 月，该区成立一支规模为 100 人，覆盖城区、乡镇、街道的专兼职工会干部队伍，对各自行政区域内的非公经济挨门逐户进行为期 40 天的年审调查，重点对用人单位的用工人数、年龄结构、工资水平、岗位薪酬的满意度、工会组织作用发挥、集体合同签订等情况深入调研，采用与企业主交流、与行业协会或行业工会联合会负责人交流等方式，了解企业需要什么、职工期盼什么。同时，挑选了 3 名同志组成工资集体协商指导员队伍，加强对工资集体协商工作的指导。为让协商数据更准确，深入企业职工中，围绕职工工资收入、福利待遇、权益保护等情况进行调查，并加大对企业和职工对工资集体协商的宣传力度，营造了良好的社会氛围。

结合实际，协商出共赢的好局面

进行工资集体协商，最大的难点在于合理确定工资标准，作为职工方，不能不切实际地漫天要价；作为用工方，同样不能不讲理由地胡乱砍价，应该找准双方的平衡点，做到双方利益的和谐统一。为使协商不走形式，真正协商出更加符合实际的工资标准，2012年3月，该区总工会根据张掖市政府《关于推进工资集体协商工作的通知》文件精神，依托协调劳动关系三方机制形成多方联动的工作格局，与区工商行政管理和质量技术监督局、区劳动监察大队、区个体劳动者协会、区非公有制企业工会委员会、区食药局、区文化影视新闻出版局、区教育系统工会、区卫生和计划生育系统工会、乡镇、街道商会、总工会共同推动行业、区域集体协商工作。

甘州区商品零售行业由于覆盖单位多，职工人数多，职工流动性大等问题的存在，在2012年建立行业协会和行业工会联合会的条件还不具备，通过与区工商管理和质量技术监督管理局多次沟通协调，进行多次讨论协调沟通，最终确定商品零售行业集体协商的主体分别为甘州区个体劳动者协会代表企业方、甘州区非公有制企业工会工作委员会代表职工方。作为商品零售行业协商代表之一的张掖市万达服饰商城工会主席王平香告诉记者："在没有开展行业集体协商之前，职工的工资没有可对比的标准，都不知道自己的工资是高还是低，连企业经营者支付职工工资都是靠同行业互相打听的结果来确定。"甘州区黄记煌甲子餐厅经理李艳告诉记者："开展工资集体协商、签订集体合同对于企业与职工实现共赢具有巨大作用。而且通过二次协商，职工们考虑问题更理性了，工作效率也有所提高。"

甘州区美容美发行业协会成立于2000年。为培育协商主体，该协会在区总工会的帮助指导下，于2014年6月成立甘州区美容美发行业工会联合会，明确了甘州区美容美发行业协会代表用工方、甘州区美容美发行业工会联合会代表职工方的协商主体。民办教育学校和幼儿园、社区卫生服务站及个体诊所分别由区教育局和区卫计委管理，在协商主体不具备的情形下，该区采用"上参下"的模式，由系统工会委员会代表职工方，选举有社会影响力的6至9家单位代表企业方的协商主体。"以前我们寒暑假从来没有工资，自从参与了集体工资协商，通过协商代表和工会的共同努力，从去年暑假开始我们就有了工资，现在待遇和公职教师一样，在家休息也有工资保障，大大减轻了我的家庭负担。"甘州区宝迪幼儿园老师姚海云告诉记者。

针对各行业年年有经营门店关停并转，职工流动性大的问题，该区总工会于2012年开始对未建会的用工在3人以下的个体经济组织下达建会通知书，以建立工会联合会的形式广泛吸纳会员，至2015年年底各行业工会会员人数较2012年增加4200多人。截至2014年，该区各街道、各乡镇已实现商会全覆盖，为各行各业工资集体协商培育了协商主体，彻底解决了和谁谈的问题。

专业培训协商出职工的好"薪情"

在工资集体协商过程中，工会怎样代表职工说话、为职工说哪些话、如何才能使企业与职工的利益达到双赢，是该区各级工会一直积极探索和实践的重点。

"从确定劳资双方工资协商首席代表，到寻找集体合同范本，再到结合企业实际，把本单位既定规章制度和工资报酬、保险福利等制度套入集体合同范本，再到代表企业方去谈判，整个过程是一个学习、再学习的过程，只有熟练掌握了各项法律法规和谈判依据，并充分了解职工和老板的要求、目前各个行业的工资标准是多少，才能在协商会议上为职工和企业争取到合法的权利和利益。"马海荣说。为走出工资集体协商工作中老板不愿谈、工会不会谈、协商代表不敢谈的困局，该区通过分散培训、集中培训、以会代训、观摩学习等多种形式对协商代表进行培训，同时专门制作《劳动法解读》《工资集体协商知识培训》等PPT课件，对行业集体协商代表进行不间断集体协商业务知识和劳动合同法等相关法律法规知识的培训。至目前，全区共组织工资集体协商培训100多场次，基本扫清了谈判的盲区。

2012年年初，该区首先在烹饪餐饮行业开展工资集体协商工作。至目前，今年已经是该行业签订的第五份《工资专项集体合同》了。职工代表徐霞翻看着今年合同中的新亮点说："合同规定企业最低档工资标准不低于省颁布的最低工资标准，从今年10月1日起我区餐饮行业服务员最低工资标准是 2000 元。以前我们总想着哪家工资高，就跳槽到哪家，工作特别不踏实，行业各工种最低工资规范之后，因为同行业同岗位的工资水平都差不多，我们像吃了一颗'定心丸'，可以踏踏实实地工作了。"

扫清盲区工资协商进入常态化

"以前每个月挣多少钱，都是由老板说了算，自从有了工资集体协商，大家的工资挣得越来越明白了。"离月底发薪的日子越来越近了，百文商贸有限公司职工邓玉蕊告诉记者。经过多年的工作实践，全区最为典型的餐饮行业服务员最低工资由 2012 年的 1500 元稳步增长到 2015 年 2000 元。该区工资集体协商工作制度不断完善，形成了企业职工工资共决机制、正常增长机制和支付保障机制，促进全区各行业建立了规范有序、公正合理、互利共赢、和谐稳定的社会主义新型劳动关系，实现了工会工作的更大发展。行业工资集体协商制度建立以来，职工工资水平明显提高，职工权益得到有力保障，规范了企业用工行为、增强了企业就业的吸引力，有效缓解了同行业之间的无序竞争、相互挖人和职工流动性大等问题。同时，为有效解决企业履约不到位的问题，区总工会探索并建立工资集体协商履约制度，聘请 30 名工会组织员在对各企业摸底调查的基础上对签订合同和协议书的企业履行情况进行核实，督促企业落实，截并在区域职代会上进行总结，对拒不履行协议的，提交劳动部门依法督促落实。至目前，该区 90% 以上的企业推行了工资集体协商制度。

2015 年，区总工会被中华全国总工会表彰为"全国工会贯彻落实工资集体协商三年规划先进集体"；甘州区商品零售行业、甘州区烹饪餐饮行业被省总工会命名为 2014 年"省级示范行业"；甘州区南街街道区域、甘州区社区卫生服务站及个体诊所行业、甘州区药品零售行业被省总工会命名为 2015 年"甘肃省工资集体协商示范单位"；甘州区商品零售行业、甘州区社区卫生服务站及个体诊所行业集体协商案例分析分别被中华全国总工会集体合同部编辑的《2015 年集体协商案例选编》《2016 年集体协商案例选编》选录，这是该区两年内在甘肃省范围内唯一被全总选中的两篇经验介绍材料。（朱光忠　刘枫）

第六章

行业性、区域性工资集体协商

随着社会主义市场经济的深入发展，我国非公有制企业不断增多，这些企业大多规模较小，职工流动性较大，工会力量薄弱，职工合法权益受侵害的现象时有发生，劳动关系矛盾相对突出。一些地方的实践经验证明，在非公有制小企业或同行业企业比较集中的地区开展行业性区域性工资集体协商签订工资专项集体合同工作，对维护劳动关系双方的合法权益，构建和谐稳定的劳动关系，营造有利于企业持续健康发展的良好环境，促进行业和区域经济的协调发展，维护社会稳定，将发挥重要的作用。

第一节　行业性、区域性工资集体协商概述

一、行业性、区域性工资集体协商概念

由于我国经济形式的多样性，企业发展的不平衡性以及劳动用工的多样化，客观上要求开展工资集体协商应根据不同地区、不同行业、不同企业的实际情况，广泛开展行业性区域性工资集体协商，从而有效实现工资集体协商在所有类型企业的全覆盖。随着工资集体协商制度的实施，各级工会积极开展各种形式的实践与探索，近年来行业性、区域性工资集体协商得到了相当大的发展。《劳动合同法》第53条规定："在县级以下区域内，建筑业、采矿业、餐饮服务业等行业可以由工会与企业方面代表订立行业性集体合同，或者订立区域性集体合同。"这是开展行业性、区域性工资集体协商的法律依据。

（一）行业性工资集体协商的概念

行业性工资集体协商，是指在同行业企业相对集中的区域由行业工会组织代表职工与同级企业代表或企业代表组织，就行业内企业职工工资水平、劳动定额标准、最低工资标准等事项，进行工资集体协商、签订行业性工资专项集体合同的行为。开展行业性工资集体协商，是市场经济新形势下，行业企业不断完善发展的必然要求，是产业结构调整、企业转型升级的必然要求，是协调行业劳动关系的必然要求，是加强行业管理、完善行业制度的必然要求，是促进行业良性发展、实现劳资互利共赢的必然要求。

行业工资集体协商具有如下3个特点：一是层次高。表现为两个层次高，首先协商主体的层次高。行业工资集体协商的双方，不是代表各自的"个体"，职工方代表的是全行业职工群体，行业方则是代表的行业内所有

企业群体。其次是协商内容的层次高。双方协商的内容，体现为行业层面对企业的要求，协商的内容都是针对整个行业的所有企业而言，不是针对行业内一个或几个企业。二是影响大。行业在一个地方经济发展中起着举足轻重的作用，而行业工资集体协商的开展，既扩大了工资集体协商在行业内企业负责人和职工中的影响，又扩大了工资集体协商在社会上的影响，优化了工资集体协商的环境。三是受益广。一个行业至少涵盖了十几个、几十个企业，上百、上千名职工。行业工资集体协商的受益群体不仅是这些众多行业企业和职工，同时，对行业所在地方的经济发展和社会稳定也起着积极的促进作用。

行业性工资集体协商一般具有以下优势：

1.同一领域的各企业具有行业共同性，在人工成本、利润水平和职工工资水平、劳动者素质等方面往往比较接近，可以就职工工资分配的相同问题如工资形式、工资水平、劳动定额、最低工资等进行协商，从而容易达成行业性工资专项集体合同。

2.行业性工资集体协商能够更广泛地保护整个行业内的劳动者的工资权益，有效提高全行业职工工资水平，同时在和谐稳定劳动关系的基础上，行业整体素质和竞争力也得到提升。

3.行业工资集体协商、订立行业性工资专项集体合同能够减少集体协商的社会成本，因此行业性工资集体协商有逐渐向越来越广大区域扩展的趋势。

行业性工资专项集体合同对当地本行业的所有用人单位和劳动者具有约束力。

（二）区域性工资集体协商的概念

区域性工资集体协商是指在一定的区域（乡镇、区、街道、村、经济开发区、工业园区等）内，由区域工会组织与相应的区域企业组织、企业方推选产生的代表或区域内企业，依照国家法律、法规的规定，就工资分配办法、工资分配形式、工资收入水平等事项开展工资集体协商，在协商一致的基础上，签订覆盖本地区所有企业的区域性工资专项集体合同。

开展区域性工资集体协商，需要注意以下几点：

1. 区域性工资集体协商不适合在太大范围的区域内推行。由于企业性质差异、各行业劳动条件、劳动生产率、人工成本、劳动者需求不同等，在一个较大区域内开展工资集体协商、签订工资专项集体合同往往比较困难，即使签订工资专项集体合同也往往因为缺少针对性、操作性而难以实施。

2. 区域性工资集体协商的优势在于县以下的乡、镇、村、街道较小的区域内。根据当地经济发展水平、居民消费品价格水平、生活水平等相近的特点，发挥好地方工会熟悉当地经济、当地企业和劳动者的优势，就当地劳动者普遍关心的工资问题进行工资集体协商、签订区域性工资专项集体合同。

区域性工资专项集体合同对本区域的所有用人单位和劳动者具有约束力。

二、行业性、区域性工资集体协商的重要意义

随着社会主义市场经济的深入发展，我国非公有制企业迅速增多，这些企业大多规模较小，职工流动性较大，工会力量薄弱，职工合法权益受侵害的现象时有发生，劳动关系矛盾相对突出。一些地方的实践经验证明，在非公有制小企业或同行业企业比较集中的地区开展行业性、区域性工资集体协商、签订工资专项集体合同工作，对维护职工和企业双方的合法权益，构建和谐稳定的劳动关系，营造有利于企业持续健康发展的良好环境，促进区域和行业经济的协调发展，维护社会稳定，有着非常重要的作用。

大力推行行业性、区域性工资集体协商制度，是政府加强对企业工资宏观调控、提高劳动报酬在初次分配中的比重、构建和谐稳定劳动关系的重要基础，是建立健全职工民主参与和监督工资分配机制、提高职工工资收入水平、促进企业持续健康发展、维护双方合法权益的重要抓手。

大力推行行业性、区域性工资集体协商制度有利于跳出单个企业的

局限，促进行业、区域的劳动者和用人单位工资集体协商，从而能够提高本行业、本区域劳动者的工资水平和生活水平，保护更大范围的劳动者的合法权益，促进整个行业、区域劳动关系的和谐稳定，推动经济社会发展。

三、区域性、行业性工资集体协商代表的产生方式

工资集体协商代表，是指依照法定程序产生并有权代表本方利益进行工资集体协商的人员。行业性、区域性工资集体协商具体由双方的协商代表来进行协商。区域性、行业性集体协商代表应按照规范的程序产生。

区域性、行业性工资集体协商，职工方协商代表由行业工会组织或者区域内的工会组织选派，首席代表由区域工会联合会或者行业工会负责人担任；尚未建立区域、行业工会组织的，在上级工会指导下，由区域或者行业内企业职工民主推选产生职工方代表，职工方首席代表从职工方代表中民主推选产生。

企业方协商代表可以由区域、行业内的企业代表组织直接选派，或者由区域、行业内企业经民主推选、授权委托等方式产生，首席代表由企业方的协商代表推选产生。

集体协商双方的代表人数应当对等，一般每方至少3人。双方首席代表可以书面委托专家、学者、律师等专业人员作为本方的协商代表，但委托人数不得超过本方代表的1/3。

四、开展行业性、区域性工资集体协商的基本原则

开展行业性、区域性工资集体协商，要以国家法律法规政策为依据，同时要遵循以下几个基本原则：

1. 坚持合法推进的原则

行业性、区域性工资集体协商必须遵守国家有关法律法规的规定。协商双方当事人必须增强法律意识，牢固树立法治观念，学法、懂法、用

法，把工资集体协商纳入法治轨道，确保协商的主体、协商的内容、协商的程序和达成的工资专项集体合同合法。

2.坚持平等协商的原则

行业性、区域性工资集体协商双方当事人在工资集体协商中地位平等，合法权利平等受法律保护，要以平等的身份进行协商，不容许一方将自己的意志强加给另一方。

3.坚持公平合作原则

树立公平合作意识，有助于工资集体协商的顺利实施。合作是实现双方利益的必要条件，只有合作才能实现双赢。而良好的合作需要公平，以公平为基础的合作才是良好的合作，公平的合作，必然是互惠的合作。公平合作，可以使企业和劳动者各司其职，各得其所，有利于提高劳动者工资水平，有利于促进企业发展，有利于协调各方利益关系，有利于劳动关系和谐稳定。在工资集体协商中，双方当事人要以公平合作的观念来指导、规范自己的行为，遵循公平合作原则确定各方的权利和义务，平衡各方的利益。

4.坚持兼顾三方利益的原则

在社会主义社会，国家、集体、个人的根本利益是一致的。国家利益是指全国各族人民的根本利益，是带有长远性和全局性的利益。集体利益是指集体所有成员的共同利益。在社会主义条件下，国家利益、集体利益是个人利益的基础和保证，人们只有在为集体利益奋斗中才能实现个人利益。在保证社会集体利益的前提下，要把国家、集体和个人三者的利益结合起来，尽可能地保证和满足集体成员的个人利益。这是因为，社会集体利益归根结底是为了保障劳动者和社会集体成员的个人利益的实现。在开展行业性、区域性工资集体协商中，要正确处理国家、企业和职工三者之间的利益关系，做到职工工资水平与企业劳动生产率和经济效益同步，使相关各方的利益在共存和相容的基础上达到合理的优化状态。

五、开展行业性、区域性工资集体协商要关注的几个问题

(一) 把握协商范围

区、县以下区域内的建筑、物流、服务外包、餐饮、生产加工等相对集中的行业，应建立行业性工资集体协商机制。行业性工资集体协商依法在县级以下区域内的乡镇、街道、社区和工业园区开展。有条件的地方也可以从实际出发，探索在县（区）及以上开展行业性工资集体协商工作。

非公有制中小型企业、劳动密集型企业比较集中的街道、社区、乡镇和工业园区，应建立区域性工资集体协商机制。

(二) 明确协商主体

开展行业性工资集体协商，可根据实际情况确定协商主体：由行业工会（或工会联合会，下同）与行业内企业代表组织进行协商；由行业工会与行业内企业方推选产生的代表进行协商；由行业工会与行业所属各企业行政进行协商；未组建行业工会的，可由行业所在区域的工会代行行业工会的职能，与企业代表组织进行协商。

区域性工资集体协商的主体，是由区域工会组织与相应的企业代表组织或区域内经所有企业民主推选或授权委托等方式产生的企业方协商代表进行工资集体协商，也可由区域工会组织与区域内所属企业分别进行工资集体协商，签订工资专项集体合同。

(三) 明确协商内容、把握协商程序

行业性、区域性工资集体协商内容的确定，必须从本行业、本区域实际情况出发有所侧重，要体现本行业、本区域的特点，把握重点。

行业性、区域性工资集体协商的程序应当规范，其协商程序与企业工资集体协商的程序基本相同。

第二节　行业性、区域性工资集体协商的内容与程序

一、行业性、区域性工资集体协商的内容

开展行业性、区域性工资集体协商工作，要从本区域、本行业劳动关系的特点和企业实际出发，紧紧围绕本行业、本区域劳动者关心的工资分配的问题进行。在工资集体协商过程中要力求重点突出，议题集中，措施可行。签订工资专项集体合同的条款要具体，标准要量化，切实增强针对性和实效性，不断提高工资集体协商质量。

（一）行业性工资集体协商的内容

行业工资集体协商的内容，除了工资集体协商本身应具有的内容，如工资协议的期限，工资分配制度、工资标准和工资分配形式，职工年度平均工资水平及其调整幅度，奖金、津贴、补贴等分配办法，加班加点工资标准、最低工资标准、工资支付办法，变更、解除工资协议的程序，工资协议的终止条件，工资协议的违约责任等，按照"行业协商谈标准"的要求，应当参照政府发布的工资集体协商指导信息，结合本行业的特点和企业实际，不断丰富协商的内容。行业协商谈标准，应当以工资标准、劳动定额、工时工价标准等内容为重点，实现同行业职工收入合理增长。

1. 工资标准

标准工资，是指职工在正常工作时间为用人单位提供正常劳动应得的报酬，是计算加班工资、假期工资、病伤假期工资、停工期间工资等的基数。可以按月、按日或者按小时规定工资数额，分别叫做月工资标准、日工资标准和小时工资标准。我国一般规定月工资标准。行业工资集体协商可以根据本行业的生产劳动特点，结合本行业的实际，协商确定本行业的

基本工资标准。

2.劳动定额

劳动定额，是指在一定的生产技术和生产组织条件下，为劳动者生产一定量的合格品或完成一定量的工作所预先规定的劳动消耗量的标准。有时间定额和产量定额两种基本表现形式。时间定额就是在正常、合理的条件下生产单位产品或完成一项工作所必需的工作时间；产量定额就是在正常、合理的条件下单位时间内必须完成的产品数量或工作量。

要采用科学的方法，及时、准确和全面地制定出有技术根据的劳动定额，这是劳动定额工作的前提。在制定劳动定额工作中，要正确规定劳动定额水平。定额水平是对劳动者的劳动量大小的要求，也是企业的技术水平、管理水平等方面的综合反映，它是定额工作的核心。定额水平过高，职工经过努力达不到，便会挫伤积极性，影响定额的贯彻；定额水平过低，职工不经过努力就轻而易举地超额，对生产也没有促进作用。所以，合理的定额水平，是在正常的生产条件下，多数职工经过努力可以达到或超过的定额。为了制定先进合理的定额，要选择恰当的制定定额的方法。

行业劳动定额可以由行业工资集体协商的双方在本行业现有的生产技术条件下，经过协商合理确定。

3.工时工价

工时，是指一个劳动者工作1小时即为1个工时。工时是企业计算职工劳动时间、制定劳动定额、编制各项计划，衡量劳动生产率发展水平的重要的计量单位。标准工时，是指在一定标准条件下，以一定的作业方法，由合格且受有良好训练的作业员以正常的速度，完成某项作业所需的时间。标准工时的制定方法有多种，通常使用的方法有：标准工时＝标准作业时间＋辅助时间。

工价，是指建筑或制作某项物品用于人工方面的费用，也即付给劳动者个人的费用、工资。

4.最低工资标准

最低工资，是指劳动者在法定工作时间提供了正常劳动的前提下，用人单位支付的最低金额的劳动报酬。最低工资标准一般采取月最低工资标准和小时最低工资标准两种形式。月最低工资标准适用于全日制就业劳动者，小时最低工资标准适用于非全日制就业劳动者。行业工资集体协商可以在当地最低工资标准基础上，结合本行业特点，确定本行业的最低工资标准。

5.加班加点工资标准

根据劳动法规定，安排劳动者延长工作时间的（正常工作日加点），支付不低于劳动合同规定的劳动者本人小时工资标准的150%的工资报酬；休息日（星期六、星期日或其他休息日）安排劳动者工作又不能安排补休的，支付不低于劳动合同规定的劳动者本人日工资标准的200%的工资报酬；法定休假日（元旦、春节、国际劳动节、国庆节以及其他法定节假日）安排劳动者工作的，支付不低于劳动合同规定的劳动者本人日工资标准的300%的工资报酬。劳动法规定的加班加点工资标准是加班加点工资的最低标准，行业工资集体协商可以在劳动法规定标准的基础上，协商确定本行业加班加点工资标准。

6.工资水平增长幅度

行业工资集体协商可以根据本行业的人工成本水平、当地政府发布的工资指导线、本地区城镇居民消费价格指数、经济效益等因素，协商确定本行业职工年度工资水平增长幅度。

7.工资支付办法

行业工资集体协商可以根据国家法律法规的规定，结合本行业实际，确定本行业职工工资支付办法，确保依法支付职工工资。

（二）区域性工资集体协商的内容

区域性工资集体协商要按照"区域协商谈保障"的要求，参照政府发布的工资集体协商指导信息，结合本区域的特点和企业实际，不断丰富协商内容。区域协商谈保障，应当以最低工资标准、工资增长幅度、工资支付办法等内容为重点，实现区域内职工收入水平普遍增长。

1.最低工资标准

区域性工资集体协商应当在政府发布的当地最低工资标准的基础上，参考上年度本地区人均生活费用、职工个人社会保险、公积金费用、职工平均工资、经济发展水平、赡养系数等指标，协商确定本区域最低工资标准。

2. 工资水平增长幅度

区域性工资集体协商应根据国家法律法规的规定，在促进生产发展和经济增长的基础上，参考当地政府发布的工资指导线、本区域城镇居民消费价格指数、经济效益、本区域人工成本水平、上年度本区域职工平均工资水平等因素，合理确定本区域职工工资水平增长幅度。

3. 加班加点工资标准

加班加点工资是职工劳动报酬的一部分，也是职工关心的重要问题之一。区域性工资集体协商可以在国家规定的加班加点工资标准的基础上，协商确定本区域的加班加点工资标准。

4. 工资支付办法

为维护劳动者的劳动报酬权利，规范用人单位的工资支付行为，区域性工资集体协商可以按照国家法律法规的规定，通过协商确定本区域工资支付项目、工资支付水平、工资支付形式、工资支付对象、工资支付时间以及特殊情况下的工资支付等。

二、行业性、区域性工资集体协商的程序

程序合法规范，是工资集体协商有序开展的基本要求，是工资集体协商内容公平公正的基础，是工资集体协商效力的保障。开展行业性、区域性工资集体协商要严格履行程序，协商过程要充分表达职工群众和企业方的意愿和要求，协商内容要得到双方的一致认可。一般应按照以下程序进行：

（一）提出要约

要约，是一方当事人以缔结合同为目的，向对方当事人提出合同条件，希望对方当事人接受的意思表示。工资集体协商任何一方均可就签订工资专项集体合同以及相关事宜，以书面形式向对方提出进行工资集体协商的要求。工资集体协商的提出方应向另一方提出书面的协商意向书，明

确协商的时间、地点、内容等。另一方接到协商意向书后，应于 20 日内予以书面答复，并与提出方共同进行工资集体协商。无正当理由不得拒绝进行工资集体协商。

（二）产生协商代表

行业性、区域性工资集体协商代表要按照《集体合同规定》所规定的程序产生。行业性、区域性工资集体协商的双方协商代表人数应当对等，每方至少 3 人，并各确定 1 名首席代表。双方协商代表不得互相兼任。

职工方协商代表由行业工会组织或者区域内的工会组织选派，首席代表由区域工会联合会或者行业工会负责人担任；尚未建立区域、行业工会组织的，在上级工会指导下，由区域或者行业内企业职工民主推选产生职工方代表，职工方首席代表从职工方代表中民主推选产生。

企业方协商代表可以由区域、行业内的企业代表组织直接选派，或者由区域、行业内企业经民主推选、授权委托等方式产生，首席代表由企业方的协商代表推选产生。

（三）做好协商准备工作

做好协商前的各项准备工作，特别是熟悉掌握相关的劳动法律、法规、政策规定，收集了解相关资料、信息及企业和职工意见，确定协商重点，在分别广泛征求职工和企业方的意见基础上，拟定工资集体协商议题，制定集体协商方案。

（四）正式协商

在做好准备工作的基础上，按照双方商定的时间、地点，进行正式协商。协商应当采用集体协商会议形式，集体协商会议由双方首席代表轮流主持。在双方协商一致的基础上形成行业性、区域性工资专项集体合同（草案）。

（五）审议通过

建立了行业、区域职工代表大会的地方，行业性、区域性工资专项集体合同（草案）应该提交行业、区域职工代表大会审议通过，并经行业内、区域内企业主签字（或盖公章）确认后，由工资集体协商双方首席代表签字。

按照要求，社区、产业园区、商业街区、商务楼宇等同一区域内的企业可以联合建立区域性职工代表大会。生产经营业务相同或者相近的企业可以联合建立行业性职工代表大会。区域性、行业性职工代表大会的职权主要有：（1）听取区域、行业内企业执行劳动法律法规和政策情况报告，区域、行业劳动关系状况报告，并提出意见和建议；（2）审议区域、行业内企业有关劳动报酬、工作时间、休息休假、劳动安全卫生、保险福利、职工培训，以及劳动定额等直接涉及职工切身利益的重大事项，提出意见和建议；（3）审议通过区域性、行业性集体合同草案和专项集体合同草案；（4）审查监督区域、行业内执行劳动法律法规和区域性、行业性职工代表大会决定事项的情况，履行区域性、行业性集体合同和专项集体合同及缴纳社会保险费等情况；（5）其他应当由区域性、行业性职工代表大会行使的职权。

在行业性、区域性工资专项集体合同框架下，各企业结合自身实际开展二次工资集体协商的，其确定的劳动报酬标准不得低于行业性、区域性工资集体合同规定的标准，具体做法应参照《工资集体协商试行办法》等有关规定进行。

（六）报送、审查、备案

行业性、区域性工资专项集体合同签订后10日内，工会应当协助企业方将行业性、区域性工资专项集体合同文本1式3份及说明，报送当地劳动保障行政部门审查备案。劳动保障行政部门审查同意后，行业性、区域性工资专项集体合同即行生效。劳动保障行政部门在收到文本之日起15日内未提出异议的，工资专项集体合同即行生效。

（七）公布

区域性、行业性工资专项集体合同生效后，双方协商代表应将已经生效的行业性、区域性工资专项集体合同以适当形式及时向行业内、区域内企业和全体职工公布。

(八) 协商中止

行业性、区域性工资集体协商未达成一致意见或出现事先未预料的问题时，经双方同意中止协商的，工会应积极做好向职工说明情况和下次协商的相关准备工作。

行业性、区域性工资专项集体协商一般每年进行 1 次。工会可在原行业性、区域性工资专项集体合同期满前 3 个月内，向企业方书面提出重新签订或续订的要求，并发出协商要约。

第三节　行业性、区域性工资专项集体合同的履行、变更、解除与终止

一、行业性、区域性工资专项集体合同的履行

行业性、区域性工资专项集体合同对当地本行业、本区域的所有企业和劳动者具有约束力。企业签订的工资专项集体合同，其标准不得低于行业性、区域性工资专项集体合同的规定。本行业、本区域的所有企业和劳动者应当按照全面履行、实际履行、协作履行的原则，认真履行合同约定的义务，切实发挥工资集体协商的作用。

二、行业性、区域性工资专项集体合同的变更、解除与终止

(一) 行业性、区域性工资专项集体合同的变更、解除

1. 协商变更、解除

工资集体协商双方协商代表协商一致，可以变更或解除行业性、区域性工资专项集体合同。

2. 法定变更、解除

有下列情形之一的，可以变更或解除工资专项集体合同：

（1）因不可抗力等原因致使工资专项集体合同无法履行或部分无法履行的；

（2）工资专项集体合同约定的变更或解除条件出现的；

（3）法律、法规、规章规定的其他情形。

行业性、区域性工资专项集体合同的变更、解除必须遵循法定程序。变更、解除行业性、区域性工资专项集体合同的程序适用企业工资专项集体合同变更、解除的程序。具体程序可由双方进行协商，在工资专项集体合同中作出约定。

（二）行业性、区域性工资专项集体合同的终止

行业性、区域性工资专项集体合同期限一般为 1 年，期满或双方约定的终止条件出现，即行终止。

行业性、区域性工资专项集体合同期满前 3 个月内，任何一方均可向对方提出重新签订或续订的要求。

三、行业性、区域性工资专项集体合同争议处理

对在行业性、区域性工资集体协商过程中发生的争议，双方当事人不能协商解决的，当事人一方或双方可以书面向辖区内的劳动保障行政部门提出协调处理申请；未提出申请的，劳动保障行政部门认为必要时也可以进行协调处理。劳动保障行政部门应当组织同级工会和企业代表组织等三方面的人员，共同协调处理工资集体协商争议。

对在行业性、区域性工资专项集体合同履行过程中发生的争议，按照《劳动法》和《集体合同规定》的有关规定进行处理。双方不能协商解决时，工会应及时向上级工会报告，并可依法向当地劳动争议调解组织或劳动争议仲裁机构申请调解处理。对仲裁裁决不服时，工会可依法向人民法院提起诉讼。在劳动争议发生、调解、仲裁和依法裁决期间，工会应教育引导职工树立依法有序解决争议的意识，避免采取过激行为，维护企业正常的生产工作秩序，维护社会的和谐稳定。

第四节　不断推进行业性、区域性工资集体协商深入发展

一、不断完善行业性、区域性工资集体协商内容和模式

建立工资集体协商机制要按照"独签企业谈增长、行业协商谈标准、区域协商谈保障"的要求，参照政府发布的工资集体协商指导信息，结合本行业、本区域的特点和企业实际，不断丰富协商内容。行业协商谈标准，应当以劳动标准、劳动定额、工时工价标准等内容为重点，促进同行业职工收入合理增长。区域协商谈保障，应当以最低工资标准、工资增长幅度、工资支付办法等内容为重点，促进区域内职工收入普遍增长。

深入推进区域性、行业性工资集体协商工作，应根据具体情况，确定不同的协商方式和内容。对于区域内规模较小、用工人数较少、不能单独进行工资集体协商的企业，应建立区域性工资集体协商机制。对于同一区域内同行业企业相对集中的，应积极推进行业性工资集体协商。对于跨区域的同行业企业或连锁店，也可开展行业性工资集体协商。

二、努力提高行业性、区域性工资集体协商质量

行业性、区域性工资集体协商质量的提高，一靠工资集体协商双方的共同努力，二靠职能部门的引导帮助。协商双方在协商过程中应着力把握"六要"：重点要突出，议题要集中，条款要具体，标准要量化，措施要可行，履约要到位。人力社保部门应为协商双方提供政策和信息服务，按照规定做好协议审查备案工作。采取随机抽查、定期巡查和重点检查相结合的方式，对合同报备及时性及数据真实性、完整性进行监督。工会和企业

代表组织要通过建立强有力协商代表队伍提升协商质量，积极搞好分类指导，针对不同企业、不同区域和不同行业，确立不同的协商重点和标准，增强针对性、实效性、操作性，切实提高工资集体协商的质量。

三、加强行业性、区域性工资集体协商工作的组织实施

各级人社部门、工会组织和企业联合会/企业家协会要从构建社会主义和谐社会的高度，充分认识开展行业性、区域性工资集体协商工作的重要性和必要性，在当地党委和政府的领导下，将其纳入经济社会发展整体规划，加强协调配合，创新工作思路，加大工作力度，采取有效措施积极推动这项工作规范有序开展。各级人社部门要认真研究完善行业性、区域性工资集体协商的有关政策，改进和加强工资专项集体合同审核备案工作，会同同级工会和企业代表组织及时妥善处理区行业性、区域性工资集体协商争议和履行工资专项集体合同争议。各级工会组织应进一步加强与人力社保部门和企业代表组织的沟通协调，积极依法推进工资集体协商机制建设。加强工资集体协商指导员队伍建设，指导基层工会依法开展要约、规范协商程序、深化协商内容，提高职工满意度。要大力培训工会干部和职工协商代表，提高他们的协商能力和水平。要指导区域和行业工会积极开展工资集体协商要约行动；在协商过程中，要密切关注职工关注的热点难点问题，教育和引导职工依法维护权益，积极有序参与工资集体协商。各级企业联合会/企业家协会要建立健全组织，将协调劳动关系工作向乡镇、街道、社区延伸，培育企业方协商主体；要教育和引导企业经营管理者加强相关法律法规和政策的学习，履行好企业的社会责任，重视和支持工资集体协商工作，认真履行工资专项集体合同。各级劳动关系三方协调组织要加强沟通、协调和信息交流，认真总结推广典型经验，注意研究解决签订和履行工资专项集体合同工作中的各种问题，及时将开展行业性、区域性工资集体协商和履行工资专项集体合同工作中遇到的新情况新问题上报有关部门。

思考题：

1. 什么是行业性、区域性工资集体协商？

2. 行业性、区域性工资集体协商的重要意义是什么？

3. 行业性、区域性工资集体协商的协商代表如何产生？

4. 开展行业性、区域性工资集体协商应当遵循什么原则？

5. 开展行业性、区域性工资集体协商应关注哪些问题？

6. 简述行业性工资集体协商的主要内容。

7. 简述区域性工资集体协商的主要内容。

8. 行业性、区域性工资集体协商的基本程序是什么？

9. 如何推进行业性、区域性工资集体协商深入发展？

案例 1

什邡市师古镇家具行业集体协商针对农民工诉求，
既谈怎样涨工资也谈何时发工资的做法成为"样板间"

——德阳工会以典型案例指导基层集体协商

2019 年 4 月 02 日　　来源：《工人日报》

平均工资涨幅究竟是 8% 还是 15%？薪水提前或迟发 10 天有那么重要吗？同企不同岗就应该在福利待遇上被差别对待吗？这些看似难解的问题，在几轮协商过后，企业和职工双方终于有了双赢答案。

3 月 28 日中午 12 点，在四川德阳什邡市师古镇镇政府三楼会议室里，师古镇家具行业第三轮工资集体协商顺利结束。共同见证这场协商的，除了各级工会主要负责人，还有德阳市人社部门、企业联合会、工商业联合会以及各产业和企业工会的工作人员。

师古镇目前有建成投产的家具企业 10 余家，且相对集中，拥有职工千余人。截至 2017 年，该镇家具产业产值已近 4.5 亿元，成为推动地方经济发展的"一架马车"。

2018年2月，师古镇家具行业协会成立，同年3月，家具行业工会联合会成立。

为稳定师古镇家具行业职工队伍，促进行业规模化、规范化发展，师古镇家具行业的首次工资集体协商随之启动。

关于工资涨幅的协商

当天，协商现场，空气凝固。

在此前进行的两轮协商中，关于行业内主要岗位的工资水平、建立新产品计件工资单价协商机制等内容，企业方与职工方已达成共识。行业工资增长幅度、工资发放时间及形式、同企不同岗的福利待遇问题这几块"硬骨头"，成为第三轮协商的重点。

"职工方希望在目前职工平均工资基础上上调15%。"协商伊始，职工方代表、四川省天晨木业公司周侯艳率先发声。

"涨没有问题，但现在行业大环境不景气，经过全盘考量，企业方最高能接受8%的涨幅。"对于这一提议，企业方首席代表、什邡市福坤木业公司总经理苏乾江立马回应。

"现在的生活成本提高了，而且目前企业是盈利的，15%是我们经过调研走访得出的数据，也是广大职工的心声。"

"按涨幅8%计算，平均工资已经是五六千元的水平，目前材料成本也在上涨，企业产品库存压力非常大，也请职工为企业考虑一下。"

······

你来我往十余回合依然僵持不下。

双方暂停协商，各自讨论新方案。

"职工身处一线，对企业当前难处理解深刻，涨工资不是要拖垮企业，也不是要成为阻碍企业发展的负担，所以我们决定让步换取共赢。"职工方代表最终给出了增长10%的底线。

"虽然有压力，但我们同意。"面对职工方的最新提议，企业方迅速进行测算和讨论，沉默半晌后，由企业方首席代表苏乾江给出定论，"感谢广大职工的体谅，企业与职工是生命共同体，希望未来我们能抱团发展，越来越好。"

既谈怎样涨也谈何时发

历经工资涨幅的谈判后,双方又围绕"工资 15 日发还是 25 日发""职工体检福利差异"等具体问题再次展开协商。最终达成共识,工资每月 20 日左右发放,所有岗位的员工每年体检一次。

德阳市人社局的工作人员申静第一次亲临现场感受协商博弈,"薪水提前还是迟发 10 天""体检是两年检还是一年检",这些事关职工利益的细节让她由衷地感叹:"没想到协商谈得这么细。"

而职工方的代表也认为,什么时候发工资、是否体检,正是当前家具行业职工最关注的问题,"每个月都会问",如果能以集体合同的方式约定,那么发工资和体检福利都将更有保障。

事实上,这样的精细化协商得益于前期充分的准备。

自去年下半年开始,什邡市、师古镇两级工会多次指导行业工会召开职工座谈会,深入师古家具企业调查研究,征求企业和职工的建议意见,以确保协商内容的针对性。

四川省集体协商专职指导员也多次进行现场指导,明确双方协商的底线和策略,确保协商工作台账健全、资料完备。

打造集体协商"样板间"

在顺利推进前两轮协商过后,德阳与什邡两级工会将第三轮终极协商作为"样板间",以"关爱农民工 协商促和谐"为主题,邀请了多个行业协会,特别是农民工就业集中的企业参与现场观摩。

"中小企业集体协商工作还存在很多空白,在基层'不敢谈、不会谈'的现象还很突出,师古镇家具行业虽然是'小麻雀',但却具有典型性。"德阳市总工会相关负责人告诉记者。

他指出,家具行业具有劳动密集型特点,员工多为流动性大的农民工群体,希望以此次协商为契机,引导用工单位自觉履行社会责任,提升职工,尤其是农民工的获得感和幸福感。

"在当地,发展状况、职工队伍与家具行业情况类似的行业还有很多,这需要工会组织尽更大的努力进行引导，以促进企业发展、维护职工权益。"四川省总工会基层工作部部长范会军认为，行业工资集体协商是当前构建和谐劳动关系的重点也是难点。

他指出，此次现场观摩会对于推动工资集体协商扩大覆盖面、不断提质增效将起到良好的引导作用。

德阳市总工会党组书记、常务副主席郑蕾告诉记者，去年德阳市总在各县（市、区）培育的基层集体协商典型基础上，精选8个典型案例编印《德阳市集体协商典型案例选编》，宣传推广集体协商示范单位的典型经验和先进做法，指导基层集体协商工作，已逐步推动形成"区域谈底线、行业谈标准、企业谈增长"层次分明、协调配套的集体协商工作推进体系。

（记者　李娜）

案例2

山西煤炭行业推行工资集体协商制度

2011年9月06日　　来源：黄河新闻网

今年工资涨不涨，大家商量着来。为保障山西省煤炭行业工人的基本权益，今年起，山西省煤炭系统所有工会将建立集体合同备案制，培训集体合同协商指导员。其中最为重要的，就是全面推行工资集体协商制度。

所谓工资集体协商制度，就是要让煤矿工人和老板坐到一起，直接对话，在年初时就要定下来今年的工资涨不涨、涨多少。有关方面人士表示，工资集体协商将为全省88万煤矿职工在劳资博弈中提供制度平台。

"'公平正义比太阳还要有光辉！'让工人获得公平的劳资谈判权，是工人权利的最好体现。"山西省煤矿工会的一位工作人员说。

工资涨不涨，工人可与老板谈

9月13日，山西省煤矿工会将在太原举办山西省煤炭系统工会平等协商集体合同指导员培训班。"举办培训班就是要在煤炭工会内部先培训一批'能人'。这些'能人'要学会与老板进行工资谈判，要做到敢谈、能谈、会谈。将来这些人还要向全体职工宣讲，讲解劳资协商制度，讲解协商时的谈判技巧等。"9月2日，负责此次培训班的山西省煤炭工会女工部负责人告诉记者。据了解，此次培训将持续一周时间，全省各国有重点煤炭集团公司、各市煤矿工会分管副主席、各煤矿企业工会主席都将参与培训。

工资集体协商制度又称工资共决，制度施行后，工人代表将每年与企业经营者共同就企业工资分配制度、分配形式、收入水平等事项进行平等协商，共同决定劳动者的工资。"山西省煤炭系统正在推行的集体协商制度一共包含4个专项合同。除了工资集体协商外，还有劳动安全卫生专项合同和女职工权益保护专项合同等。"上述负责人介绍道。

在工资集体谈判中，企业职工选举的工人代表与企业的法人代表是谈判双方，县级以上劳动部门也将参与谈判。企业职工可以综合企业上年的经济效益、企业发展前景、企业实际经济状况等情况提出工资收入要求，并与企业老总进行协商。"谈判中的技巧和方法很多，职工可以观察企业老总平时吃喝穿戴、交通工具等的变化情况，必要时还可以请专业人员对企业财务账目进行查询，这些都可以成为谈判时争取合理工资水平的证据。"山西省煤矿工会相关负责人讲道，"如果谈判不能达成协议，还可以申请劳动仲裁。"为增强工资协商制度的权威性，在职工代表与企业主进行谈判后，企业工会将代表职工与企业签订集体工资合同，从而起到更强的约束作用。

吕梁经验　工人每月多挣400元

事实上，早在2010年，吕梁市煤炭行业就建立了全行业工资集体协商制度。当年8月，在经过工资集体协商谈判之后，吕梁市煤炭行业职工的月平均工资增长了400元左右，4万多名煤炭职工因此受益。

经过煤炭资源整合后，吕梁地区共有28个煤矿经营主体、94座煤矿。省煤矿工会相关负责人介绍，为保证全市煤矿职工合理的工资水平，吕梁市总工会副主席卜新宇带领调研小组，到市内及省属的国有大矿进行了为期半个月的工资专项调研。并在调研的基础上提出"岗位绩效工资"文本草案，以此为依据向煤炭行业"资方"发出了协商要约。在收到协商通知后，吕梁市煤炭企业推选了 13 名协商代表，相应的，吕梁市煤炭行业工会也组织召开了职工代表大会，同样选出了 13 名协商代表。

双方的工资协商一共进行了 4 轮谈判。双方就基础工资的确定、绩效工资的构成、年功工资的数额等问题提出了各自的证据和理由。"煤炭行业职工流动频繁，企业人才难留。为稳定职工队伍，必须设立年功工资（即工龄工资），每月 10 元，要求按月计发。"谈判中，一位职工代表说："虽然现在煤炭企业人才流失严重，但按照政府有关规定，职工每次下井都有 18 元至 20 元不等的津贴，年功工资就不应该再提，即使有，也应该在数量上封顶。"谈判中，企业代表也提出了自己的意见。

最终，吕梁市煤炭行业在谈判后确定了全行业的最低工资。双方约定，吕梁市煤炭行业工资基值为 750 元，年功工资每月 10 元，每下井一次津贴为 22 元（高于国家规定的 20 元），5 项社会保险全落实。

据测算，这使得吕梁市煤炭行业职工月平均工资每月增长了 400 元左右。

工资集体协商要实现全覆盖

据悉，山西省煤炭行业的工资集体协商为每年进行一次。协商一致后的合同文本在企业职代会上通过后，即可生效，集体合同将在山西省煤矿工会及上级劳动部门备案。

对于谈判之后形成的集体合同文本，更重要的是落实履行和长效监督。吕梁市煤炭系统为保证集体合同的落实，提出了 6 项履约监督机制。其中包括：工会干部和职工代表直接参与制度、职工协商代表巡视检查制度、工资协商指导员调查走访制度、县（市、区）工会动态检查管理制度、市总工会评比表彰制度和联席会议公示警示制度。

山西省煤矿工会女工部负责人认为，吕梁市首推的工资集体协商制度将在全省推广。为监督合同的履行，职工协商代表将有权对企业履行工资集体合同的情况进行巡视检查。工会也会指定专人对工资集体合同进行系统的监督、检查，保证合同不折不扣地得到执行。

据悉，山西省煤炭系统中省属大集团公司已经全部建立了工资集体协商制度。"山西省各企业的发展水平不一，企业效益有好有坏，在推行工资集体协商制度方面的进度也不一样，一些地市工会系统没有开展此项工作的经验。"省煤炭工会负责人说。

按照省煤炭工会的部署，年底前，全省煤炭系统工会要全部建立平等协商集体合同备案制度。"全省所有煤矿都要建立工资集体协商制度，不论国有企业还是私营企业，不论省属企业还是地市级企业。届时，全省88万煤矿职工将因此成为工资谈判的主人。"省煤矿工会女工部负责人说，"当然，工资协商也不一定光是涨工资，在企业效益不好时，职工适当地减少工资，以帮助企业渡过难关，也是工资集体协商未来极有可能遇到的情况。"

记者从山西省总工会了解到，除了煤炭行业，山西省目前正在全面推行工资集体协商制度，实行量化目标考核责任制，加大推行"工资集体协商百日攻坚行动"。按照要求，2011年，山西省要实现工资集体协商国有企业全覆盖，非公企业覆盖率达80%以上。预计未来3年内，该项制度在山西省将覆盖4.5万家企业、400万职工。（记者 苏景岳）

案例3

临西县总工会推行区域性行业性工资集体协商

——工资集体协商打出"组合拳"

2015年7月09日 来源：中工网——《河北工人报》

中工网讯 以往，企业用工报酬老板说了算，不干就走人，如今，在临西县行不通：工人工资待遇，要通过集体协商确定。

如果企业不走程序协商，怎么办？临西县总工会征得县委、县政府的支持，责成工商、人社等部门，对拒签工资集体协议、不落实工资集体协议的企业，不年检、不换发营业执照，并依法予以相应的惩罚。

7日，临西县总工会透露，目前在全县9个乡镇、3个园区，签约企业占应签企业的 90% 以上。保障工资集体协商，临西县打出了一套"组合拳"。

培训工会主席提升谈判技巧

基层工会主席，是代表职工进行工资集体协商的主要执行人，需要较高的法律素质、谈判技巧和利益协调能力。工会主席素质的高低，直接关系到工资集体协商制度能不能落实。

临西县总工会每年组织一期基层工会主席、职工代表工资集体协商培训班，聘请专家授课，通过案例详细讲解工资集体协商的内容、程序以及谈判技巧、策略等，使工会主席最大限度地掌握工资集体协商的各个基本要件。

在基层工会主席选拔任用上，临西县总工会不拘一格选人才，提出了"选聘改任非领导职务科级干部担任企业工会主席"的新思路，并建立了基层工会主席人才储备库，从改任非领导职务的科级干部中择优选配了一批工会主席后备人才，纳入工会主席储备库管理，充分发挥他们政治素质强、法律意识强、群众威信高、企业老板信任度高"两强两高"优势，选聘到企业担任工会主席。

目前，已有 20 余名改任非领导职务的科级干部到企业任工会主席。

制定出区域内工时工价

区域性工资集体协商，首先推举协商代表，要求双方人数相等，人数控制在 3 至 7 人。职工方首席代表由乡镇工会主席担任，职工代表由工会提名，在企业工会主席中民主选举产生；企业行政方均为企业法定代表人，企业方代表在辖区内所有企业法定代表人中产生，并推举出首席代表。

双方就协商内容进行充分协商，最终达成协议草案，职代会通过，双方签字生效。

据临西县总工会主席靳秀兰介绍，区域性行业性工资集体协商工作的关键是协商文本的制定，县总工会曾多次派员深入轴承、棉纺、砖厂等主导企业及餐饮、供销等行业入户调查，收集有关工资、工时、福利、保险等相关数据进行综合评定，按同行业同工种平均的价格确定出区域内的工时工价。

在制定协商文本时，临西县总工会要求企业工会做到"两个坚持"（工会代表职工签订工资协议符合国家法律规定的内容要坚持、符合职工切身利益要坚持）。要求企业做到"两个必须""两个不低于"（企业必须和职工依法签订工资集体协议、必须认真落实协议条款；不低于临西县最低工资标准、不低于全县上年度企业职工平均工资）。

拒执行工资协商受处罚

临西县成立了由县委副书记任组长，政府联系工会工作的副县长任副组长，工会、人社、纪检、工商等相关部门主要领导为成员，推行区域性行业性工资集体协商工作领导小组，并出台了《临西县工资集体协商监督检查办法》，将协商的内容、程序、落实情况逐一量化，作为打分考核的依据。

临西县总工会与人劳社保局联合组成专项督查队伍，半年对签约企业进行一次履约督查，履约好的通报表扬，差的通报批评、限期整改。

在县委、县政府支持下，由工商和人社等部门对不签工资集体协议、不落实工资集体协议的单位不年检、不换发营业执照，并依照法律法规予以相应的惩罚。

通过区域性行业性工资集体协商，目前，在临西县9个乡镇、3个园区，签约企业占应签企业的90%以上。

靳秀兰说："通过区域性行业性工资集体协商，既理顺了劳动关系，又促进了社会和谐，特别是签约企业职工工资增长机制的建立，调动了职工的工作热情，企业走上了良性发展轨道。"（李英强）

第七章

工资集体协商的策略与技巧

　　工资集体协商是一项政策性、专业性、实践性很强的系统工程，也是劳动关系双方不断博弈的过程。在开展工资集体协商过程中，了解掌握实际操作过程中的策略与技巧，并恰当运用合适的策略与技巧，对于增强工资集体协商的针对性和实效性、达到工资集体协商的预期目标，具有重要的现实意义。

第一节　工资集体协商策略与技巧概述

一、工资集体协商策略与技巧概念

策略是为实现一定的战略任务，根据形势的发展而制定的行动准则和斗争方式、方法。工资集体协商策略，是指工资集体协商代表为实现工资集体协商预期目标而制定的行动准则和采取的基本计策与方略。它对工资集体协商有直接影响，关系到工资集体协商实际效果，关系到劳动者的工资权益和企业的经济效益。恰当运用工资集体协商策略是工资集体协商取得成功的重要手段，对协商的成败和效果有着直接的影响。

技巧的本意是指工艺、文艺、语言、体育等方面精巧的技能。工资集体协商技巧，是指工资集体协商代表在协商过程中为实现工资集体协商预期目标而采取的各种技术性的手段与方法，也就是运用的技术与窍门。

策略与技巧的区别主要在于：从涉及层面上看，策略是指对协商过程的宏观战略安排，目的是获取优势；技巧是指在协商过程中微观战术的运用，目的是获取效率；从时间上看，策略的制定一般形成于准备阶段；而技巧形成于集体协商的具体环节中。从运作方式来看，策略一经形成，往往贯穿于整个集体协商过程，具有相对的稳定性；而技巧具有较大的灵活性，随机应变，往往取决于个人的应变能力。策略是设定协商的思路，考虑"做什么"；而技巧是具体实现策略，考虑"怎么做"。策略指导技巧，技巧实施策略。

二、策略与技巧对于开展工资集体协商的重要意义

工资集体协商是一项政策性、专业性、实践性很强的系统工程，也是

劳动关系双方不断博弈的过程。这就决定了双方协商代表在开展工资集体协商过程中存在着发挥主观能动性的空间，即在现行的法律法规政策的框架内，可以充分运用各种策略与技巧，以实现预期的目标，取得最佳的效果。所以，在开展工资集体协商过程中，学习、了解、掌握并恰当运用协商的策略与技巧，对更好地开展工资集体协商发挥工资集体协商的作用有着重要的意义。

（一）有利于扬长避短、发挥自身优势

在工资集体协商过程中，双方都希望通过自己的努力实现既定的协商目标，这就需要认真分析和研究双方各自的优势和劣势、长处和短处。在对双方的基本情况作了分析和判断之后，若要扬长避短、最大限度地发挥自己的优势，争取最佳的结果，就要恰当、灵活地运用协商的策略和技巧，这是实现自己协商目标的内在要求。

（二）有利于打破僵局，确保协商顺利推进

在工资集体协商的各个阶段，都可能出现双方意见分歧，发生对立或者矛盾，形成僵持局面，使协商难以顺利进行，甚至会导致协商破裂和失败。在这种情况下，就需要运用一定的策略和技巧来破解，化解双方的矛盾，营造一个良好的氛围，保障协商顺利进行，将协商导入正轨，引向成功。

（三）有利于达成共识，实现双赢的目的

在工资集体协商过程中，恰当地运用协商策略与技巧，可以使双方平等合作，求同存异，在坚持基本目标的前提下互谅互让、互利双赢、达成共识。既能够维护自身的合法权益，又能够构建和谐稳定的劳动关系。

三、运用工资集体协商策略与技巧的原则

从理论与实践结合来看，运用工资集体协商的策略与技巧应遵循的原则主要有：

（一）依法合规

在开展工资集体协商过程中，应当严格遵守国家有关法律法规和政

策，在国家法律法规和政策允许的范围内充分运用协商的策略与技巧，不得采取违法违规的行为，不得威胁利诱，不得欺骗隐瞒。只有把法律法规政策的相关规定与恰当运用协商的策略技巧有机结合起来，才能实现工资集体协商效果的最优化。

（二）分类指导

应当针对行业、区域、企业工资集体协商的不同层次、特点以及协商的内容、协商的不同阶段、不同环节、不同议题的差异，坚持从实际出发，因地制宜，围绕各个层次、类别和协商遇到的不同难题，研究探索与之相适应的工资集体协商的策略与技巧。只有坚持分类指导，根据不同的情况运用不同的策略与技巧，才能做到有的放矢，增强针对性、实效性，在实践中取得实实在在的效果。

（三）灵活运用

应当着眼于开展工资集体协商全局、全过程的需要，从实际出发，统筹考虑、综合运用各种策略与技巧，不能简单地机械地生搬硬套。在工资集体协商中应当根据不同行业、不同地区、不同企业所处的实际环境和条件，根据集体协商的场景和进展，学会变通，见机行事，随机应变，灵活运用协商策略与技巧，实现工资集体协商的最终目的。

（四）互利共赢

在开展工资集体协商过程中，职工方协商代表运用策略与技巧的最终目的是要为职工群众争取更多合情合理的利益，但是职工的利益与企业的利益根本上是一致的，两者是对立统一的关系，只有企业发展了、经济效益提高了，职工的利益才能从根本上得到保障；而只有实现好维护好发展好职工利益，才能充分调动职工的积极性、主动性、创造性，充分发挥职工的聪明才智，才能促进企业的发展。所以，工资集体协商中的策略与技巧的运用，要有利于兼顾职工与企业双方的利益，实现互利共赢。

四、运用策略与技巧应当注意的几个问题

在开展工资集体协商中，运用策略与技巧应当注意处理好以下几个

问题：

（一）树立战略思维

战略是一种从全局考虑谋划实现全局目标的规划。策略是为实现战略任务而采取的手段。这就要求协商策略与技巧的运用应当与整体战略目标保持一致，为实现战略任务服务。因此，必须要有战略眼光，树立战略思维，做到以下几点：

1. 树立全局概念。在工资集体协商中，既要考虑到职工利益诉求，也要考虑到企业利益，考虑到社会整体利益的发展。

2. 树立长远观念。在工资集体协商中，既要重视眼前利益，也要注重长远利益，做到立足当前，着眼长远，以企业的长远发展和职工的长远利益为根本目标。

3. 坚持循序渐进。在开展工资集体协商过程中，要始终围绕确定的协商目标不动摇，通过运用协商策略与技巧来实现维护职工群众权益为目的，做到坚持大目标与小要求相结合；在具体操作过程中，应以职工重点关注的切身利益为突破口；在协商点的选择上，应当先易后难，逐步推进，防止和克服急躁冒进情绪。

（二）深入研究对手

俗话说：知己知彼才能百战百胜。在进行工资集体协商的时候充分了解对手，可以做到心中有底气有把握，协商起来就可以更顺利更容易。

在工资集体协商过程中，不仅应当研究自己、认识自己，而且应当研究对手、认识对手，做到知己知彼，心中有数。这就要求协商代表首先要弄清楚对方的基本情况及对方利益所在和关切点是什么。为此，协商代表可以从以下几个角度研究对手。

1. 分析对方的心理和个性。在开展工资集体协商前，应对对方协商代表的心理、个性进行细致分析，从而较好地把握对方代表的心理倾向，以便有针对性地运用协商的策略与技巧。

2. 研究对方利益的多重性。通过研究，了解对方关于企业经营发展目标、企业利润、人工成本、劳动报酬、劳动条件、生活福利等各种问题的看法。

3.注意协商对手的其他利益。不仅要研究了解双方关于物质利益的要求，而且要了解双方对其他方面利益的关注度，如用工制度、休息休假、劳动保护、考核奖励等。

（三）有效沟通交流

协商谈判的过程，就是沟通交流的过程，涉及本方协商代表之间的沟通交流，也涉及本方协商代表与对方协商代表之间的沟通交流。有效的沟通交流，有利于形成共识，消除误解，减少阻力，确保集体协商的顺利开展。

1.集思广益，寻求共识。工资集体协商中所采取的许多策略与技巧，都要经历集思广益、群策群力的互动过程。只有经历这样的过程，才能选择准确、恰当的协商策略与技巧。为此，协商代表要学会沟通，善于集中大家的智慧，及时将协商进展情况告知职工，听取职工的意见和建议。

2.把握机会，适当施压。在工资集体协商过程中，有时通过适当施压的办法可以取得良好的效果，这也是一种双方交流沟通的方式。如通过广泛的宣传营造声势和舆论；及时向职工通报协商进展情况，把职工群众的力量用足用好；可以利用机会适时反映职工群众的要求和态度，对企业形成压力，促使协商成功。

3.积极斡旋，打破僵局。在工资集体协商过程中，协商双方往往会就某一个问题产生分歧，形成僵持局面，影响协商的进展。在这种情况下，可以考虑使用休会策略。同时利用这一时机，积极与对方进行沟通交流，力争消除分歧，打破僵持局面，为继续进行协商创造条件。特别是在协商过程中发生激烈争论时，要注意稳定情绪，保持冷静，变换节奏，调整、缓和气氛，努力寻求解决方案。还可以考虑借用外力，引入第三方力量，在协商过程中充当斡旋人或调解人的角色，促使双方达成解决方案。

（四）具体情况具体分析

在工资集体协商过程中，协商代表要学会换位思考，设身处地站在对方立场上分析考虑问题，了解对方的需求，设想对方可能采取的协商策略与技巧，以便有针对性地采取措施。

1.因情而异，灵活运用。在工资集体协商过程中，情势瞬息万变，各种情况的不断变化决定了协商过程中的策略与技巧的运用并无定式，应该随机应变、灵活运用，不能机械教条，一成不变。

2.相互衔接，综合运用。工资集体协商是一个综合性的系统工程，集体协商的策略与技巧也是综合的、系统的，在运用策略与技巧过程中，应当树立整体观、全局观，学会系统思考，从实际出发，通盘考虑，综合运用，而不能头痛医头脚痛医脚。

3.扬长避短，进退有据。工会应当发挥密切联系职工群众、在职工群众中有一定的号召力、影响力的优势，注重扬长避短，发挥优势，转化劣势，争取主动。要发扬团队精神，形成合力。在协商重点和时机把握上，应当灵活决断，从容应对，有理有节，把握好协商的进度和节奏，推进工资集体协商有条不紊地开展。

（五）做到人事分开

在工资集体协商过程中，要将协商的事项与协商代表之间人际关系区别对待和区别处理，做到人事分开。

1.不宜在集体协商中做出毫无原则的让步来换取对方的好感和双方人际关系的改善，这会弱化己方的协商地位，丧失在集体协商中主动权，使己方处于不利的地位。

2.不就无关立场和原则问题进行争论以避免将协商的内容与双方的关系相混淆，不搞人身攻击，不能恶言相向，不要发生激烈的争吵，否则会影响双方的人际关系，不利于工资集体协商的进行。

3.努力改善双方的人际关系，及时解决和处理协商代表之间的矛盾，及时进行有效沟通，增进理解，营造融洽的协商氛围。

五、工资集体协商中的语言艺术和心理把握

工资集体协商是一种谈判活动，是协商双方通过语言进行沟通和博弈的过程。掌握协商中的语言表达艺术和心理活动，有利于推动协商活动顺

利开展并取得成功。

（一）协商中的语言艺术

在工资集体协商过程中，掌握与使用语言艺术，对于畅通信息传递、加深情感沟通、促进关系协调、实现协商目的有着重要的作用。

1.表达方式婉转。在协商过程中，应当尽量使用委婉的语言表达，这样易于被对方接受，而且不伤和气。

2.表达准确清晰。在表达自己的意见时，应当尽可能观点鲜明，语言简短、清晰、明确，把握重点，层次分明，避免含混不清、拐弯抹角或模棱两可。

3.语言灵活应变。协商代表应具有灵活的语言应变能力，根据不同的协商内容与场合，针对不同的对象，考虑对方协商代表的性格、情绪、习惯、文化以及需求状况的差异，恰当地使用针对性的语言，运用不同的语言风格和表达方式，增强说服力、感染力，掌握协商主动权。

4.正确恰当使用肢体语言。肢体语言，是指经由身体的各种动作，从而代替语言借以达到表情达意的沟通目的，是信息沟通的一种有效渠道。在工资集体协商过程中，适当使用肢体语言，如面部表情、肢体姿势、眼神、手势、声调音量、仪表服饰等，可以辅助表达自己的情绪和意图，取得意想不到的效果。

5.适当运用幽默。幽默是双方沟通的润滑剂、缓冲剂，在协商过程中，有时难免产生不可调和的情况，如果不能正确处理这些不和因素，那么，就会出现令人不快的局面，影响协商的进程。这时如果适当使用幽默，就可以成功化解尴尬的处境。协商代表适当运用幽默的表达，既能有效表达自己的想法，还能缓和协商的气氛，取得事半功倍的效果。

（二）协商中的心理把握

在工资集体协商过程中，把握好协商对手的心理是成功进行协商的重要内容。

1.善于倾听。对方发言时，要认真倾听，专心致志地倾听，这样不仅使对方感到自己受到了尊重，赢得对方的好感，而且可以使自己了解对方的看法，感受对方的情绪，理解掌握对方真实意图，从而及时正确地做出判断，采取有效的应对措施。

2.营造良好的协商氛围。营造互相信任、诚挚合作、友好协商、轻松和谐的氛围，要根据具体情况，采取相应的措施。一是要调节好双方的情绪；二是要塑造自己诚挚、认真、友好的协商形象；三是要增加协商的和谐度。

3.保持沉着与耐心。工资集体协商涉及职工群众最关心的工资利益问题，往往需要进行多轮协商谈判才能达成协议，不可能一蹴而就，因此，协商代表要有足够的耐心，要有坚韧不拔的恒心，不放弃，不急躁，坚持到胜利。

4.增强自信。自信是积极的心理品质，是成功的重要因素。在工资集体协商过程中，协商代表要沉着冷静，不卑不亢。一是要做好充分的协商准备，不打无准备之仗；二是要注意本方的良好形象和谈吐举止，保持良好的精神状态；三是要敢于坚持本方的主张；四是要始终充满信心，信心比黄金更宝贵。

第二节 工资集体协商的策略与技巧选择

一、工资集体协商的策略选择

在工资集体协商中，可以运用的策略有很多，重点介绍下面几种：

（一）双赢策略

工资集体协商是双方当事人在实现各自利益整个过程中一个不断地化解冲突、实现当事人最大利益的手段。这里需要强调指出，协商的结果并不一定是"你赢我输"或"我赢你输"。集体协商双方当事人首先要树立"双赢"的观念。一场集体协商的结局应该使协商的双方当事人都要有

"赢"的感觉。首先，协商要达成一个平等互利的协议。平等互利协议的核心特点就是双赢，协商的结果应满足协商双方的合法利益，能够公平地解决协商各方的利益冲突，而且还要考虑到符合社会公共利益。其次，协商应该可以改进或至少不会伤害协商双方的关系。集体协商的结果是要争取自己的利益，然而，争取自己利益却不能以破坏或伤害协商双方的关系为代价。从发展的眼光看，双方的合作关系会给双方带来更多的利益和发展机遇。要换位思考，不能索取无度，漫天要价。既要认真考虑、切实维护己方的利益，为己方争取更多的利益，也要考虑对方利益。通过协商，既要使自己满意，又要使对方满意。使双方各取所需，各偿所愿。

（二）重点切入策略

重点，也就是关键点。不管任何事情，抓住重点就能够事半功倍，抓不住重点就会事倍功半。想要抓住重点，就需要寻找事物的本质，厘清什么是我们最终想要的。开展工资集体协商要学会抓主要矛盾，每次协商都要明确要重点解决的问题是什么，要抓住协商的关键，拎住"衣领子"、牵住"牛鼻子"，不能不分轻重缓急，"眉毛胡子一把抓"。通过抓好重点带动全局，实现重点突破和整体推进有机结合。这是实践要领，也是成功要诀。

在工资集体协商中要抓住重点，慎重地选择协商的切入点。工会在工资集体协商中，可以从不同角度对工资和增长幅度进行测算，在此基础上准备几种方案。并从中选择理由最充分、最有说服力，对谈判最有利的方案作为工资集体协商的切入点，争取理想的结果。

（三）让步策略

协商谈判是一门妥协艺术，妥协是指协商一方或双方做出的理解和让步行动，以达成一种协议的局面。所以，协商最终不可能不让步，但是让步有让步的规则。一是要把握让步的时机，从时间看，让步不要提前，也不要延后，提前会提高对方的期望值，迫使己方继续让步，延后则有可能失去协商成功的机会。从问题看，协商前和协商中要不断深入了解对方的真实需求，哪些问题为对方最关心，哪些问题于对方较为次要或无所谓，尤其对关键问题的让步，宜在对方一再请求和说服之下，以忍痛合作的态度做出小幅度让步，使对方感觉来之不易，才会珍惜其让步。二是不作无谓的让步，每次让步都应换取对方在其他方面的相应让步或妥协，不该让步时决不让步，单方面绝不让步，绝不能白白让步，你每一步的退让都要换来对方相应的让步。三是不要太快让步。每次让步幅度不宜过大，让步节奏也不宜太快，否则对方就会步步紧逼，要求不断让步。一般来说，不宜承诺同等幅度的让步，重要问题力争使对方先让步，次要问题可考虑己方先做让步。四是让步时不要不加掩饰。在整个协商过程中，要注意掩盖己方的真实意图，暴露真实意图对己方而言无疑是致命伤。同时要强调让步对自己利益造成的损害，即使对方让步使自己获利不小，也不能喜形于色，切忌将对方视为绝对的失败者。

（四）合作策略

合作策略，是指以合作的态度主动跟对方一起寻求解决问题的办法，是一种互惠互利的双赢。它的特点是：双方的需要都是合理或重要的，哪一方放弃都不可能，也不应该；相互支持、高度尊重，双方都愿意以合作来解决问题。在工资集体协商中，双方代表应具有强烈的合作意识，树立合作精神，抱着真诚合作态度，注意协商双方的共同利益，以达成双方满意的结果，要因势利导，在互利互惠的基础上达成协议。采用合作策略，就要使对方感到温暖、感到真诚，促使对方为双方共同利益尽早达成协议。通过合作，实现双方的利益。

（五）迂回策略

迂回策略，是指在集体协商过程中，为达到某种目的或出于某种需要，有意识地将协商的议题引到无关紧要的问题上虚张声势，转移对方注意力，以求实现自己的协商目标。也就是为了达到自己的目的，不能直接盯着这个目标，不能直奔主题，而是拐弯抹角，最终达到自己真实的目的。

具体做法是在无关紧要的事情上纠缠不休，或在对自己不是问题的问题上大做文章，以分散对方在自己真正要解决的问题上的注意力，从而在对方无警觉的情况下顺利实现自己的协商意图。

实施迂回策略要求避免与协商的对方当事人直接进行正面冲突，而是曲径通幽，用迂回的办法实现自己的目的。协商时不要轻易暴露自己的真实目的和意图，故意制造一些假象，装作很不在乎某个目标，使对方产生错误判断，无法推知己方的真实意图，然后趁机达到自己的目标。而且各项劳动标准之间存在着内在的联系，都关系到职工的利益，协商之前可以设想多种选择方案，当其中一种方案无法实现时，可以用其他方案来替代，当某种利益诉求不能满足时，可以通过使其他利益诉求得到满足来弥补，失之东隅，收之桑榆。

（六）底线策略

在协商过程中，面对比自己实力强大的对手，为了避免使自己陷入被动局面而签订对己不利的协议，可采用底线策略，即事先订出一个可接受的最低标准，以起到统一协商谈判人员步调的作用。协商中一定要把握方向，守住底线，同时要认真考虑协商不成的退路。

（七）调停策略

集体协商发生僵持的情况下，可运用第三方调停策略，即请局外人来帮助解决双方的矛盾。包括借用第三方的力量来增强己方的协商实力，或协商谈判双方陷入紧张的矛盾不能缓和时，从外界寻求有影响力的第三方来缓解双方的关系，并谋求各方接受的新方案，从而推进集体协商。包括在工资集体协商发生争议时，双方当事人不能协商解决的，当事人一方或双方可以书面向劳动保障行政部门提出协调处理申请。

（八）留有余地策略

俗话说：利不可赚尽，福不可享尽，势不可用尽，就是告诉我们凡事要留有余地。留有余地，就是给自己一条退路，是给别人一个台阶。凡事留有余地，是成功秘诀，更是人生智慧。在工资集体协商中，要注意留有余地，当己方向对方提出要求时，提出的要求应当高于自己所期望达到的要求，为自己留出一定的让步空间。如果对方向己方提出某项要求，即使能全部满足，也不必马上和盘托出自己的答复，而是先答应其大部分要求，留有余地，以备讨价还价之用。

（九）挡箭牌策略

挡箭牌策略，就是可用各种借口来阻挡对方的攻势、不同意对方的要求，其中较常用也是较有效的叫权力受限，无法做出决策，从谈判学角度来讲，受到限制的权力是最有效的权力。如在工资集体协商中，如果企业方提出的要求无法或不能答应，可以借口需要征求职工群众的意见而回绝。还可以利用资料受到限制来作为挡箭牌阻止对方的攻势。

（十）刚柔相济策略

在集体协商过程中，协商者的态度既不可过分强硬，也不可过于软弱，前者容易刺伤对方，伤害双方感情，导致双方关系破裂；后者则容易受制于人，陷于不利境地。而采取"刚柔相济"的策略比较奏效。谈判中有人充当"红脸"角色，持强硬立场，有人扮演"白脸"角色，取温和态度。"红脸"是狮子大开口，大刀阔斧地直捅对方敏感部位，不留情面，争得面红耳赤也不让步。"白脸"则态度和蔼，语言温和，说话好听，处处留有余地，一旦出现僵局便于从中斡旋挽回。

（十一）进攻式策略

进攻式策略是指通过语言或行为来表达己方强硬的姿态，从而获得对方必要的尊重，并借以制造心理优势，使得协商顺利地进行下去。进攻式策略通常只在以下这种情况下才使用：发现协商对手在刻意制造低调气氛，这种气氛对己方的讨价还价十分不利，如果不把这种气氛扭转过来，将损害己方的切身利益。采取以攻为守的策略，捍卫己方的尊严和正当权益，使双方站在平等的地位上进行协商。进攻式策略要运用得好，必须注意有理、有利、有节，不能使谈判一开始就陷入僵局。要切中问题要害，对事不对人，既表现出己方的自尊、自信和认真的态度，又不能太过于咄咄逼人，使协商气氛过于紧张，一旦问题表达清楚，对方也有所改观，就应及时调节一下气氛，使双方重新建立起一种友好、轻松的协商气氛。

（十二）投石问路策略

投石问路策略又称假设条件策略，是指在集体协商过程中，一方提出一些假设条件以探测对方意向，抓住有利时机达成协商目的的一种策略。通过巧妙提问，根据对方应答，尽可能多地了解对方信息、情况，掌握协商主动权。

（十三）最后期限策略

最后期限策略，是指当协商双方因某些问题纠缠不休时，其中一方向对方提出达成协议的最后期限，要么对方接受本方的条件，要么本方退出协商，以此迫使对方让步的协商策略。当协商代表已尝试过其他的方法，但都未取得什么效果，这时，采取最后期限策略是迫使对方改变想法的唯一手段。一般是在多数问题形成一致，只是个别问题难于突破时采用。但使用最后期限策略必须慎重，因为它实际上是把对方逼到了毫无选择余地的境地，容易引起双方的对立。

（十四）专家策略

在工资集体协商中，可以聘请某一方面的专家或权威参与集体协商，因专家有较高的威信和影响力，易取信于人，其观点也易被对方接受，因此协商效果较好，容易取得成功。

（十五）一锤定音策略

很多协商代表在参加集体协商时很注重协商过程的细节，而往往忽略了最后一锤定音的火候把握。很多人觉得整个协商结束了，可以一锤定音了。其实这并不是最好时机，在整个协商结束后，应多和对方谈以后合作的前景。分析未来经济形势和市场可能发生的情况和两方合作的必要性，为以后长期合作打下坚实的基础。然后一锤定音庆祝这次合作的圆满成功。

二、工资集体协商技巧选择

在工资集体协商中，可以运用的协商技巧多种多样，目的也不尽相同，下面重点介绍常见的几种：

（一）协商式开局

良好的开端是成功的一半。协商式开局策略是指以协商、肯定的语言进行陈述，使对方对己方产生好感，创造双方对协商的理解充满"一致性"的感觉，从而使协商双方在友好、愉快的气氛中展开协商工作。要多用外交礼节性语言、中性话题，使双方在平等、合作的气氛中开局。比如，协商一方以协商的口吻来征求对方代表的意见，然后对对方意见表示赞同或认可，双方达成共识。要表示充分尊重对方意见的态度，语言要友好礼貌，但又不刻意奉承对方。姿态上应该是不卑不亢，沉稳中不失热情，自信但不自傲，把握住适当的分寸，顺利打开局面。

（二）要尊重对方

协商谈判时如果不尊重对方，将很难取得成功。在集体协商中，要互相尊重，平等相待。协商代表首先要有自尊心，维护己方的尊严和利益，不妄自菲薄，奴颜献媚，更不能出卖尊严换取交易。但同时还要尊重对方，尊重对方的利益，尊重对方的意见，尊重对方的习惯，尊重对方的正当权利。要抱着友好协商的态度，营造和谐的氛围。要有时间观念，按时参加协商会议，发言时要掌握好自己所占有的时间。要遵守基本的礼仪，言谈举止要讲文明讲礼貌，从而获得对方的尊重和信任，为达成协议奠定良好的基础。

（三）善于倾听

善于倾听是一种智慧与自信。在协商中先不要急于开口，适当保持沉默，让对方尽情表达，以此暴露对方真实的动机和最低的协商目标。在协商中往往容易陷入一个误区，即总是在不停地说，总是滔滔不绝，总想把对方的话压下去，总想多灌输给对方一些自己的思想，以为这样可以占据协商主动，其实不然，在这种竞争性环境中，你说的话越多，对方可能会越排斥、越厌烦，能入耳的很少，能入心的更少，而且，你的话多了就挤占了总的协商表达的时间，对方也想说的话说不出来，被压抑下的结果则是很难妥协或达成协议。反之，让对方把想说的都说出来，自己要认真倾听、耐心倾听、专注倾听、虚心倾听，这样既可以表现出对对方的尊重，也可以充分了解对方所表达的信息，理解对方的想法，还可以从对方的话语中发现对方的真正意图，甚至是破绽，从而采取应对措施，取得对自己有利的结果。

（四）先声夺人

先声夺人的协商技巧是在谈判开局中借助于己方的优势和特点，来掌握主动的一种技巧。它的特点在于扬己所长，以求在心理上抢占优势。采用先声夺人技巧，要求集体协商人员事先深入分析和研究对方的各方面情况，包括对方的经济效益、财务状况、市场地位、对协商的态度、过去经常使用的协商技巧和手法等。在协商进入正式阶段之后，针对其弱点，抢先阐述自己的观点，让对方措手不及。采用先声夺人的"夺"应因势布局，入情入理，适当地施加某种压力也是可以的，但必须运用得巧妙、得体，才能达到"夺人"的目的。促使其以对己方最有利的条件达成协议。

（五）语言表述简练

在集体协商中忌讳语言松散或像拉家常一样的语言方式，尽可能让自己的语言变得简练，否则，你的关键词语很可能会被淹没在拖拉冗长、毫无意义的语言中。因此，协商时语言要做到简练，针对性强，争取让对方大脑处在最佳接收信息状态时表述清楚自己的信息，如果要表达的是内容很多的信息，那么适合在讲述时语气进行高、低、轻、重、快、慢的变化，这样会有利于对方理解与消化信息内容，引起对方的主动思考，增加注意力。在协商开始前甚至可以进行一下模拟演练，训练语言的表述、突发问题的应对等。在协商中切忌模糊、啰唆的语言，这样不仅无法有效表达自己的意图，更可能使对方产生疑惑、反感情绪。

（六）软中带硬

协商谈判的本质就是一种博弈，一种对抗，充满了火药味。这个时候双方都很敏感，如果语言过于直率或强势，很容易引起对方的本能对抗意识或招致反感，因此，集体协商时要在双方遇到分歧时面带笑容，语言委婉地与对手针锋相对，这样对方就不会启动头脑中本能的敌意，使接下来的协商不至于陷入僵局。

协商中并非张牙舞爪，并非咄咄逼人，反倒是喜怒不形于色，情绪不被对方所引导，心思不被对方所洞悉的方式更能克制对手。致柔者长存，致刚者易损，想成为协商的高手，就要做一颗柔软的钉子。

（七）切割议题法

切割，顾名思义，就是将一个事物分成两个或者多个。在集体协商中，切割技巧就是指将协商议题进行剖析拆分，分解为多个议题，从而创造出交换空间的巧妙策略。切割议题是协商的一个基本动作，看似单个议题，其实可以切割成不同的议题。许多初次参加集体协商的人，往往协商时在一个议题上相持不下，导致协商无法继续甚至破局，这就是因为没有了解到切割的精髓。把一个大议题切割成几个小议题来谈，就会拉大包含其中的双方交换利益的空间，便于达成共识。

（八）称赞对方

适时地对对方表示欣赏，有利于谈判的成功。每个人都希望受到别人的尊重，喜欢被人称赞，这是人的天性。当他说了一句精彩的话或者做出了某个决定的时候，我们应该称赞对方做得非常出色，这样能够为你赢得他人的好感，从而使协商对我们更加有利。

（九）牢牢盯住目标

在集体协商中，对方有时候会故意声色俱厉、气势凌人、言辞激烈、甚至辱骂，是想故意激怒你，使你失去理智，然后再乘虚而入。在这种情况下，一定要沉住气，保持冷静。因为在协商过程中，每个人都会使各种招数，这只不过是表面手段，利益才是背后的最终目标。因此，其他东西都可以放弃，但必须盯准目标，为实现自己的目标而努力，咬住青山不放松。

（十）善于用事实和数据说话

事实胜于雄辩。事实和数据是客观事物的具体表现，比任何空洞的说

第七章
工资集体协商的策略与技巧

理都更有说服力。在集体协商过程中，要坚持实事求是，在协商的准备阶段做好有关资料、数据的收集和分析工作。在协商时，要运用好收集到的资料和数据，摆事实讲道理，增强说服力，以取得良好的协商效果。

（十一）拖延回旋

在协商谈判中，有时会遇到一种态度强硬、咄咄逼人的对手，他们以各种方式表现其居高临下。对于这类协商谈判者，采取拖延、虚与周旋的技巧往往十分有效，即把协商的节奏放慢，先拖一拖，缓一缓，静待时机，拖延时间，使对方焦急不安，一直拖到对方精疲力竭为止，使趾高气扬的协商者感到疲劳生厌，逐渐丧失锐气，同时使自己的协商地位从被动中扭转过来，掌握主动，促使对方做出让步。

（十二）要不怕反复

任何协商谈判不可能一蹴而就，需经过多个回合才能取得成功。在工资集体协商中，协商代表不能急于求成，不能表现出急躁情绪，不能灰心、动摇，一定要有信心和耐心，要一次又一次地协商，要反复讨价还价，不怕辛苦、不怕挫折、不怕困难，经过坚持不懈的努力，实现自己既定的目标。

思考题：

1. 什么是工资集体协商策略、技巧？
2. 策略与技巧对于开展工资集体协商有什么重要意义？
3. 运用集体协商的策略与技巧应遵循什么原则？
4. 运用集体协商的策略与技巧应注意哪些问题？
5. 如何理解与运用双赢策略？
6. 如何理解与运用让步策略？
7. 如何理解与运用合作策略？
8. 如何理解与运用迂回策略？
9. 如何理解和运用留有余地策略？

193

10. 你认为工资集体协商应掌握和运用哪些技巧？

员工谈薪谈出好心情
呷哺呷哺公司开展工资集体协商推动企业职工共赢

2015 年 9 月 24 日　来源：中工网——《劳动午报》

有着万名员工的北京呷哺呷哺餐饮管理有限公司（以下简称"呷哺呷哺公司"）在大兴区可是个大企业，分布在 7 个省市的万余名员工由公司统一管理，管理难度可以想象。正是有了工资集体协商和职工代表大会，使企业员工真正有了主人翁的感觉，如今"快乐工作、健康生活"已是呷哺呷哺公司员工常挂在嘴边的一句话。

协商背景
万名员工统一管理难免疏漏

呷哺呷哺公司是一家成立于 1998 年的台资民营企业。如今，企业已成功进驻北京、上海、天津、河北等省市，拥有职工 13000 多名，其中女性职工 6800 多人。然而，和其他劳动密集型产业一样，呷哺呷哺公司面临着人员流动性大，薪资吸引力下降等问题。

作为目前国内最大的中式快餐连锁企业之一，呷哺呷哺公司的万名职工全部由总公司统一管理。"呷哺呷哺工会会员涵盖了全国 7 个省市，人多、分布面广，虽然是接受公司统一管理，很多地方难免会出现疏漏。建制前公司职工在工作中遇到的问题、困难，没有地方倾诉。"呷哺呷哺公司工会主席张艳梅向记者介绍。

2010 年，呷哺呷哺公司建立了工会组织，公司工会注重厂务公开民主管理和职工代表大会在推动企业稳定发展中的重要作用，积极发挥工会在联系基层员工与公司管理层的桥梁和纽带作用，以促进公司发展和职工权益、关心关注职工成长为目标，每年按期召开职工代表大会。

在工作中，公司工会既能掌握和了解基层员工的最直接和真实的想法，也能从独特的角度与管理层就企业的发展、员工的保留进行深入的交流，将企业与员工利益能够真正地进行很好的契合。建制后，分布在企业的每个层面、各个地区的职工产生出职工代表，能够真正代表和反映员工的诉求，了解员工的真实感受，很快畅通了员工诉求渠道。

但张艳梅觉得，光畅通员工与管理层的沟通渠道是远远不够的。一个管理正规化、发展正常化的规模企业，要想在激烈的竞争中继续生存和发展，就要步步依法依规，就要有和谐稳定的劳动关系，工资集体协商正是实现这一目的的有效措施和手段，是保障公司人员稳定、保护劳动者合法权益的基础。

协商过程
总裁邮箱、廉政邮箱，畅通诉求渠道

2012 年开始，呷哺呷哺公司严格按照上级工会指导，启动了企业工资集体协商准备工作。

公司工会经过多次与公司行政方共同研究探讨，很快达成了共识：要想切实为这一万多名员工做好服务，促进企业和职工双赢，构建和谐劳动关系，工资集体协商和职工代表大会就是较好的办法。

由于公司领导与工会之间达成了共识，呷哺呷哺公司工资集体协商工作进展很顺利。依据公司自身特点及实际情况，工会对工资集体协商协议书进行了反复的研究和修改。张艳梅介绍说，呷哺呷哺公司属于餐饮行业，参照同行业、同规模企业的薪级水平，结合公司的实际经营情况，建立了以岗位为主的工资分配制度，包括：职务职级工资制、岗位工资制、岗位绩效工资制等按劳分配为主体的分配原则，各岗位最低工资超过各地最低工资标准线，同时结合企业的经营情况及当年度的效益水平，制定公司工资增长幅度低于经济效益的增长幅度，保证企业可持续的发展，最终形成工资集体协商草案。

2013 年 12 月 10 日，呷哺呷哺公司召开了职工代表大会，经职工代表在大会上认真讨论后，签订了《工资集体合同》。张艳梅回忆："会前，我们为了广泛征集职工意见，畅通员工诉求渠道，在各个分公司设立了'总

裁邮箱'和'廉政邮箱'，由公司部门负责查收员工诉求邮件，邮箱地址张贴在每个餐厅及员工工作能够看得到的地方。"

协商成效

谈薪推动企业职工互利共赢

通过开展工资集体协商，职工工资随企业经济效益的状况明显增长，并向一线职工倾斜，职工满意率均达到90%以上；公司能够按时足额支付职工工资，无故意拖欠、克扣或降低职工工资现象；职工福利待遇随企业的效益较上一年度有所提高；公司没有发生工资方面的投诉举报及其他违背工资集体合同的行为。

最为明显的是，职代会制度的落实和工资集体协商工作的顺利开展，合理化建议制度的建立，使企业员工真正地参与到了企业发展中来。首先是职工与企业沟通的渠道顺畅了，工会组织员工建言献策，提合理化建议，所有员工积极参与，企业技术创新全部是来源于基层员工的日常业务积累与经验分享，这不仅帮助公司解决了实际问题，节省了成本，还让员工真正有了主人翁的感觉，从而诞生了一个个创新小故事和一个个创新人物。

一次偶然的机会，生产车间主任发现调料包的边不齐，但是短边的部分并没有影响包装袋的质量，同时也符合公司品管部的要求。为此，他进行了测试实验，将设备作了调整，将包装袋缩短一厘米。就是这样一个不经意的发现，每年节约成本达到30万元。

一名现场操作工人，发现生产车间的消毒仓每次通过的原料数量较少，如果可以改造消毒仓做一个加长，则每天减少往返频率10次，每天提高效率40%。这名工人将自己的想法向车间领导做了汇报，车间领导非常重视，经过各种数据的测算，证明了这名员工的想法完全符合生产工艺、满足产品品质的要求，通过这项改造创新，每年节约费用22万元。

为了让大家在企业当中真正感受到"快乐工作、健康生活"，营造和谐之家的温馨港湾，将公司工会的关怀第一时间传递给基层员工，企业工会每年在相对固定的时间内，组织全国范围内员工参与一系列的文体活

动。2013年，呷哺呷哺公司还成立了"职工之家"，让员工在紧张忙碌的工作之余，有了更加丰富多彩的文化生活。（孙艳）

案例2

工资集体协商让职工成为主人翁

——中卫工业园区工会开展工资集体协商助力和谐园区建设

2019年8月19日　来源：华兴时报

"工资"是一个关乎你我生存的词汇，它的变化时刻牵动和改变着我们的生活。工资涨不涨，谁说了算？员工和经理又如何平等地坐在谈判桌的两端进行"博弈"？

近期，中卫市玉龙水电建筑安装有限公司工会向公司行政发出"工资集体协商要约书"，在维护企业的整体利益和职工的合法权益的基础上，结合企业实际情况，双方就本年度职工工资、休假等事项进行集体协商。

在会议室，双方展开了工资集体协商。

"今天我们在这里就《工资集体合同（草案）》《女职工权益保护专项集体合同（草案）》涉及职工工资分配制度、津贴、补贴发放标准、职工工资增幅以及加班工资等职工工资待遇内容进行商谈。在会议之前我们已经向全体在职职工发放了《工资集体协商征求意见表》，统计显示，80%以上职工对工资分配提出建议，需高度重视并予以及时解决。"职工方协商代表秦金辉说。

"我们会就工资分配制度进行完善，力求达到职工满意，符合国家各项规定，利于企业可持续发展，真正为职工谋利益、解难题、办实事，进一步促进公司职工的凝聚力、向心力、战斗力。"企业方协商代表王毅表示，"通过此次集体协商会议，我们进一步了解了广大职工的需求，拉近了员工和企业间的距离。公司会认真执行国家关于女职工特殊劳动保护的规定，给予女职工更多的关心与照顾。同时，按照国家法律和政策规定，不断提高职工工资、福利待遇。"

通过开展平等协商，中卫市玉龙水电建筑安装有限公司职工工资比去年增长 33.8%。这只是中卫工业园区开展工资集体协商的其中一个例子。该工会坚持把深化工资集体协商作为助力和谐园区建设的有力抓手，通过深入园区开展对企业生产经营、职工收入、工资集体合同执行情况摸底调查，与生产一线职工座谈，认真倾听职工意见诉求，宣传平等协商相关法律法规等，突出关键环节，指导园区企业开展平等协商工作。

"我们多方考量，科学产生协商代表。指导企业工会通过职代会选举产生职工方代表，并对代表进行平等协商有关知识培训，提高协商代表协商能力水平。"中卫工业园区工会相关负责人张永江告诉记者，园区工会指导企业工会在协商前发放工资集体协商征求意见表，广泛征求职工的意见和要求，并主动与行政方进行充分的事前沟通，取得理解，达成共识，为顺利开展协商创造良好条件。同时，把握重点，确保集体协商取得实效。坚持把工资分配制度，奖金、津贴、补贴等分配办法，职工年度平均工资水平及增长幅度等职工最关心、最现实、最直接的利益问题作为协商重点，认真研究企业经营状况，找准协商双方的利益平衡点，推动企业逐步建立起正常的工资分配决策机制、调整机制和增长机制，确保工资集体协商为企业和职工带来实实在在的利益，促进劳动关系和谐稳定。

今年以来，中卫工业园区工会先后指导 3 家企业首次开展平等协商工作，指导 21 家企业开展工资集体合同续签，指导 3 家企业完成了工资集体合同、女职工特殊权益保障专项合同签订工作。中卫工业园区各企业通过开展平等协商签订集体合同，实现了劳动关系和谐稳定，职工收入稳定增长，企业生产经营又好又快发展的良好局面，也为中卫工业园区创建成全国模范劳动关系和谐工业园区发挥了作用。

一次次的集体协商，不但让企业工资薪酬调整更趋合理，也让民主决策管理理念深入人心。"大家心明眼亮，了解企业为职工做了什么，职工又应该对企业作出怎样的回馈。职工就有了更强的主人翁意识，在企业里就越干越有劲，企业的发展之路也越走越宽。"中卫工业园区党工委委员、管委会副主任、工会主席韩国平说。（张红霞）

第八章

工资集体协商常用范本

工资集体协商范本主要包括工资集体协商要约书与回应书范本、工资专项集体合同范本，这些范本只是为工资集体协商需要撰写的有关文书提供一些样本，仅供参考。在具体开展工资集体协商时，应当根据国家有关法律法规和政策规定，结合本企业、本行业、本区域的实际情况，适当予以运用。

第一节 工资集体协商要约书与回应书范本

一、工资集体协商要约书参考范本

（一）工资集体协商要约书范本（一）

工资集体协商要约书

_____（企业/企业工会）：

为构建和谐劳动关系，维护企业和职工双方合法权益，促进企业持续健康发展，根据《劳动法》《劳动合同法》《工会法》《集体合同规定》《工资集体协商试行办法》等规定，依据当地经济增长水平、物价水平、平均工资等因素，结合当地企业工资指导线、劳动力市场工资指导价位等信息，我方拟同你方就_____年度职工工资等问题进行集体协商。

为使本次协商顺利进行，提出如下建议：

一、本次协商的主要内容

1. 企业工资分配制度、（职位）工种工资标准和分配关系；

2. 企业职工工资总额、工资水平、分配形式和调整幅度；

3. 企业职工工资发放时间和支付办法；

4. 企业职工奖金、津贴、补贴发放标准和办法；

5. 加班工资、节假日、年休假、婚假、丧假、产假、看护假等期间工资待遇及参加社会活动等特殊情况下的工资待遇；

6. 与劳动报酬相关的工作时间、劳动安全卫生、劳动保护和企业奖惩制度等内容；

7. 变更工资协商内容的条件、程序及责任；

8. 职工福利以及其他有关事项；

9.双方需协商的与工资有关的其他问题_____。

二、确定双方协商代表

按照国家和省的有关规定，建议双方各选派_____名协商代表。

我方首席代表为_____，其他代表为_____。

请你方提供协商代表名单，在对本要约作出回应时书面通知我方，以便做好协商前的沟通准备工作。

三、本次协商的时间、地点

1.时间：建议定于_____年____月____日进行首轮协商，并根据协商进展确定下轮协商时间，但最后一轮协商时间不宜超过_____年____月____日。

2.地点：建议此次协商在_____进行。

四、本次协商需你方提供的企业上年度材料

1.资产负债表；

2.利润表；

3.现金流量表；

4.职工工资总额和平均工资统计表；

5.履行工资集体合同情况的报告；

6.需你方提供的其他材料_____。

请你方于 20 日内书面回应我方要约。

（企业/企业工会）盖章
_____年____月____日

（二）工资集体协商要约书范本（二）

工资集体协商要约书

_____（企业行政方）：

为建立和谐稳定的劳动关系，维护职工合法权益，促进企业和谐稳定健康发展，根据《劳动合同法》《工会法》《集体合同规定》《××省集体合同条例》，结合本企业实际，建议职工方代表与企业方代表就_____

问题进行协商。为使协商工作顺利进行，特提出如下建议：

一、集体协商会议的时间、地点

1. 时间：_____年____月____日____时；

2. 地点：会议室。

二、集体协商的主要内容

1.

2.

3.

三、确定双方集体协商代表

按规定，建议双方各派_____名协商代表。

职工方协商首席代表：　　　　　　　　　　职务：

其他代表为：

请企业方提出协商代表和首席代表名单，以便工作沟通，并作好协商的准备工作。

四、为便于协商的顺利开展，请企业方及时提供上一年度企业经营方面的有关资料

1. 销售收入情况；

2. 利润实现情况；

3. 资产负债表；

4. 职工工资总额和职工平均工资。

以上资料请公司在协商会议开始 5 日前，提供给职工方首席代表。所涉及的商业秘密，本方代表将严格遵守保密规定。

五、请收到本要约书起 20 日内予以书面答复

（企业）工会委员会（章）

_____年____月____日

二、工资集体协商要约回应书参考范本

工资集体协商要约回应书

_____（企业/企业工会）：

我方同意开展_____年度工资集体协商。

定于_____年___月___日在_____（地点）进行首轮协商。我方首席协商代表_____，其他代表为_____。

我方建议增加以下协商内容_____。

我方将于本要约作出回应后15日内向你方提供如下协商材料_____。

（或者：我方不同意开展_____年度工资集体协商。理由：_____。）

（企业/企业工会）盖章

_____年___月___日

第二节　工资专项集体合同范本

一、企业工资专项集体合同范本

（一）企业工资专项集体合同范本（一）

×××公司工资专项集体合同

甲方（企业方）：×××公司

　首席代表：×××　　　　　　代表人数：　　　人

乙方（职工方）：×××公司工会

首席代表：　　　　　　　　　代表人数：　　　人

根据《中华人民共和国劳动法》《中华人民共和国劳动合同法》《中华人民共和国工会法》《集体合同规定》《工资集体协商试行办法》，甲乙双方本着自愿、平等的原则，经协商一致，签订本工资专项集体合同。

1.××××年度工资调整幅度

根据企业年度经营目标，参照本市发布的工资增长指导线，确定_____年度除经营者以外的职工平均工资在上年_____万元的基础上，增长幅度为_____％。（或者增幅在_____％～_____％之间）

生产服务等一线职工的平均工资增长为_____％。

提示：年度工资调整幅度应当作为工资专项集体合同的主要条款，协商双方可根据企业自身的实际情况，结合销售额、利润等年度经济效益指标或经营目标等，参照本市工资增长指导线，协商确定年度本企业职工平均工资的增长幅度。职工平均工资的增长应当与企业劳动生产率的提高同步，经济效益下降的，职工平均工资可维持原水平或适当下浮。企业应根据所在行业和自身的生产经营特点界定生产服务等一线岗位范围，生产服务一线职工的平均工资增长幅度应不低于本企业职工平均工资的增长幅度。

2.工资分配制度

根据企业生产经营特点，本企业实行_____为主的基本工资制度。

提示：企业应当制定覆盖本企业全部从业人员的基本工资制度，包括使用的劳务派遣员工和其他从业人员等。结合实际情况，可根据不同岗位的工作特点和性质，对不同岗位实行不同形式的工资制度，如管理岗位实行岗位等级工资制、销售人员实行岗位绩效工资制等。

3.工资分配形式

根据岗位特点，采用不同的工资分配形式。

××岗位采用　　　　　　　　工资形式；

××岗位采用　　　　　　　　工资形式；

××岗位采用　　　　　　　　工资形式。

提示：企业可根据不同岗位的生产工作特点，采用不同的工资分配形式。如管理岗位采用计时工资、生产服务岗位采用计件工资、销售人员采用提成工资、技术岗位采用项目工资等。对于实行计件工资的岗位，可通过协商合理确定劳动定额标准，一般应使同岗位90%以上劳动者在法定工作时间内能够完成。实行提成工资的岗位，可通过协商确定提成比例。

4. 工资分配结构

基本工资从_____月起提高_____元/月（或_____%）。基本工资占全部工资的比例不低于_____%。

提示：工资结构一般由基本工资、绩效工资和各类津补贴等组成，企业应当以确立的工资分配制度和工资分配形式为基础，合理制定相应的薪酬管理办法和绩效考核办法。可根据不同岗位的工作职责和任职要求等因素，合理确定不同岗位的基本工资水平和所占比例。

5. 最低工资

企业的最低工资在本市最低工资标准的基础上有所提高，提高的幅度为（或不少于)%。基本工资为最低工资标准的人数占全部劳动者的比例不超过_____%。

提示：在法定工作时间内提供正常劳动的劳动者，工资收入应不低于本市最低工资标准。同时，企业可以在本市最低工资标准的基础上，协商确定本企业的最低工资标准或协商确定不同岗位的最低工资标准。并且，基本工资为最低工资标准的劳动者人数应控制在一定的比例内。

行业（区域）可协商确定本行业（区域）的最低工资标准，以及同类工种岗位的最低工资标准。同时，也可协商确定以最低工资标准作为基本工资的劳动者人数的最高比例。

6. 工资支付

工资结算周期为自然月，工资支付日为每月_____日。

加班工资按_____结算，在次月_____日发放。

提示：企业应当建立健全工资支付管理办法，做好各项必要的台账记录，并向劳动者提供本人的工资单。工资一般应通过银行发放，并按时足额存入劳动者个人银行账户。加班工资一般应按月结算，并在次月发放；

执行综合计时工时制度的，按批准的周期进行结算。

7.津贴补贴

（1）企业的中夜班津贴标准为（或不低于）：_____。

提示：中班为工作至22点以后下班，夜班包括工作至24点以后下班或夜间连续工作12小时两种情况，早班为凌晨5点以前上班。

行业（区域）可协商确定本行业（区域）的最低中夜班津贴标准。

（2）高温季节津贴适用的岗位是_____。

提示：每年6月1日至8月30日期间，企业安排劳动者在露天工作，以及不能采取有效措施将工作场所温度降低到33℃以下的，应当向劳动者支付高温季节津贴。企业应根据实际情况，合理确定高温季节津贴的发放对象。

（3）工作餐补贴标准为（或不低于）：_____元/餐。

提示：企业可以根据实际情况，为职工提供免费工作餐或者发放工作餐补贴。

行业（区域）可协商确定本行业（区域）的最低工作餐标准或补贴标准。

（4）上下班交通费补贴标准为（或不低于）：_____元/月。

提示：企业可以根据实际情况，为职工上下班提供班车或者发放上下班交通费补贴。

行业（区域）可协商确定本行业（区域）的最低上下班交通费补贴标准。

8.根据企业实际情况，设立_____、_____保险福利项目。

提示：企业可以根据实际情况，参加除法定社会保险以外的其他保险项目，如企业年金、补充住房公积金、补充医疗保险、市总工会的各项保障计划、商业保险等。以及设立体检、疗休养、职工生活困难补助等福利项目，并协商确定相关福利项目的费用标准。

9.本工资专项集体合同经职工代表大会或全体职工审议通过，由双方首席代表正式签字，并送人力资源和社会保障部门审查后生效。

提示：人力资源和社会保障部门自收到送审材料之日起 15 日内未提出异议的，工资专项集体合同即行生效。生效的工资专项集体合同应由协商代表以适当的形式向本方全体人员公布。

10. 本工资专项集体合同在履行过程中，如遇有不可抗力或者企业经营状况出现重大变化等特殊情况，经双方协商一致，可以变更或者解除。

11. 本工资专项集体合同未规定的事项，以有关法律法规规定为准。

12. 本工资专项集体合同一式三份，企业方和职工方各执一份，审查部门存档一份。

13. 本工资专项集体合同适用于本单位劳动者。

提示：工资专项集体合同原则上应适用于企业的全体劳动者。劳务派遣员工的工资福利可以纳入用工单位的工资集体协商范围，建立劳务派遣员工正常的工资调整机制，实行内部统一的薪酬分配制度，落实同工同酬。

14. 本工资专项集体合同有效期为_____年___月___日至_____年___月___日，在合同终止前 3 个月内，双方可提出次年的工资集体协商方案。

提示：工资专项集体合同涉及职工年度工资调整方案，并与企业的经济效益、经营状况密切相关，有效期一般应为一年。

×××公司　　　　　　　　　　×××公司工会委员会

（企业盖章）　　　　　　　　　（工会盖章）

甲方首席代表（签字）：　　　　乙方首席代表（签字）：

（二）工资集体协商合同的范本（二）

×××工资专项集体合同

一、协议期限：自_____年___月___日起至_____年___月___日止。

二、企业建立以×××为主的基本工资制度。

1. 岗位技能工资制；2. 岗位效益工资制；3. 岗位薪点工资制；4. 岗位等级工资制；5. 其他。

三、企业遵循以按劳分配为主体，逐步实现劳动、技术、资本、管理等要素参与分配的分配原则。在确定基本工资制度及其工资标准时，应综合考虑职工岗位的职责、技能素质、工作条件和劳动强度，岗变薪变，薪随岗变，参照劳动力市场工资指导价位与本企业的工资水平等，合理确定和调整岗位工资标准和工资差距。

四、企业根据本企业生产经营特点，结合职工工作实际，分别采取×××工资形式。

1. 计时工资；2. 计件工资；3. 提成工资；4. 含量工资；5. 其他。

五、企业根据本企业实际和生产经营特点，设立奖金和津贴、补贴。奖金、津贴、补贴的发放办法和发放水平由企业根据职工的劳动数量和质量、劳动纪律、安全卫生条件及依照国家法律法规、企业的规章制度考核确定，职工参与民主审定。审定后的奖金、津贴、补贴水平总金额和发放时间向职工发布。

六、工资是指用人单位依据国家有关规定或劳动合同约定，以货币形式直接支付给本单位劳动者的劳动报酬，一般包括计时工资、计件工资、奖金、津贴和补贴、延长工作时间的工资报酬以及特殊情况下支付的工资等。

七、企业支付给职工的月最低工资为×××元。最低工资不包括：

1. 劳动者在国家规定的高温、低温、井下、有毒有害等特殊环境条件下工作领取的津贴；

2. 劳动者在节假日或者超过法定工作时间从事劳动所得的加班、加点工资；

3. 劳动者应享受的医疗卫生费、丧葬抚恤救济费、生活困难补助、文体宣传费、计划生育补贴、探亲路费、冬季取暖补助等保险福利待遇；

4. 劳动者个人应缴纳的养老、失业、医疗等社会保险费和住房公积金；

5.企业通过贴补伙食、住房等支付给劳动者的非货币性收入。

八、在保证资产保值增值的前提下，企业经济效益每增加×%，职工年度平均工资水平可增加×%；企业经济效益每减少×%，职工年度平均工资水平可减少×%。（必需协商的条款）

九、企业必须以货币形式按月足额发放职工工资，每月×日为发放日，不得无故拖欠工资。如遇节假日或休息日则提前在最近的工作日支付。企业在支付工资时应向职工提供一份其个人的工资清单。劳动者有权查询本人的工资支付记录。

十、企业不得克扣职工的工资。但有下列情况之一的，企业可以代扣职工工资：

1.代扣代缴的个人所得税；

2.代扣代缴的应由劳动者个人负担的各项社会保险费用；

3.法院判决、裁定中要求代扣的抚养费、赡养费；

4.法律、法规规定可从劳动者工资中扣除的其他费用。

十一、因职工本人原因给企业造成经济损失的，企业可按照劳动合同的约定要求其赔偿经济损失。经济损失的赔偿，可从职工本人的工资中扣除。但每月扣除后的余额不得低于本市最低工资标准。

十二、企业需要安排职工加班加点时，应征得职工同意，并分别按以下标准支付加班加点工资：

1.安排劳动者在日法定标准工作时间以外延长工作时间的，按照不低于小时工资基数的150%支付加班工资；

2.安排劳动者在休息日工作，又不能安排补休的，按照不低于日或小时工资基数的200%支付加班工资；

3.安排劳动者在法定休假日工作，按照不低于日或小时工资基数的300%支付加班工资。

实行计件工资制的，劳动者在完成计件定额任务后由企业安排延长的工作时间或实行综合计算工作时间超过法定标准工作时间的部分，均应按上述原则支付加班工资。

十三、加班工资基数

1. 按照劳动合同约定的劳动者本人工资标准确定；

2. 劳动合同没有约定的，按照集体合同约定的加班工资基数以及休假期间工资标准确定；

3. 劳动合同、集体合同均未约定的，按照劳动者本人正常劳动应得的工资确定。

依照前款确定的加班工资基数以及各种假期工资不得低于本市规定的最低工资标准。

十四、劳动者在法定工作时间内依法参加社会活动期间，企业应支付工资。

十五、劳动者依法享受年休假、探亲假、婚假、丧假、产假期间，企业应支付劳动者工资。

十六、职工患病或非因工负伤期间的病假工资或疾病救济费，在规定的医疗期内由企业支付的工资，在扣除职工个人应缴纳的社会保险费后，不得低于本市最低工资标准的80%。

十七、非因劳动者原因造成单位停工、停产在一个工资支付周期内的，企业应按原标准支付劳动者工资；超过一个工资支付周期的，可以根据劳动者提供的劳动，按照双方新约定的标准支付工资，但不得低于本市最低工资标准；用人单位没有安排劳动者工作的，应当按照不低于本市最低工资标准的70%支付劳动者基本生活费。

十八、企业因生产经营困难暂时无法按时支付工资的，应当向劳动者说明情况，并经与工会或者职工代表协商一致后，可以延期支付工资，但最长不得超过30日。

十九、企业一方违反本协议，给对方造成经济损失的，应当根据后果和责任大小予以赔偿。

二十、本协议一式五份，企业和工会各执一份，报主管部门、区总工会、区劳动保障局各一份。本协议经劳动保障行政部门审查同意后，即行生效。

企业首席代表（签字）：　　　　　　职工首席代表（签字）：

企业盖章　　　　　　　　　　　　　企业工会盖章

年　　月　　日　　　　　　　　　　年　　　月　　　日

二、行业性、区域性工资专项集体合同范本

行业性、区域性工资专项集体合同（范本）

甲方：×××行业（乡镇）企业联合会

首席代表：×××　　　　　　　　　　职务：×××

联系电话：　　　　　　　　　　　　代表人数：

乙方：×××行业（乡镇）工会联合会

首席代表：×××　　　　　　　　　　职务：×××

联系电话：　　　　　　　　　　　　代表人数：

为保障×××行业（区域）范围内劳动关系双方的合法权益，促进劳动关系的和谐稳定，根据《中华人民共和国劳动法》《集体合同规定》《×××省集体合同条例》《工资集体协商试行办法》等有关法律、法规和规章的规定，经×××行业（乡镇）企业联合会和×××行业（乡镇）工会联合会平等协商，签订本工资专项集体合同。

一、协议期限：自_____年____月____日起_____年____月____日止。

二、本行业内（或区域内）企业建立以_____为主的基本工资制度，本区域内职工工资不得低于_____市人民政府公布的标准，结合本行业或本地实际，即不得低于（包括小时工资标准）_____元/月的标准。

三、本行业内（或区域内）企业遵循以按劳分配为主体的分配原则，实行同工同酬。在确定年度工资水平和岗位工资标准时，应根据企业经济效益和利税指标，参照劳动力市场工资指导价位、本企业的上一年工资水平等因素，综合考虑岗位、技能因素，以及资本、技术管理要素，合理确定企业工资水平和岗位工资差距。

四、根据本行业内（或区域内）实际及企业生产经营特点，奖金、津（补）贴的发放办法和发放水平由企业考核确定，职工参与民主审定。审定后的奖金、津贴水平总金额和发放时间应当向职工公布。

五、职工年度平均工资水平应根据政府公布的工资指导线、劳动力市场工资指导价位、本地区城镇居民的消费价格指数、本企业劳动生产率和经济效益等因素确定。

六、本行业内（或区域内）企业必须以货币形式按月足额发放职工工资。如遇节假日或休息日则提前在最近的工作日支付。企业在支付工资时应向职工提供一份其个人的工资清单，并由职工本人和所在单位签字（盖章）。

七、本行业内（或区域内）企业要加强劳动定额和计件单价的核算管理工作，通过协商合理确定法定工作时间内的劳动定额和计件单价标准。

八、本行业内（或区域内）企业需要安排职工加班加点时，应与职工和工会协商，并按《劳动法》规定支付加班加点工资。计发加班加点工资的基数根据《×××省工资支付条例》的有关规定确定。

九、在出现下列情况之一时，可以变更或终止工资专项集体合同：

1.订立本合同的环境和条件发生重大变化，致使工资专项集体合同无法履行；

2.本合同所依据的政策法规发生了较大变化；

3.本行业内（区域内）企业因破产、兼并、解散、分立、歇业、转制、撤销、拍卖而发生重大变动或者生产经营状况发生重大变化致使工资专项集体合同无法履行的；

4.因不可抗力致使合同不能履行的；

5.法律、法规规定可以变更或者解除的；

6.合同期满或者双方约定的解除、终止条件出现时即行终止。

十、工资专项集体合同变更的程序：

1.一方提出建议，向对方说明需要变更的工资专项集体合同条款、变更的理由与条件；

2.在工资专项集体合同期限内，签订工资专项集体合同的一方就工资专项集体合同的执行情况和变更提出商谈时，另一方应给予答复并在 7 日内双方进行协商。经协商一致后，由企业在 7 日内将变更修改后的工资专项集体合同及变更工资专项集体合同的说明书提交给劳动保障行政部门审查。

新工资专项集体合同成立，原工资专项集体合同即行终止。

十一、本合同在履行中发生争议，按集体合同争议处理程序进行。

十二、本合同未尽事项，按《集体合同规定》的有关规定执行。

十三、本合同条款如与国家今后颁布之规定相抵触时，以国家新规定为准。

十四、本合同一式四份，报人力资源和社会保障局、总工会各一份；行业（或区域）企业组织和行业（或区域）工会各执一份。

×××行业（乡镇）企业联合会　　×××行业（乡镇）工会联合会
（盖章）　　　　　　　　　　　　（盖章）

首席代表（签字）：　　　　　　　首席代表（签字）：

年　　月　　日　　　　　　　　　年　　月　　日

附　录

1. 中华人民共和国劳动法

（1994 年 7 月 5 日第八届全国人民代表大会常务委员会第八次会议通过　根据 2009 年 8 月 27 日第十一届全国人民代表大会常务委员会第十次会议《关于修改部分法律的决定》第一次修正　根据 2018 年 12 月 29 日第十三届全国人民代表大会常务委员会第七次会议《关于修改〈中华人民共和国劳动法〉等七部法律的决定》第二次修正）

目　录

第一章 总 则

第一条 为了保护劳动者的合法权益，调整劳动关系，建立和维护适应社会主义市场经济的劳动制度，促进经济发展和社会进步，根据宪法，制定本法。

第二条 在中华人民共和国境内的企业、个体经济组织（以下统称用人单位）和与之形成劳动关系的劳动者，适用本法。

国家机关、事业组织、社会团体和与之建立劳动合同关系的劳动者，依照本法执行。

第三条 劳动者享有平等就业和选择职业的权利、取得劳动报酬的权利、休息休假的权利、获得劳动安全卫生保护的权利、接受职业技能培训的权利、享受社会保险和福利的权利、提请劳动争议处理的权利以及法律规定的其他劳动权利。

劳动者应当完成劳动任务，提高职业技能，执行劳动安全卫生规程，遵守劳动纪律和职业道德。

第四条 用人单位应当依法建立和完善规章制度，保障劳动者享有劳动权利和履行劳动义务。

第五条 国家采取各种措施，促进劳动就业，发展职业教育，制定劳动标准，调节社会收入，完善社会保险，协调劳动关系，逐步提高劳动者的生活水平。

第六条 国家提倡劳动者参加社会义务劳动，开展劳动竞赛和合理化建议活动，鼓励和保护劳动者进行科学研究、技术革新和发明创造，表彰和奖励劳动模范和先进工作者。

第七条 劳动者有权依法参加和组织工会。

工会代表和维护劳动者的合法权益，依法独立自主地开展活动。

第八条 劳动者依照法律规定，通过职工大会、职工代表大会或者其他形式，参与民主管理或者就保护劳动者合法权益与用人单位进行平等协商。

第九条 国务院劳动行政部门主管全国劳动工作。

县级以上地方人民政府劳动行政部门主管本行政区域内的劳动工作。

第二章 促进就业

第十条 国家通过促进经济和社会发展，创造就业条件，扩大就业机会。

国家鼓励企业、事业组织、社会团体在法律、行政法规规定的范围内兴办产业或者拓展经营，增加就业。

国家支持劳动者自愿组织起来就业和从事个体经营实现就业。

第十一条　地方各级人民政府应当采取措施，发展多种类型的职业介绍机构，提供就业服务。

第十二条　劳动者就业，不因民族、种族、性别、宗教信仰不同而受歧视。

第十三条　妇女享有与男子平等的就业权利。在录用职工时，除国家规定的不适合妇女的工种或者岗位外，不得以性别为由拒绝录用妇女或者提高对妇女的录用标准。

第十四条　残疾人、少数民族人员、退出现役的军人的就业，法律、法规有特别规定的，从其规定。

第十五条　禁止用人单位招用未满十六周岁的未成年人。

文艺、体育和特种工艺单位招用未满十六周岁的未成年人，必须遵守国家有关规定，并保障其接受义务教育的权利。

第三章　劳动合同和集体合同

第十六条　劳动合同是劳动者与用人单位确立劳动关系、明确双方权利和义务的协议。

建立劳动关系应当订立劳动合同。

第十七条　订立和变更劳动合同，应当遵循平等自愿、协商一致的原则，不得违反法律、行政法规的规定。

劳动合同依法订立即具有法律约束力，当事人必须履行劳动合同规定的义务。

第十八条　下列劳动合同无效：

（一）违反法律、行政法规的劳动合同；

（二）采取欺诈、威胁等手段订立的劳动合同。

无效的劳动合同，从订立的时候起，就没有法律约束力。确认劳动合同部分无效的，如果不影响其余部分的效力，其余部分仍然有效。

劳动合同的无效，由劳动争议仲裁委员会或者人民法院确认。

第十九条　劳动合同应当以书面形式订立，并具备以下条款：

（一）劳动合同期限；

（二）工作内容；

（三）劳动保护和劳动条件；

（四）劳动报酬；

（五）劳动纪律；

（六）劳动合同终止的条件；

（七）违反劳动合同的责任。

劳动合同除前款规定的必备条款外，当事人可以协商约定其他内容。

第二十条 劳动合同的期限分为有固定期限、无固定期限和以完成一定的工作为期限。

劳动者在同一用人单位连续工作满十年以上，当事人双方同意续延劳动合同的，如果劳动者提出订立无固定期限的劳动合同，应当订立无固定期限的劳动合同。

第二十一条 劳动合同可以约定试用期。试用期最长不得超过六个月。

第二十二条 劳动合同当事人可以在劳动合同中约定保守用人单位商业秘密的有关事项。

第二十三条 劳动合同期满或者当事人约定的劳动合同终止条件出现，劳动合同即行终止。

第二十四条 经劳动合同当事人协商一致，劳动合同可以解除。

第二十五条 劳动者有下列情形之一的，用人单位可以解除劳动合同：

（一）在试用期间被证明不符合录用条件的；

（二）严重违反劳动纪律或者用人单位规章制度的；

（三）严重失职，营私舞弊，对用人单位利益造成重大损害的；

（四）被依法追究刑事责任的。

第二十六条 有下列情形之一的，用人单位可以解除劳动合同，但是应当提前三十日以书面形式通知劳动者本人：

（一）劳动者患病或者非因工负伤，医疗期满后，不能从事原工作也不能从事由用人单位另行安排的工作的；

（二）劳动者不能胜任工作，经过培训或者调整工作岗位，仍不能胜任工作的；

（三）劳动合同订立时所依据的客观情况发生重大变化，致使原劳动合同无法履行，经当事人协商不能就变更劳动合同达成协议的。

第二十七条 用人单位濒临破产进行法定整顿期间或者生产经营状况发生严重困难，确需裁减人员的，应当提前三十日向工会或者全体职工说明情况，听取工会或者职工的意见，经向劳动行政部门报告后，可以裁减人员。

用人单位依据本条规定裁减人员，在六个月内录用人员的，应当优先录用被裁减的人员。

第二十八条 用人单位依据本法第二十四条、第二十六条、第二十七条的规定解除劳动合同的，应当依照国家有关规定给予经济补偿。

第二十九条 劳动者有下列情形之一的，用人单位不得依据本法第二十六条、第二十七条的规定解除劳动合同：

（一）患职业病或者因工负伤并被确认丧失或者部分丧失劳动能力的；

（二）患病或者负伤，在规定的医疗期内的；

（三）女职工在孕期、产期、哺乳期内的；

（四）法律、行政法规规定的其他情形。

第三十条 用人单位解除劳动合同，工会认为不适当的，有权提出意见。如果用人单位违反法律、法规或者劳动合同，工会有权要求重新处理；劳动者申请仲裁或者提起诉讼的，工会应当依法给予支持和帮助。

第三十一条 劳动者解除劳动合同，应当提前三十日以书面形式通知用人单位。

第三十二条 有下列情形之一的，劳动者可以随时通知用人单位解除劳动合同：

（一）在试用期内的；

（二）用人单位以暴力、威胁或者非法限制人身自由的手段强迫劳动的；

（三）用人单位未按照劳动合同约定支付劳动报酬或者提供劳动条件的。

第三十三条 企业职工一方与企业可以就劳动报酬、工作时间、休息休假、劳动安全卫生、保险福利等事项，签订集体合同。集体合同草案应当提交职工代表大会或者全体职工讨论通过。

集体合同由工会代表职工与企业签订；没有建立工会的企业，由职工推举的代表与企业签订。

第三十四条 集体合同签订后应当报送劳动行政部门；劳动行政部门自收到集体合同文本之日起十五日内未提出异议的，集体合同即行生效。

第三十五条 依法签订的集体合同对企业和企业全体职工具有约束力。职工个人与企业订立的劳动合同中劳动条件和劳动报酬等标准不得低于集体合同的规定。

第四章　工作时间和休息休假

第三十六条　国家实行劳动者每日工作时间不超过八小时、平均每周工作时间不超过四十四小时的工时制度。

第三十七条　对实行计件工作的劳动者，用人单位应当根据本法第三十六条规定的工时制度合理确定其劳动定额和计件报酬标准。

第三十八条　用人单位应当保证劳动者每周至少休息一日。

第三十九条　企业因生产特点不能实行本法第三十六条、第三十八条规定的，经劳动行政部门批准，可以实行其他工作和休息办法。

第四十条　用人单位在下列节日期间应当依法安排劳动者休假：

（一）元旦；

（二）春节；

（三）国际劳动节；

（四）国庆节；

（五）法律、法规规定的其他休假节日。

第四十一条　用人单位由于生产经营需要，经与工会和劳动者协商后可以延长工作时间，一般每日不得超过一小时；因特殊原因需要延长工作时间的，在保障劳动者身体健康的条件下延长工作时间每日不得超过三小时，但是每月不得超过三十六小时。

第四十二条　有下列情形之一的，延长工作时间不受本法第四十一条规定的限制：

（一）发生自然灾害、事故或者因其他原因，威胁劳动者生命健康和财产安全，需要紧急处理的；

（二）生产设备、交通运输线路、公共设施发生故障，影响生产和公众利益，必须及时抢修的；

（三）法律、行政法规规定的其他情形。

第四十三条　用人单位不得违反本法规定延长劳动者的工作时间。

第四十四条　有下列情形之一的，用人单位应当按照下列标准支付高于劳动者正常工作时间工资的工资报酬：

（一）安排劳动者延长工作时间的，支付不低于工资的百分之一百五十的工资报酬；

（二）休息日安排劳动者工作又不能安排补休的，支付不低于工资的百分之二百的工资报酬；

（三）法定休假日安排劳动者工作的，支付不低于工资的百分之三百的工资报酬。

第四十五条　国家实行带薪年休假制度。

劳动者连续工作一年以上的，享受带薪年休假。具体办法由国务院规定。

第五章　工　资

第四十六条　工资分配应当遵循按劳分配原则，实行同工同酬。

工资水平在经济发展的基础上逐步提高。国家对工资总量实行宏观调控。

第四十七条　用人单位根据本单位的生产经营特点和经济效益，依法自主确定本单位的工资分配方式和工资水平。

第四十八条　国家实行最低工资保障制度。最低工资的具体标准由省、自治区、直辖市人民政府规定，报国务院备案。

用人单位支付劳动者的工资不得低于当地最低工资标准。

第四十九条　确定和调整最低工资标准应当综合参考下列因素：

（一）劳动者本人及平均赡养人口的最低生活费用；

（二）社会平均工资水平；

（三）劳动生产率；

（四）就业状况；

（五）地区之间经济发展水平的差异。

第五十条　工资应当以货币形式按月支付给劳动者本人。不得克扣或者无故拖欠劳动者的工资。

第五十一条　劳动者在法定休假日和婚丧假期间以及依法参加社会活动期间，用人单位应当依法支付工资。

第六章　劳动安全卫生

第五十二条　用人单位必须建立、健全劳动安全卫生制度，严格执行国家劳动安全卫生规程和标准，对劳动者进行劳动安全卫生教育，防止劳动过程中的事故，减少职业危害。

　　第五十三条　劳动安全卫生设施必须符合国家规定的标准。

　　新建、改建、扩建工程的劳动安全卫生设施必须与主体工程同时设计、同时施工、同时投入生产和使用。

　　第五十四条　用人单位必须为劳动者提供符合国家规定的劳动安全卫生条件和必要的劳动防护用品，对从事有职业危害作业的劳动者应当定期进行健康检查。

　　第五十五条　从事特种作业的劳动者必须经过专门培训并取得特种作业资格。

　　第五十六条　劳动者在劳动过程中必须严格遵守安全操作规程。

　　劳动者对用人单位管理人员违章指挥、强令冒险作业，有权拒绝执行；对危害生命安全和身体健康的行为，有权提出批评、检举和控告。

　　第五十七条　国家建立伤亡事故和职业病统计报告和处理制度。县级以上各级人民政府劳动行政部门、有关部门和用人单位应当依法对劳动者在劳动过程中发生的伤亡事故和劳动者的职业病状况，进行统计、报告和处理。

第七章　女职工和未成年工特殊保护

　　第五十八条　国家对女职工和未成年工实行特殊劳动保护。

　　未成年工是指年满十六周岁未满十八周岁的劳动者。

　　第五十九条　禁止安排女职工从事矿山井下、国家规定的第四级体力劳动强度的劳动和其他禁忌从事的劳动。

　　第六十条　不得安排女职工在经期从事高处、低温、冷水作业和国家规定的第三级体力劳动强度的劳动。

　　第六十一条　不得安排女职工在怀孕期间从事国家规定的第三级体力劳动强度的劳动和孕期禁忌从事的劳动。对怀孕七个月以上的女职工，不得安排其延长工作时间和夜班劳动。

　　第六十二条　女职工生育享受不少于九十天的产假。

　　第六十三条　不得安排女职工在哺乳未满一周岁的婴儿期间从事国家规定的第三级体力劳动强度的劳动和哺乳期禁忌从事的其他劳动，不得安排其延长工作时间和夜班劳动。

　　第六十四条　不得安排未成年工从事矿山井下、有毒有害、国家规定的第四级体力劳动强度的劳动和其他禁忌从事的劳动。

第六十五条　用人单位应当对未成年工定期进行健康检查。

第八章　职业培训

第六十六条　国家通过各种途径，采取各种措施，发展职业培训事业，开发劳动者的职业技能，提高劳动者素质，增强劳动者的就业能力和工作能力。

第六十七条　各级人民政府应当把发展职业培训纳入社会经济发展的规划，鼓励和支持有条件的企业、事业组织、社会团体和个人进行各种形式的职业培训。

第六十八条　用人单位应当建立职业培训制度，按照国家规定提取和使用职业培训经费，根据本单位实际，有计划地对劳动者进行职业培训。

从事技术工种的劳动者，上岗前必须经过培训。

第六十九条　国家确定职业分类，对规定的职业制定职业技能标准，实行职业资格证书制度，由经备案的考核鉴定机构负责对劳动者实施职业技能考核鉴定。

第九章　社会保险和福利

第七十条　国家发展社会保险事业，建立社会保险制度，设立社会保险基金，使劳动者在年老、患病、工伤、失业、生育等情况下获得帮助和补偿。

第七十一条　社会保险水平应当与社会经济发展水平和社会承受能力相适应。

第七十二条　社会保险基金按照保险类型确定资金来源，逐步实行社会统筹。用人单位和劳动者必须依法参加社会保险，缴纳社会保险费。

第七十三条　劳动者在下列情形下，依法享受社会保险待遇：

（一）退休；

（二）患病、负伤；

（三）因工伤残或者患职业病；

（四）失业；

（五）生育。

劳动者死亡后，其遗属依法享受遗属津贴。

劳动者享受社会保险待遇的条件和标准由法律、法规规定。

劳动者享受的社会保险金必须按时足额支付。

第七十四条　社会保险基金经办机构依照法律规定收支、管理和运营社会保险基金，并负有使社会保险基金保值增值的责任。

社会保险基金监督机构依照法律规定，对社会保险基金的收支、管理和运营实施监督。

社会保险基金经办机构和社会保险基金监督机构的设立和职能由法律规定。

任何组织和个人不得挪用社会保险基金。

第七十五条　国家鼓励用人单位根据本单位实际情况为劳动者建立补充保险。

国家提倡劳动者个人进行储蓄性保险。

第七十六条　国家发展社会福利事业，兴建公共福利设施，为劳动者休息、休养和疗养提供条件。

用人单位应当创造条件，改善集体福利，提高劳动者的福利待遇。

第十章　劳动争议

第七十七条　用人单位与劳动者发生劳动争议，当事人可以依法申请调解、仲裁、提起诉讼，也可以协商解决。

调解原则适用于仲裁和诉讼程序。

第七十八条　解决劳动争议，应当根据合法、公正、及时处理的原则，依法维护劳动争议当事人的合法权益。

第七十九条　劳动争议发生后，当事人可以向本单位劳动争议调解委员会申请调解；调解不成，当事人一方要求仲裁的，可以向劳动争议仲裁委员会申请仲裁。当事人一方也可以直接向劳动争议仲裁委员会申请仲裁。对仲裁裁决不服的，可以向人民法院提起诉讼。

第八十条　在用人单位内，可以设立劳动争议调解委员会。劳动争议调解委员会由职工代表、用人单位代表和工会代表组成。劳动争议调解委员会主任由工会代表担任。

劳动争议经调解达成协议的，当事人应当履行。

第八十一条　劳动争议仲裁委员会由劳动行政部门代表、同级工会代表、用人单位方面的代表组成。劳动争议仲裁委员会主任由劳动行政部门代表担任。

第八十二条　提出仲裁要求的一方应当自劳动争议发生之日起六十日内向劳动争议仲裁委员会提出书面申请。仲裁裁决一般应在收到仲裁申请的六十日内作出。对仲裁裁决无异议的，当事人必须履行。

第八十三条　劳动争议当事人对仲裁裁决不服的，可以自收到仲裁裁决书之日起十五日内向人民法院提起诉讼。一方当事人在法定期限内不起诉又不履行仲裁裁决的，另一方当事人可以申请人民法院强制执行。

第八十四条　因签订集体合同发生争议，当事人协商解决不成的，当地人民政府劳动行政部门可以组织有关各方协调处理。

因履行集体合同发生争议，当事人协商解决不成的，可以向劳动争议仲裁委员会申请仲裁；对仲裁裁决不服的，可以自收到仲裁裁决书之日起十五日内向人民法院提起诉讼。

第十一章　监督检查

第八十五条　县级以上各级人民政府劳动行政部门依法对用人单位遵守劳动法律、法规的情况进行监督检查，对违反劳动法律、法规的行为有权制止，并责令改正。

第八十六条　县级以上各级人民政府劳动行政部门监督检查人员执行公务，有权进入用人单位了解执行劳动法律、法规的情况，查阅必要的资料，并对劳动场所进行检查。

县级以上各级人民政府劳动行政部门监督检查人员执行公务，必须出示证件，秉公执法并遵守有关规定。

第八十七条　县级以上各级人民政府有关部门在各自职责范围内，对用人单位遵守劳动法律、法规的情况进行监督。

第八十八条　各级工会依法维护劳动者的合法权益，对用人单位遵守劳动法律、法规的情况进行监督。

任何组织和个人对于违反劳动法律、法规的行为有权检举和控告。

第十二章　法律责任

第八十九条　用人单位制定的劳动规章制度违反法律、法规规定的，由劳动行政部门给予警告，责令改正；对劳动者造成损害的，应当承担赔偿责任。

第九十条　用人单位违反本法规定，延长劳动者工作时间的，由劳动行政部门给予警告，责令改正，并可以处以罚款。

第九十一条　用人单位有下列侵害劳动者合法权益情形之一的，由劳动行政部门责令支付劳动者的工资报酬、经济补偿，并可以责令支付赔偿金：

（一）克扣或者无故拖欠劳动者工资的；

（二）拒不支付劳动者延长工作时间工资报酬的；

（三）低于当地最低工资标准支付劳动者工资的；

（四）解除劳动合同后，未依照本法规定给予劳动者经济补偿的。

第九十二条　用人单位的劳动安全设施和劳动卫生条件不符合国家规定或者未向劳动者提供必要的劳动防护用品和劳动保护设施的，由劳动行政部门或者有关部门责令改正，可以处以罚款；情节严重的，提请县级以上人民政府决定责令停产整顿；对事故隐患不采取措施，致使发生重大事故，造成劳动者生命和财产损失的，对责任人员依照刑法有关规定追究刑事责任。

第九十三条　用人单位强令劳动者违章冒险作业，发生重大伤亡事故，造成严重后果的，对责任人员依法追究刑事责任。

第九十四条　用人单位非法招用未满十六周岁的未成年人的，由劳动行政部门责令改正，处以罚款；情节严重的，由市场监督管理部门吊销营业执照。

第九十五条　用人单位违反本法对女职工和未成年工的保护规定，侵害其合法权益的，由劳动行政部门责令改正，处以罚款；对女职工或者未成年工造成损害的，应当承担赔偿责任。

第九十六条　用人单位有下列行为之一，由公安机关对责任人员处以十五日以下拘留、罚款或者警告；构成犯罪的，对责任人员依法追究刑事责任：

（一）以暴力、威胁或者非法限制人身自由的手段强迫劳动的；

（二）侮辱、体罚、殴打、非法搜查和拘禁劳动者的。

第九十七条　由于用人单位的原因订立的无效合同，对劳动者造成损害的，应当承担赔偿责任。

第九十八条　用人单位违反本法规定的条件解除劳动合同或者故意拖延不订立劳动合同的，由劳动行政部门责令改正；对劳动者造成损害的，应当承担赔偿责任。

第九十九条　用人单位招用尚未解除劳动合同的劳动者，对原用人单位造成经济损失的，该用人单位应当依法承担连带赔偿责任。

第一百条　用人单位无故不缴纳社会保险费的，由劳动行政部门责令其限期缴纳；逾期不缴的，可以加收滞纳金。

第一百零一条　用人单位无理阻挠劳动行政部门、有关部门及其工作人员行使监督检查权，打击报复举报人员的，由劳动行政部门或者有关部门处以罚款；构成犯罪的，对责任人员依法追究刑事责任。

第一百零二条 劳动者违反本法规定的条件解除劳动合同或者违反劳动合同中约定的保密事项，对用人单位造成经济损失的，应当依法承担赔偿责任。

第一百零三条 劳动行政部门或者有关部门的工作人员滥用职权、玩忽职守、徇私舞弊，构成犯罪的，依法追究刑事责任；不构成犯罪的，给予行政处分。

第一百零四条 国家工作人员和社会保险基金经办机构的工作人员挪用社会保险基金，构成犯罪的，依法追究刑事责任。

第一百零五条 违反本法规定侵害劳动者合法权益，其他法律、行政法规已规定处罚的，依照该法律、行政法规的规定处罚。

第十三章 附 则

第一百零六条 省、自治区、直辖市人民政府根据本法和本地区的实际情况，规定劳动合同制度的实施步骤，报国务院备案。

第一百零七条 本法自 1995 年 1 月 1 日起施行。

2. 中华人民共和国工会法

（1992 年 4 月 3 日第七届全国人民代表大会第五次会议通过 根据 2001 年 10 月 27 日第九届全国人民代表大会常务委员会第二十四次会议《关于修改〈中华人民共和国工会法〉的决定》第一次修正 根据 2009 年 8 月 27 日第十一届全国人民代表大会常务委员会第十次会议《关于修改部分法律的决定》第二次修正 根据 2021 年 12 月 24 日第十三届全国人民代表大会常务委员会第三十二次会议《关于修改〈中华人民共和国工会法〉的决定》第三次修正）

目 录

第一章　总　则

第一条　为保障工会在国家政治、经济和社会生活中的地位，确定工会的权利与义务，发挥工会在社会主义现代化建设事业中的作用，根据宪法，制定本法。

第二条　工会是中国共产党领导的职工自愿结合的工人阶级群众组织，是中国共产党联系职工群众的桥梁和纽带。

中华全国总工会及其各工会组织代表职工的利益，依法维护职工的合法权益。

第三条　在中国境内的企业、事业单位、机关、社会组织（以下统称用人单位）中以工资收入为主要生活来源的劳动者，不分民族、种族、性别、职业、宗教信仰、教育程度，都有依法参加和组织工会的权利。任何组织和个人不得阻挠和限制。

工会适应企业组织形式、职工队伍结构、劳动关系、就业形态等方面的发展变化，依法维护劳动者参加和组织工会的权利。

第四条　工会必须遵守和维护宪法，以宪法为根本的活动准则，以经济建设为中心，坚持社会主义道路，坚持人民民主专政，坚持中国共产党的领导，坚持马克思列宁主义、毛泽东思想、邓小平理论、"三个代表"重要思想、科学发展观、习近平新时代中国特色社会主义思想，坚持改革开放，保持和增强政治性、先进性、群众性，依照工会章程独立自主地开展工作。

工会会员全国代表大会制定或者修改《中国工会章程》，章程不得与宪法和法律相抵触。

国家保护工会的合法权益不受侵犯。

第五条　工会组织和教育职工依照宪法和法律的规定行使民主权利，发挥国家主人翁的作用，通过各种途径和形式，参与管理国家事务、管理经济和文化事业、管理社会事务；协助人民政府开展工作，维护工人阶级领导的、以工农联盟为基础的人民民主专政的社会主义国家政权。

第六条　维护职工合法权益、竭诚服务职工群众是工会的基本职责。工会在维护全国人民总体利益的同时，代表和维护职工的合法权益。

工会通过平等协商和集体合同制度等，推动健全劳动关系协调机制，维护职工劳动权益，构建和谐劳动关系。

工会依照法律规定通过职工代表大会或者其他形式，组织职工参与本单位的民主选举、民主协商、民主决策、民主管理和民主监督。

工会建立联系广泛、服务职工的工会工作体系，密切联系职工，听取和反映职工的意见和要求，关心职工的生活，帮助职工解决困难，全心全意为职工服务。

第七条 工会动员和组织职工积极参加经济建设，努力完成生产任务和工作任务。教育职工不断提高思想道德、技术业务和科学文化素质，建设有理想、有道德、有文化、有纪律的职工队伍。

第八条 工会推动产业工人队伍建设改革，提高产业工人队伍整体素质，发挥产业工人骨干作用，维护产业工人合法权益，保障产业工人主人翁地位，造就一支有理想守信念、懂技术会创新、敢担当讲奉献的宏大产业工人队伍。

第九条 中华全国总工会根据独立、平等、互相尊重、互不干涉内部事务的原则，加强同各国工会组织的友好合作关系。

第二章 工会组织

第十条 工会各级组织按照民主集中制原则建立。

各级工会委员会由会员大会或者会员代表大会民主选举产生。企业主要负责人的近亲属不得作为本企业基层工会委员会成员的人选。

各级工会委员会向同级会员大会或者会员代表大会负责并报告工作，接受其监督。

工会会员大会或者会员代表大会有权撤换或者罢免其所选举的代表或者工会委员会组成人员。

上级工会组织领导下级工会组织。

第十一条 用人单位有会员二十五人以上的，应当建立基层工会委员会；不足二十五人的，可以单独建立基层工会委员会，也可以由两个以上单位的会员联合建立基层工会委员会，也可以选举组织员一人，组织会员开展活动。女职工人数较多的，可以建立工会女职工委员会，在同级工会领导下开展工作；女职工人数较少的，可以在工会委员会中设女职工委员。

企业职工较多的乡镇、城市街道，可以建立基层工会的联合会。

县级以上地方建立地方各级总工会。

同一行业或者性质相近的几个行业，可以根据需要建立全国的或者地方的产业工会。

全国建立统一的中华全国总工会。

第十二条　基层工会、地方各级总工会、全国或者地方产业工会组织的建立，必须报上一级工会批准。

上级工会可以派员帮助和指导企业职工组建工会，任何单位和个人不得阻挠。

第十三条　任何组织和个人不得随意撤销、合并工会组织。

基层工会所在的用人单位终止或者被撤销，该工会组织相应撤销，并报告上一级工会。

依前款规定被撤销的工会，其会员的会籍可以继续保留，具体管理办法由中华全国总工会制定。

第十四条　职工二百人以上的企业、事业单位、社会组织的工会，可以设专职工会主席。工会专职工作人员的人数由工会与企业、事业单位、社会组织协商确定。

第十五条　中华全国总工会、地方总工会、产业工会具有社会团体法人资格。

基层工会组织具备民法典规定的法人条件的，依法取得社会团体法人资格。

第十六条　基层工会委员会每届任期三年或者五年。各级地方总工会委员会和产业工会委员会每届任期五年。

第十七条　基层工会委员会定期召开会员大会或者会员代表大会，讨论决定工会工作的重大问题。经基层工会委员会或者三分之一以上的工会会员提议，可以临时召开会员大会或者会员代表大会。

第十八条　工会主席、副主席任期未满时，不得随意调动其工作。因工作需要调动时，应当征得本级工会委员会和上一级工会的同意。

罢免工会主席、副主席必须召开会员大会或者会员代表大会讨论，非经会员大会全体会员或者会员代表大会全体代表过半数通过，不得罢免。

第十九条　基层工会专职主席、副主席或者委员自任职之日起，其劳动合同期限自动延长，延长期限相当于其任职期间；非专职主席、副主席或者委员自任职之日起，其尚未履行的劳动合同期限短于任期的，劳动合同期限自动延长至任期期满。但是，任职期间个人严重过失或者达到法定退休年龄的除外。

第三章　工会的权利和义务

第二十条　企业、事业单位、社会组织违反职工代表大会制度和其他民主管理制度，工会有权要求纠正，保障职工依法行使民主管理的权利。

法律、法规规定应当提交职工大会或者职工代表大会审议、通过、决定的事项，企业、事业单位、社会组织应当依法办理。

第二十一条　工会帮助、指导职工与企业、实行企业化管理的事业单位、社会组织签订劳动合同。

工会代表职工与企业、实行企业化管理的事业单位、社会组织进行平等协商，依法签订集体合同。集体合同草案应当提交职工代表大会或者全体职工讨论通过。

工会签订集体合同，上级工会应当给予支持和帮助。

企业、事业单位、社会组织违反集体合同，侵犯职工劳动权益的，工会可以依法要求企业、事业单位、社会组织予以改正并承担责任；因履行集体合同发生争议，经协商解决不成的，工会可以向劳动争议仲裁机构提请仲裁，仲裁机构不予受理或者对仲裁裁决不服的，可以向人民法院提起诉讼。

第二十二条　企业、事业单位、社会组织处分职工，工会认为不适当的，有权提出意见。

用人单位单方面解除职工劳动合同时，应当事先将理由通知工会，工会认为用人单位违反法律、法规和有关合同，要求重新研究处理时，用人单位应当研究工会的意见，并将处理结果书面通知工会。

职工认为用人单位侵犯其劳动权益而申请劳动争议仲裁或者向人民法院提起诉讼的，工会应当给予支持和帮助。

第二十三条　企业、事业单位、社会组织违反劳动法律法规规定，有下列侵犯职工劳动权益情形，工会应当代表职工与企业、事业单位、社会组织交涉，要求企业、事业单位、社会组织采取措施予以改正；企业、事业单位、社会组织应当予以研究处理，并向工会作出答复；企业、事业单位、社会组织拒不改正的，工会可以提请当地人民政府依法作出处理：

（一）克扣、拖欠职工工资的；

（二）不提供劳动安全卫生条件的；

（三）随意延长劳动时间的；

（四）侵犯女职工和未成年工特殊权益的；

（五）其他严重侵犯职工劳动权益的。

第二十四条　工会依照国家规定对新建、扩建企业和技术改造工程中的劳动条件和安全卫生设施与主体工程同时设计、同时施工、同时投产使用进行监督。对工会提出的意见，企业或者主管部门应当认真处理，并将处理结果书面通知工会。

第二十五条　工会发现企业违章指挥、强令工人冒险作业，或者生产过程中发现明显重大事故隐患和职业危害，有权提出解决的建议，企业应当及时研究答复；发现危及职工生命安全的情况时，工会有权向企业建议组织职工撤离危险现场，企业必须及时作出处理决定。

第二十六条　工会有权对企业、事业单位、社会组织侵犯职工合法权益的问题进行调查，有关单位应当予以协助。

第二十七条　职工因工伤亡事故和其他严重危害职工健康问题的调查处理，必须有工会参加。工会应当向有关部门提出处理意见，并有权要求追究直接负责的主管人员和有关责任人员的责任。对工会提出的意见，应当及时研究，给予答复。

第二十八条　企业、事业单位、社会组织发生停工、怠工事件，工会应当代表职工同企业、事业单位、社会组织或者有关方面协商，反映职工的意见和要求并提出解决意见。对于职工的合理要求，企业、事业单位、社会组织应当予以解决。工会协助企业、事业单位、社会组织做好工作，尽快恢复生产、工作秩序。

第二十九条　工会参加企业的劳动争议调解工作。

地方劳动争议仲裁组织应当有同级工会代表参加。

第三十条　县级以上各级总工会依法为所属工会和职工提供法律援助等法律服务。

第三十一条　工会协助用人单位办好职工集体福利事业，做好工资、劳动安全卫生和社会保险工作。

第三十二条　工会会同用人单位加强对职工的思想政治引领，教育职工以国家主人翁态度对待劳动，爱护国家和单位的财产；组织职工开展群众性的合理化建议、技术革新、劳动和技能竞赛活动，进行业余文化技术学习和职工培训，参加职业教育和文化体育活动，推进职业安全健康教育和劳动保护工作。

第三十三条　根据政府委托，工会与有关部门共同做好劳动模范和先进生产（工作）者的评选、表彰、培养和管理工作。

第三十四条　国家机关在组织起草或者修改直接涉及职工切身利益的法律、法规、规章时，应当听取工会意见。

县级以上各级人民政府制定国民经济和社会发展计划，对涉及职工利益的重大问题，应当听取同级工会的意见。

县级以上各级人民政府及其有关部门研究制定劳动就业、工资、劳动安全卫生、社会保险等涉及职工切身利益的政策、措施时，应当吸收同级工会参加研究，听取工会意见。

第三十五条　县级以上地方各级人民政府可以召开会议或者采取适当方式，向同级工会通报政府的重要的工作部署和与工会工作有关的行政措施，研究解决工会反映的职工群众的意见和要求。

各级人民政府劳动行政部门应当会同同级工会和企业方面代表，建立劳动关系三方协商机制，共同研究解决劳动关系方面的重大问题。

第四章　基层工会组织

第三十六条　国有企业职工代表大会是企业实行民主管理的基本形式，是职工行使民主管理权力的机构，依照法律规定行使职权。

国有企业的工会委员会是职工代表大会的工作机构，负责职工代表大会的日常工作，检查、督促职工代表大会决议的执行。

第三十七条　集体企业的工会委员会，应当支持和组织职工参加民主管理和民主监督，维护职工选举和罢免管理人员、决定经营管理的重大问题的权力。

第三十八条　本法第三十六条、第三十七条规定以外的其他企业、事业单位的工会委员会，依照法律规定组织职工采取与企业、事业单位相适应的形式，参与企业、事业单位民主管理。

第三十九条　企业、事业单位、社会组织研究经营管理和发展的重大问题应当听取工会的意见；召开会议讨论有关工资、福利、劳动安全卫生、工作时间、休息休假、女职工保护和社会保险等涉及职工切身利益的问题，必须有工会代表参加。

企业、事业单位、社会组织应当支持工会依法开展工作，工会应当支持企业、事业单位、社会组织依法行使经营管理权。

第四十条　公司的董事会、监事会中职工代表的产生，依照公司法有关规定执行。

第四十一条　基层工会委员会召开会议或者组织职工活动，应当在生产或者工作时间以外进行，需要占用生产或者工作时间的，应当事先征得企业、事业单位、社会组织的同意。

基层工会的非专职委员占用生产或者工作时间参加会议或者从事工会工作，每月不超过三个工作日，其工资照发，其他待遇不受影响。

第四十二条　用人单位工会委员会的专职工作人员的工资、奖励、补贴，由所在单位支付。社会保险和其他福利待遇等，享受本单位职工同等待遇。

第五章　工会的经费和财产

第四十三条　工会经费的来源：

（一）工会会员缴纳的会费；

（二）建立工会组织的用人单位按每月全部职工工资总额的百分之二向工会拨缴的经费；

（三）工会所属的企业、事业单位上缴的收入；

（四）人民政府的补助；

（五）其他收入。

前款第二项规定的企业、事业单位、社会组织拨缴的经费在税前列支。

工会经费主要用于为职工服务和工会活动。经费使用的具体办法由中华全国总工会制定。

第四十四条　企业、事业单位、社会组织无正当理由拖延或者拒不拨缴工会经费，基层工会或者上级工会可以向当地人民法院申请支付令；拒不执行支付令的，工会可以依法申请人民法院强制执行。

第四十五条　工会应当根据经费独立原则，建立预算、决算和经费审查监督制度。

各级工会建立经费审查委员会。

各级工会经费收支情况应当由同级工会经费审查委员会审查，并且定期向会员大会或者会员代表大会报告，接受监督。工会会员大会或者会员代表大会有权对经费使用情况提出意见。

工会经费的使用应当依法接受国家的监督。

第四十六条　各级人民政府和用人单位应当为工会办公和开展活动，提供必要的设施和活动场所等物质条件。

第四十七条　工会的财产、经费和国家拨给工会使用的不动产，任何组织和个人不得侵占、挪用和任意调拨。

第四十八条　工会所属的为职工服务的企业、事业单位，其隶属关系不得随意改变。

第四十九条　县级以上各级工会的离休、退休人员的待遇，与国家机关工作人员同等对待。

第六章　法律责任

第五十条　工会对违反本法规定侵犯其合法权益的，有权提请人民政府或者有关部门予以处理，或者向人民法院提起诉讼。

第五十一条　违反本法第三条、第十二条规定，阻挠职工依法参加和组织工会或者阻挠上级工会帮助、指导职工筹建工会的，由劳动行政部门责令其改正；拒不改正的，由劳动行政部门提请县级以上人民政府处理；以暴力、威胁等手段阻挠造成严重后果，构成犯罪的，依法追究刑事责任。

第五十二条　违反本法规定，对依法履行职责的工会工作人员无正当理由调动工作岗位，进行打击报复的，由劳动行政部门责令改正、恢复原工作；造成损失的，给予赔偿。

对依法履行职责的工会工作人员进行侮辱、诽谤或者进行人身伤害，构成犯罪的，依法追究刑事责任；尚未构成犯罪的，由公安机关依照治安管理处罚法的规定处罚。

第五十三条　违反本法规定，有下列情形之一的，由劳动行政部门责令恢复其工作，并补发被解除劳动合同期间应得的报酬，或者责令给予本人年收入二倍的赔偿：

（一）职工因参加工会活动而被解除劳动合同的；

（二）工会工作人员因履行本法规定的职责而被解除劳动合同的。

第五十四条　违反本法规定，有下列情形之一的，由县级以上人民政府责令改正，依法处理：

（一）妨碍工会组织职工通过职工代表大会和其他形式依法行使民主权利的；

（二）非法撤销、合并工会组织的；

（三）妨碍工会参加职工因工伤亡事故以及其他侵犯职工合法权益问题的调查处理的；

（四）无正当理由拒绝进行平等协商的。

第五十五条　违反本法第四十七条规定，侵占工会经费和财产拒不返还的，工会可以向人民法院提起诉讼，要求返还，并赔偿损失。

第五十六条　工会工作人员违反本法规定，损害职工或者工会权益的，由同级工会或者上级工会责令改正，或者予以处分；情节严重的，依照《中国工会章程》予以罢免；造成损失的，应当承担赔偿责任；构成犯罪的，依法追究刑事责任。

第七章　附　则

第五十七条　中华全国总工会会同有关国家机关制定机关工会实施本法的具体办法。

第五十八条　本法自公布之日起施行。1950 年 6 月 29 日中央人民政府颁布的《中华人民共和国工会法》同时废止。

3. 中华人民共和国劳动合同法

（2007 年 6 月 29 日第十届全国人民代表大会常务委员会第二十八次会议通过 2007 年 6 月 29 日中华人民共和国主席令第 65 号公布 根据 2012 年 12 月 28 日第十一届全国人民代表大会常务委员会第三十次会议通过 2012 年 12 月 28 日中华人民共和国主席令第 73 号公布 自 2013 年 7 月 1 日起施行的《全国人民代表大会常务委员会关于修改〈中华人民共和国劳动合同法〉的决定》修正）

目　录

第一章　总　则

第一条　为了完善劳动合同制度，明确劳动合同双方当事人的权利和义务，保护劳动者的合法权益，构建和发展和谐稳定的劳动关系，制定本法。

第二条　中华人民共和国境内的企业、个体经济组织、民办非企业单位等组织（以下称用人单位）与劳动者建立劳动关系，订立、履行、变更、解除或者终止劳动合同，适用本法。

国家机关、事业单位、社会团体和与其建立劳动关系的劳动者，订立、履行、变更、解除或者终止劳动合同，依照本法执行。

第三条 订立劳动合同，应当遵循合法、公平、平等自愿、协商一致、诚实信用的原则。

依法订立的劳动合同具有约束力，用人单位与劳动者应当履行劳动合同约定的义务。

第四条 用人单位应当依法建立和完善劳动规章制度，保障劳动者享有劳动权利、履行劳动义务。

用人单位在制定、修改或者决定有关劳动报酬、工作时间、休息休假、劳动安全卫生、保险福利、职工培训、劳动纪律以及劳动定额管理等直接涉及劳动者切身利益的规章制度或者重大事项时，应当经职工代表大会或者全体职工讨论，提出方案和意见，与工会或者职工代表平等协商确定。

在规章制度和重大事项决定实施过程中，工会或者职工认为不适当的，有权向用人单位提出，通过协商予以修改完善。

用人单位应当将直接涉及劳动者切身利益的规章制度和重大事项决定公示，或者告知劳动者。

第五条 县级以上人民政府劳动行政部门会同工会和企业方面代表，建立健全协调劳动关系三方机制，共同研究解决有关劳动关系的重大问题。

第六条 工会应当帮助、指导劳动者与用人单位依法订立和履行劳动合同，并与用人单位建立集体协商机制，维护劳动者的合法权益。

第二章 劳动合同的订立

第七条 用人单位自用工之日起即与劳动者建立劳动关系。用人单位应当建立职工名册备查。

第八条 用人单位招用劳动者时，应当如实告知劳动者工作内容、工作条件、工作地点、职业危害、安全生产状况、劳动报酬，以及劳动者要求了解的其他情况；用人单位有权了解劳动者与劳动合同直接相关的基本情况，劳动者应当如实说明。

第九条 用人单位招用劳动者，不得扣押劳动者的居民身份证和其他证件，不得要求劳动者提供担保或者以其他名义向劳动者收取财物。

第十条　建立劳动关系，应当订立书面劳动合同。

已建立劳动关系，未同时订立书面劳动合同的，应当自用工之日起一个月内订立书面劳动合同。

用人单位与劳动者在用工前订立劳动合同的，劳动关系自用工之日起建立。

第十一条　用人单位未在用工的同时订立书面劳动合同，与劳动者约定的劳动报酬不明确的，新招用的劳动者的劳动报酬按照集体合同规定的标准执行；没有集体合同或者集体合同未规定的，实行同工同酬。

第十二条　劳动合同分为固定期限劳动合同、无固定期限劳动合同和以完成一定工作任务为期限的劳动合同。

第十三条　固定期限劳动合同，是指用人单位与劳动者约定合同终止时间的劳动合同。

用人单位与劳动者协商一致，可以订立固定期限劳动合同。

第十四条　无固定期限劳动合同，是指用人单位与劳动者约定无确定终止时间的劳动合同。

用人单位与劳动者协商一致，可以订立无固定期限劳动合同。有下列情形之一，劳动者提出或者同意续订、订立劳动合同的，除劳动者提出订立固定期限劳动合同外，应当订立无固定期限劳动合同：

（一）劳动者在该用人单位连续工作满十年的；

（二）用人单位初次实行劳动合同制度或者国有企业改制重新订立劳动合同时，劳动者在该用人单位连续工作满十年且距法定退休年龄不足十年的；

（三）连续订立二次固定期限劳动合同，且劳动者没有本法第三十九条和第四十条第一项、第二项规定的情形，续订劳动合同的。

用人单位自用工之日起满一年不与劳动者订立书面劳动合同的，视为用人单位与劳动者已订立无固定期限劳动合同。

第十五条　以完成一定工作任务为期限的劳动合同，是指用人单位与劳动者约定以某项工作的完成为合同期限的劳动合同。

用人单位与劳动者协商一致，可以订立以完成一定工作任务为期限的劳动合同。

第十六条　劳动合同由用人单位与劳动者协商一致，并经用人单位与劳动者在劳动合同文本上签字或者盖章生效。

劳动合同文本由用人单位和劳动者各执一份。

第十七条 劳动合同应当具备以下条款：

（一）用人单位的名称、住所和法定代表人或者主要负责人；

（二）劳动者的姓名、住址和居民身份证或者其他有效身份证件号码；

（三）劳动合同期限；

（四）工作内容和工作地点；

（五）工作时间和休息休假；

（六）劳动报酬；

（七）社会保险；

（八）劳动保护、劳动条件和职业危害防护；

（九）法律、法规规定应当纳入劳动合同的其他事项。

劳动合同除前款规定的必备条款外，用人单位与劳动者可以约定试用期、培训、保守秘密、补充保险和福利待遇等其他事项。

第十八条 劳动合同对劳动报酬和劳动条件等标准约定不明确，引发争议的，用人单位与劳动者可以重新协商；协商不成的，适用集体合同规定；没有集体合同或者集体合同未规定劳动报酬的，实行同工同酬；没有集体合同或者集体合同未规定劳动条件等标准的，适用国家有关规定。

第十九条 劳动合同期限三个月以上不满一年的，试用期不得超过一个月；劳动合同期限一年以上不满三年的，试用期不得超过二个月；三年以上固定期限和无固定期限的劳动合同，试用期不得超过六个月。

同一用人单位与同一劳动者只能约定一次试用期。

以完成一定工作任务为期限的劳动合同或者劳动合同期限不满三个月的，不得约定试用期。

试用期包含在劳动合同期限内。劳动合同仅约定试用期的，试用期不成立，该期限为劳动合同期限。

第二十条 劳动者在试用期的工资不得低于本单位相同岗位最低档工资或者劳动合同约定工资的百分之八十，并不得低于用人单位所在地的最低工资标准。

第二十一条 在试用期中，除劳动者有本法第三十九条和第四十条第一项、第二项规定的情形外，用人单位不得解除劳动合同。用人单位在试用期解除劳动合同的，应当向劳动者说明理由。

第二十二条 用人单位为劳动者提供专项培训费用，对其进行专业技术培训的，可以与该劳动者订立协议，约定服务期。

　　劳动者违反服务期约定的，应当按照约定向用人单位支付违约金。违约金的数额不得超过用人单位提供的培训费用。用人单位要求劳动者支付的违约金不得超过服务期尚未履行部分所应分摊的培训费用。

　　用人单位与劳动者约定服务期的，不影响按照正常的工资调整机制提高劳动者在服务期期间的劳动报酬。

　　第二十三条　用人单位与劳动者可以在劳动合同中约定保守用人单位的商业秘密和与知识产权相关的保密事项。

　　对负有保密义务的劳动者，用人单位可以在劳动合同或者保密协议中与劳动者约定竞业限制条款，并约定在解除或者终止劳动合同后，在竞业限制期限内按月给予劳动者经济补偿。劳动者违反竞业限制约定的，应当按照约定向用人单位支付违约金。

　　第二十四条　竞业限制的人员限于用人单位的高级管理人员、高级技术人员和其他负有保密义务的人员。竞业限制的范围、地域、期限由用人单位与劳动者约定，竞业限制的约定不得违反法律、法规的规定。

　　在解除或者终止劳动合同后，前款规定的人员到与本单位生产或者经营同类产品、从事同类业务的有竞争关系的其他用人单位，或者自己开业生产或者经营同类产品、从事同类业务的竞业限制期限，不得超过二年。

　　第二十五条　除本法第二十二条和第二十三条规定的情形外，用人单位不得与劳动者约定由劳动者承担违约金。

　　第二十六条　下列劳动合同无效或者部分无效：

　　（一）以欺诈、胁迫的手段或者乘人之危，使对方在违背真实意思的情况下订立或者变更劳动合同的；

　　（二）用人单位免除自己的法定责任、排除劳动者权利的；

　　（三）违反法律、行政法规强制性规定的。

　　对劳动合同的无效或者部分无效有争议的，由劳动争议仲裁机构或者人民法院确认。

　　第二十七条　劳动合同部分无效，不影响其他部分效力的，其他部分仍然有效。

　　第二十八条　劳动合同被确认无效，劳动者已付出劳动的，用人单位应当向劳动者支付劳动报酬。劳动报酬的数额，参照本单位相同或者相近岗位劳动者的劳动报酬确定。

第三章　劳动合同的履行和变更

第二十九条　用人单位与劳动者应当按照劳动合同的约定，全面履行各自的义务。

第三十条　用人单位应当按照劳动合同约定和国家规定，向劳动者及时足额支付劳动报酬。

用人单位拖欠或者未足额支付劳动报酬的，劳动者可以依法向当地人民法院申请支付令，人民法院应当依法发出支付令。

第三十一条　用人单位应当严格执行劳动定额标准，不得强迫或者变相强迫劳动者加班。用人单位安排加班的，应当按照国家有关规定向劳动者支付加班费。

第三十二条　劳动者拒绝用人单位管理人员违章指挥、强令冒险作业的，不视为违反劳动合同。

劳动者对危害生命安全和身体健康的劳动条件，有权对用人单位提出批评、检举和控告。

第三十三条　用人单位变更名称、法定代表人、主要负责人或者投资人等事项，不影响劳动合同的履行。

第三十四条　用人单位发生合并或者分立等情况，原劳动合同继续有效，劳动合同由承继其权利和义务的用人单位继续履行。

第三十五条　用人单位与劳动者协商一致，可以变更劳动合同约定的内容。变更劳动合同，应当采用书面形式。

变更后的劳动合同文本由用人单位和劳动者各执一份。

第四章　劳动合同的解除和终止

第三十六条　用人单位与劳动者协商一致，可以解除劳动合同。

第三十七条　劳动者提前三十日以书面形式通知用人单位，可以解除劳动合同。劳动者在试用期内提前三日通知用人单位，可以解除劳动合同。

第三十八条　用人单位有下列情形之一的，劳动者可以解除劳动合同：

（一）未按照劳动合同约定提供劳动保护或者劳动条件的；

（二）未及时足额支付劳动报酬的；

（三）未依法为劳动者缴纳社会保险费的；

（四）用人单位的规章制度违反法律、法规的规定，损害劳动者权益的；

（五）因本法第二十六条第一款规定的情形致使劳动合同无效的；

（六）法律、行政法规规定劳动者可以解除劳动合同的其他情形。

用人单位以暴力、威胁或者非法限制人身自由的手段强迫劳动者劳动的，或者用人单位违章指挥、强令冒险作业危及劳动者人身安全的，劳动者可以立即解除劳动合同，不需事先告知用人单位。

第三十九条 劳动者有下列情形之一的，用人单位可以解除劳动合同：

（一）在试用期间被证明不符合录用条件的；

（二）严重违反用人单位的规章制度的；

（三）严重失职，营私舞弊，给用人单位造成重大损害的；

（四）劳动者同时与其他用人单位建立劳动关系，对完成本单位的工作任务造成严重影响，或者经用人单位提出，拒不改正的；

（五）因本法第二十六条第一款第一项规定的情形致使劳动合同无效的；

（六）被依法追究刑事责任的。

第四十条 有下列情形之一的，用人单位提前三十日以书面形式通知劳动者本人或者额外支付劳动者一个月工资后，可以解除劳动合同：

（一）劳动者患病或者非因工负伤，在规定的医疗期满后不能从事原工作，也不能从事由用人单位另行安排的工作的；

（二）劳动者不能胜任工作，经过培训或者调整工作岗位，仍不能胜任工作的；

（三）劳动合同订立时所依据的客观情况发生重大变化，致使劳动合同无法履行，经用人单位与劳动者协商，未能就变更劳动合同内容达成协议的。

第四十一条 有下列情形之一，需要裁减人员二十人以上或者裁减不足二十人但占企业职工总数百分之十以上的，用人单位提前三十日向工会或者全体职工说明情况，听取工会或者职工的意见后，裁减人员方案经向劳动行政部门报告，可以裁减人员：

（一）依照企业破产法规定进行重整的；

（二）生产经营发生严重困难的；

（三）企业转产、重大技术革新或者经营方式调整，经变更劳动合同后，仍需裁减人员的；

（四）其他因劳动合同订立时所依据的客观经济情况发生重大变化，致使劳动合同无法履行的。

裁减人员时，应当优先留用下列人员：

（一）与本单位订立较长期限的固定期限劳动合同的；

（二）与本单位订立无固定期限劳动合同的；

（三）家庭无其他就业人员，有需要扶养的老人或者未成年人的。

用人单位依照本条第一款规定裁减人员，在六个月内重新招用人员的，应当通知被裁减的人员，并在同等条件下优先招用被裁减的人员。

第四十二条 劳动者有下列情形之一的，用人单位不得依照本法第四十条、第四十一条的规定解除劳动合同：

（一）从事接触职业病危害作业的劳动者未进行离岗前职业健康检查，或者疑似职业病病人在诊断或者医学观察期间的；

（二）在本单位患职业病或者因工负伤并被确认丧失或者部分丧失劳动能力的；

（三）患病或者非因工负伤，在规定的医疗期内的；

（四）女职工在孕期、产期、哺乳期的；

（五）在本单位连续工作满十五年，且距法定退休年龄不足五年的；

（六）法律、行政法规规定的其他情形。

第四十三条 用人单位单方解除劳动合同，应当事先将理由通知工会。用人单位违反法律、行政法规规定或者劳动合同约定的，工会有权要求用人单位纠正。用人单位应当研究工会的意见，并将处理结果书面通知工会。

第四十四条 有下列情形之一的，劳动合同终止：

（一）劳动合同期满的；

（二）劳动者开始依法享受基本养老保险待遇的；

（三）劳动者死亡，或者被人民法院宣告死亡或者宣告失踪的；

（四）用人单位被依法宣告破产的；

（五）用人单位被吊销营业执照、责令关闭、撤销或者用人单位决定提前解散的；

（六）法律、行政法规规定的其他情形。

第四十五条 劳动合同期满，有本法第四十二条规定情形之一的，劳动合同应当续延至相应的情形消失时终止。但是，本法第四十二条第二项规定丧失或者部分丧失劳动能力劳动者的劳动合同的终止，按照国家有关工伤保险的规定执行。

第四十六条 有下列情形之一的，用人单位应当向劳动者支付经济补偿：

（一）劳动者依照本法第三十八条规定解除劳动合同的；

（二）用人单位依照本法第三十六条规定向劳动者提出解除劳动合同并与劳动者协商一致解除劳动合同的；

（三）用人单位依照本法第四十条规定解除劳动合同的；

（四）用人单位依照本法第四十一条第一款规定解除劳动合同的；

（五）除用人单位维持或者提高劳动合同约定条件续订劳动合同，劳动者不同意续订的情形外，依照本法第四十四条第一项规定终止固定期限劳动合同的；

（六）依照本法第四十四条第四项、第五项规定终止劳动合同的；

（七）法律、行政法规规定的其他情形。

第四十七条 经济补偿按劳动者在本单位工作的年限，每满一年支付一个月工资的标准向劳动者支付。六个月以上不满一年的，按一年计算；不满六个月的，向劳动者支付半个月工资的经济补偿。

劳动者月工资高于用人单位所在直辖市、设区的市级人民政府公布的本地区上年度职工月平均工资三倍的，向其支付经济补偿的标准按职工月平均工资三倍的数额支付，向其支付经济补偿的年限最高不超过十二年。

本条所称月工资是指劳动者在劳动合同解除或者终止前十二个月的平均工资。

第四十八条 用人单位违反本法规定解除或者终止劳动合同，劳动者要求继续履行劳动合同的，用人单位应当继续履行；劳动者不要求继续履行劳动合同或者劳动合同已经不能继续履行的，用人单位应当依照本法第八十七条规定支付赔偿金。

第四十九条 国家采取措施，建立健全劳动者社会保险关系跨地区转移接续制度。

第五十条 用人单位应当在解除或者终止劳动合同时出具解除或者终止劳动合同的证明，并在十五日内为劳动者办理档案和社会保险关系转移手续。

劳动者应当按照双方约定，办理工作交接。用人单位依照本法有关规定应当向劳动者支付经济补偿的，在办结工作交接时支付。

用人单位对已经解除或者终止的劳动合同的文本，至少保存二年备查。

第五章 特别规定

第一节 集体合同

第五十一条 企业职工一方与用人单位通过平等协商，可以就劳动报酬、工作时间、休息休假、劳动安全卫生、保险福利等事项订立集体合同。集体合同草案应当提交职工代表大会或者全体职工讨论通过。

集体合同由工会代表企业职工一方与用人单位订立；尚未建立工会的用人单位，由上级工会指导劳动者推举的代表与用人单位订立。

第五十二条　企业职工一方与用人单位可以订立劳动安全卫生、女职工权益保护、工资调整机制等专项集体合同。

第五十三条　在县级以下区域内，建筑业、采矿业、餐饮服务业等行业可以由工会与企业方面代表订立行业性集体合同，或者订立区域性集体合同。

第五十四条　集体合同订立后，应当报送劳动行政部门；劳动行政部门自收到集体合同文本之日起十五日内未提出异议的，集体合同即行生效。

依法订立的集体合同对用人单位和劳动者具有约束力。行业性、区域性集体合同对当地本行业、本区域的用人单位和劳动者具有约束力。

第五十五条　集体合同中劳动报酬和劳动条件等标准不得低于当地人民政府规定的最低标准；用人单位与劳动者订立的劳动合同中劳动报酬和劳动条件等标准不得低于集体合同规定的标准。

第五十六条　用人单位违反集体合同，侵犯职工劳动权益的，工会可以依法要求用人单位承担责任；因履行集体合同发生争议，经协商解决不成的，工会可以依法申请仲裁、提起诉讼。

第二节　劳务派遣

第五十七条　经营劳务派遣业务应当具备下列条件：

（一）注册资本不得少于人民币二百万元；

（二）有与开展业务相适应的固定的经营场所和设施；

（三）有符合法律、行政法规规定的劳务派遣管理制度；

（四）法律、行政法规规定的其他条件。

经营劳务派遣业务，应当向劳动行政部门依法申请行政许可；经许可的，依法办理相应的公司登记。未经许可，任何单位和个人不得经营劳务派遣业务。

第五十八条　劳务派遣单位是本法所称用人单位，应当履行用人单位对劳动者的义务。劳务派遣单位与被派遣劳动者订立的劳动合同，除应当载明本法第十七条规定的事项外，还应当载明被派遣劳动者的用工单位以及派遣期限、工作岗位等情况。

劳务派遣单位应当与被派遣劳动者订立二年以上的固定期限劳动合同，按月支付劳动报酬；被派遣劳动者在无工作期间，劳务派遣单位应当按照所在地人民政府规定的最低工资标准，向其按月支付报酬。

第五十九条　劳务派遣单位派遣劳动者应当与接受以劳务派遣形式用工的单位（以下称用工单位）订立劳务派遣协议。劳务派遣协议应当约定派遣岗位和人员数量、派遣期限、劳动报酬和社会保险费的数额与支付方式以及违反协议的责任。

用工单位应当根据工作岗位的实际需要与劳务派遣单位确定派遣期限，不得将连续用工期限分割订立数个短期劳务派遣协议。

第六十条　劳务派遣单位应当将劳务派遣协议的内容告知被派遣劳动者。

劳务派遣单位不得克扣用工单位按照劳务派遣协议支付给被派遣劳动者的劳动报酬。

劳务派遣单位和用工单位不得向被派遣劳动者收取费用。

第六十一条　劳务派遣单位跨地区派遣劳动者的，被派遣劳动者享有的劳动报酬和劳动条件，按照用工单位所在地的标准执行。

第六十二条　用工单位应当履行下列义务：

（一）执行国家劳动标准，提供相应的劳动条件和劳动保护；

（二）告知被派遣劳动者的工作要求和劳动报酬；

（三）支付加班费、绩效奖金，提供与工作岗位相关的福利待遇；

（四）对在岗被派遣劳动者进行工作岗位所必需的培训；

（五）连续用工的，实行正常的工资调整机制。

用工单位不得将被派遣劳动者再派遣到其他用人单位。

第六十三条　被派遣劳动者享有与用工单位的劳动者同工同酬的权利。用工单位应当按照同工同酬原则，对被派遣劳动者与本单位同类岗位的劳动者实行相同的劳动报酬分配办法。用工单位无同类岗位劳动者的，参照用工单位所在地相同或者相近岗位劳动者的劳动报酬确定。

劳务派遣单位与被派遣劳动者订立的劳动合同和与用工单位订立的劳务派遣协议，载明或者约定的向被派遣劳动者支付的劳动报酬应当符合前款规定。

第六十四条　被派遣劳动者有权在劳务派遣单位或者用工单位依法参加或者组织工会，维护自身的合法权益。

第六十五条　被派遣劳动者可以依照本法第三十六条、第三十八条的规定与劳务派遣单位解除劳动合同。

被派遣劳动者有本法第三十九条和第四十条第一项、第二项规定情形的，用工单位可以将劳动者退回劳务派遣单位，劳务派遣单位依照本法有关规定，可以与劳动者解除劳动合同。

第六十六条　劳动合同用工是我国的企业基本用工形式。劳务派遣用工是补充形式，只能在临时性、辅助性或者替代性的工作岗位上实施。

前款规定的临时性工作岗位是指存续时间不超过六个月的岗位；辅助性工作岗位是指为主营业务岗位提供服务的非主营业务岗位；替代性工作岗位是指用工单位的劳动者因脱产学习、休假等原因无法工作的一定期间内，可以由其他劳动者替代工作的岗位。

用工单位应当严格控制劳务派遣用工数量，不得超过其用工总量的一定比例，具体比例由国务院劳动行政部门规定。

第六十七条　用人单位不得设立劳务派遣单位向本单位或者所属单位派遣劳动者。

第三节　非全日制用工

第六十八条　非全日制用工，是指以小时计酬为主，劳动者在同一用人单位一般平均每日工作时间不超过四小时，每周工作时间累计不超过二十四小时的用工形式。

第六十九条　非全日制用工双方当事人可以订立口头协议。

从事非全日制用工的劳动者可以与一个或者一个以上用人单位订立劳动合同；但是，后订立的劳动合同不得影响先订立的劳动合同的履行。

第七十条　非全日制用工双方当事人不得约定试用期。

第七十一条　非全日制用工双方当事人任何一方都可以随时通知对方终止用工。终止用工，用人单位不向劳动者支付经济补偿。

第七十二条　非全日制用工小时计酬标准不得低于用人单位所在地人民政府规定的最低小时工资标准。

非全日制用工劳动报酬结算支付周期最长不得超过十五日。

第七十三条　国务院劳动行政部门负责全国劳动合同制度实施的监督管理。

县级以上地方人民政府劳动行政部门负责本行政区域内劳动合同制度实施的监督管理。

县级以上各级人民政府劳动行政部门在劳动合同制度实施的监督管理工作中，应当听取工会、企业方面代表以及有关行业主管部门的意见。

第七十四条　县级以上地方人民政府劳动行政部门依法对下列实施劳动合同制度的情况进行监督检查：

（一）用人单位制定直接涉及劳动者切身利益的规章制度及其执行的情况；

（二）用人单位与劳动者订立和解除劳动合同的情况；

（三）劳务派遣单位和用工单位遵守劳务派遣有关规定的情况；

（四）用人单位遵守国家关于劳动者工作时间和休息休假规定的情况；

（五）用人单位支付劳动合同约定的劳动报酬和执行最低工资标准的情况；

（六）用人单位参加各项社会保险和缴纳社会保险费的情况；

（七）法律、法规规定的其他劳动监察事项。

第七十五条　县级以上地方人民政府劳动行政部门实施监督检查时，有权查阅与劳动合同、集体合同有关的材料，有权对劳动场所进行实地检查，用人单位和劳动者都应当如实提供有关情况和材料。

劳动行政部门的工作人员进行监督检查，应当出示证件，依法行使职权，文明执法。

第七十六条　县级以上人民政府建设、卫生、安全生产监督管理等有关主管部门在各自职责范围内，对用人单位执行劳动合同制度的情况进行监督管理。

第七十七条　劳动者合法权益受到侵害的，有权要求有关部门依法处理，或者依法申请仲裁、提起诉讼。

第七十八条　工会依法维护劳动者的合法权益，对用人单位履行劳动合同、集体合同的情况进行监督。用人单位违反劳动法律、法规和劳动合同、集体合同的，工会有权提出意见或者要求纠正；劳动者申请仲裁、提起诉讼的，工会依法给予支持和帮助。

第七十九条　任何组织或者个人对违反本法的行为都有权举报，县级以上人民政府劳动行政部门应当及时核实、处理，并对举报有功人员给予奖励。

第七章　法律责任

第八十条　用人单位直接涉及劳动者切身利益的规章制度违反法律、法规规定的，由劳动行政部门责令改正，给予警告；给劳动者造成损害的，应当承担赔偿责任。

第八十一条　用人单位提供的劳动合同文本未载明本法规定的劳动合同必备条

款或者用人单位未将劳动合同文本交付劳动者的，由劳动行政部门责令改正；给劳动者造成损害的，应当承担赔偿责任。

第八十二条　用人单位自用工之日起超过一个月不满一年未与劳动者订立书面劳动合同的，应当向劳动者每月支付二倍的工资。

用人单位违反本法规定不与劳动者订立无固定期限劳动合同的，自应当订立无固定期限劳动合同之日起向劳动者每月支付二倍的工资。

第八十三条　用人单位违反本法规定与劳动者约定试用期的，由劳动行政部门责令改正；违法约定的试用期已经履行的，由用人单位以劳动者试用期满月工资为标准，按已经履行的超过法定试用期的期间向劳动者支付赔偿金。

第八十四条　用人单位违反本法规定，扣押劳动者居民身份证等证件的，由劳动行政部门责令限期退还劳动者本人，并依照有关法律规定给予处罚。

用人单位违反本法规定，以担保或者其他名义向劳动者收取财物的，由劳动行政部门责令限期退还劳动者本人，并以每人五百元以上二千元以下的标准处以罚款；给劳动者造成损害的，应当承担赔偿责任。

劳动者依法解除或者终止劳动合同，用人单位扣押劳动者档案或者其他物品的，依照前款规定处罚。

第八十五条　用人单位有下列情形之一的，由劳动行政部门责令限期支付劳动报酬、加班费或者经济补偿；劳动报酬低于当地最低工资标准的，应当支付其差额部分；逾期不支付的，责令用人单位按应付金额百分之五十以上百分之一百以下的标准向劳动者加付赔偿金：

（一）未按照劳动合同的约定或者国家规定及时足额支付劳动者劳动报酬的；

（二）低于当地最低工资标准支付劳动者工资的；

（三）安排加班不支付加班费的；

（四）解除或者终止劳动合同，未依照本法规定向劳动者支付经济补偿的。

第八十六条　劳动合同依照本法第二十六条规定被确认无效，给对方造成损害的，有过错的一方应当承担赔偿责任。

第八十七条　用人单位违反本法规定解除或者终止劳动合同的，应当依照本法第四十七条规定的经济补偿标准的二倍向劳动者支付赔偿金。

第八十八条　用人单位有下列情形之一的，依法给予行政处罚；构成犯罪的，依法追究刑事责任；给劳动者造成损害的，应当承担赔偿责任：

（一）以暴力、威胁或者非法限制人身自由的手段强迫劳动的；

（二）违章指挥或者强令冒险作业危及劳动者人身安全的；

（三）侮辱、体罚、殴打、非法搜查或者拘禁劳动者的；

（四）劳动条件恶劣、环境污染严重，给劳动者身心健康造成严重损害的。

第八十九条　用人单位违反本法规定未向劳动者出具解除或者终止劳动合同的书面证明，由劳动行政部门责令改正；给劳动者造成损害的，应当承担赔偿责任。

第九十条　劳动者违反本法规定解除劳动合同，或者违反劳动合同中约定的保密义务或者竞业限制，给用人单位造成损失的，应当承担赔偿责任。

第九十一条　用人单位招用与其他用人单位尚未解除或者终止劳动合同的劳动者，给其他用人单位造成损失的，应当承担连带赔偿责任。

第九十二条　违反本法规定，未经许可，擅自经营劳务派遣业务的，由劳动行政部门责令停止违法行为，没收违法所得，并处违法所得一倍以上五倍以下的罚款；没有违法所得的，可以处五万元以下的罚款。

劳务派遣单位、用工单位违反本法有关劳务派遣规定的，由劳动行政部门责令限期改正；逾期不改正的，以每人五千元以上一万元以下的标准处以罚款，对劳务派遣单位，吊销其劳务派遣业务经营许可证。用工单位给被派遣劳动者造成损害的，劳务派遣单位与用工单位承担连带赔偿责任。

第九十三条　对不具备合法经营资格的用人单位的违法犯罪行为，依法追究法律责任；劳动者已经付出劳动的，该单位或者其出资人应当依照本法有关规定向劳动者支付劳动报酬、经济补偿、赔偿金；给劳动者造成损害的，应当承担赔偿责任。

第九十四条　个人承包经营违反本法规定招用劳动者，给劳动者造成损害的，发包的组织与个人承包经营者承担连带赔偿责任。

第九十五条　劳动行政部门和其他有关主管部门及其工作人员玩忽职守、不履行法定职责，或者违法行使职权，给劳动者或者用人单位造成损害的，应当承担赔偿责任；对直接负责的主管人员和其他直接责任人员，依法给予行政处分；构成犯罪的，依法追究刑事责任。

第八章　附　则

第九十六条　事业单位与实行聘用制的工作人员订立、履行、变更、解除或者终止劳动合同，法律、行政法规或者国务院另有规定的，依照其规定；未作规定的，依照本法有关规定执行。

第九十七条　本法施行前已依法订立且在本法施行之日存续的劳动合同，继续履行；本法第十四条第二款第三项规定连续订立固定期限劳动合同的次数，自本法施行后续订固定期限劳动合同时开始计算。

本法施行前已建立劳动关系，尚未订立书面劳动合同的，应当自本法施行之日起一个月内订立。

本法施行之日存续的劳动合同在本法施行后解除或者终止，依照本法第四十六条规定应当支付经济补偿的，经济补偿年限自本法施行之日起计算；本法施行前按照当时有关规定，用人单位应当向劳动者支付经济补偿的，按照当时有关规定执行。

第九十八条　本法自 2008 年 1 月 1 日起施行。

4. 中华人民共和国劳动合同法实施条例

（中华人民共和国国务院令 第 535 号 2018 年 9 月 18 日）

第一章　总　则

第一条　为了贯彻实施《中华人民共和国劳动合同法》（以下简称劳动合同法），制定本条例。

第二条　各级人民政府和县级以上人民政府劳动行政等有关部门以及工会等组织，应当采取措施，推动劳动合同法的贯彻实施，促进劳动关系的和谐。

第三条　依法成立的会计师事务所、律师事务所等合伙组织和基金会，属于劳动合同法规定的用人单位。

第二章　劳动合同的订立

第四条　劳动合同法规定的用人单位设立的分支机构，依法取得营业执照或者登记证书的，可以作为用人单位与劳动者订立劳动合同；未依法取得营业执照或者登记证书的，受用人单位委托可以与劳动者订立劳动合同。

　　第五条　自用工之日起一个月内，经用人单位书面通知后，劳动者不与用人单位订立书面劳动合同的，用人单位应当书面通知劳动者终止劳动关系，无需向劳动者支付经济补偿，但是应当依法向劳动者支付其实际工作时间的劳动报酬。

　　第六条　用人单位自用工之日起超过一个月不满一年未与劳动者订立书面劳动合同的，应当依照劳动合同法第八十二条的规定向劳动者每月支付两倍的工资，并与劳动者补订书面劳动合同；劳动者不与用人单位订立书面劳动合同的，用人单位应当书面通知劳动者终止劳动关系，并依照劳动合同法第四十七条的规定支付经济补偿。前款规定的用人单位向劳动者每月支付两倍工资的起算时间为用工之日起满一个月的次日，截止时间为补订书面劳动合同的前一日。

　　第七条　用人单位自用工之日起满一年未与劳动者订立书面劳动合同的，自用工之日起满一个月的次日至满一年的前一日应当依照劳动合同法第八十二条的规定向劳动者每月支付两倍的工资，并视为自用工之日起满一年的当日已经与劳动者订立无固定期限劳动合同，应当立即与劳动者补订书面劳动合同。

　　第八条　劳动合同法第七条规定的职工名册，应当包括劳动者姓名、性别、公民身份号码、户籍地址及现住址、联系方式、用工形式、用工起始时间、劳动合同期限等内容。

　　第九条　劳动合同法第十四条第二款规定的连续工作满 10 年的起始时间，应当自用人单位用工之日起计算，包括劳动合同法施行前的工作年限。

　　第十条　劳动者非因本人原因从原用人单位被安排到新用人单位工作的，劳动者在原用人单位的工作年限合并计算为新用人单位的工作年限。原用人单位已经向劳动者支付经济补偿的，新用人单位在依法解除、终止劳动合同计算支付经济补偿的工作年限时，不再计算劳动者在原用人单位的工作年限。

　　第十一条　除劳动者与用人单位协商一致的情形外，劳动者依照劳动合同法第十四条第二款的规定，提出订立无固定期限劳动合同的，用人单位应当与其订立无固定期限劳动合同。对劳动合同的内容，双方应当按照合法、公平、平等自愿、协商一致、诚实信用的原则协商确定；对协商不一致的内容，依照劳动合同法第十八条的规定执行。

　　第十二条　地方各级人民政府及县级以上地方人民政府有关部门为安置就业困难人员提供的给予岗位补贴和社会保险补贴的公益性岗位，其劳动合同不适用劳动合同法有关无固定期限劳动合同的规定以及支付经济补偿的规定。

　　第十三条　用人单位与劳动者不得在劳动合同法第四十四条规定的劳动合同终

止情形之外约定其他的劳动合同终止条件。

第十四条 劳动合同履行地与用人单位注册地不一致的，有关劳动者的最低工资标准、劳动保护、劳动条件、职业危害防护和本地区上年度职工月平均工资标准等事项，按照劳动合同履行地的有关规定执行；用人单位注册地的有关标准高于劳动合同履行地的有关标准，且用人单位与劳动者约定按照用人单位注册地的有关规定执行的，从其约定。

第十五条 劳动者在试用期的工资不得低于本单位相同岗位最低档工资的80%或者不得低于劳动合同约定工资的80%，并不得低于用人单位所在地的最低工资标准。

第十六条 劳动合同法第二十二条第二款规定的培训费用，包括用人单位为了对劳动者进行专业技术培训而支付的有凭证的培训费用、培训期间的差旅费用以及因培训产生的用于该劳动者的其他直接费用。

第十七条 劳动合同期满，但是用人单位与劳动者依照劳动合同法第二十二条的规定约定的服务期尚未到期的，劳动合同应当续延至服务期满；双方另有约定的，从其约定。

第三章　劳动合同的解除和终止

第十八条 有下列情形之一的，依照劳动合同法规定的条件、程序，劳动者可以与用人单位解除固定期限劳动合同、无固定期限劳动合同或者以完成一定工作任务为期限的劳动合同：

（一）劳动者与用人单位协商一致的；

（二）劳动者提前30日以书面形式通知用人单位的；

（三）劳动者在试用期内提前3日通知用人单位的；

（四）用人单位未按照劳动合同约定提供劳动保护或者劳动条件的；

（五）用人单位未及时足额支付劳动报酬的；

（六）用人单位未依法为劳动者缴纳社会保险费的；

（七）用人单位的规章制度违反法律、法规的规定，损害劳动者权益的；

（八）用人单位以欺诈、胁迫的手段或者乘人之危，使劳动者在违背真实意思的情况下订立或者变更劳动合同的；

（九）用人单位在劳动合同中免除自己的法定责任、排除劳动者权利的；

（十）用人单位违反法律、行政法规强制性规定的；

（十一）用人单位以暴力、威胁或者非法限制人身自由的手段强迫劳动者劳动的；

（十二）用人单位违章指挥、强令冒险作业危及劳动者人身安全的；

（十三）法律、行政法规规定劳动者可以解除劳动合同的其他情形。

第十九条　有下列情形之一的，依照劳动合同法规定的条件、程序，用人单位可以与劳动者解除固定期限劳动合同、无固定期限劳动合同或者以完成一定工作任务为期限的劳动合同：

（一）用人单位与劳动者协商一致的；

（二）劳动者在试用期间被证明不符合录用条件的；

（三）劳动者严重违反用人单位的规章制度的；

（四）劳动者严重失职，营私舞弊，给用人单位造成重大损害的；

（五）劳动者同时与其他用人单位建立劳动关系，对完成本单位的工作任务造成严重影响，或者经用人单位提出，拒不改正的；

（六）劳动者以欺诈、胁迫的手段或者乘人之危，使用人单位在违背真实意思的情况下订立或者变更劳动合同的；

（七）劳动者被依法追究刑事责任的；

（八）劳动者患病或者非因工负伤，在规定的医疗期满后不能从事原工作，也不能从事由用人单位另行安排的工作的；

（九）劳动者不能胜任工作，经过培训或者调整工作岗位，仍不能胜任工作的；

（十）劳动合同订立时所依据的客观情况发生重大变化，致使劳动合同无法履行，经用人单位与劳动者协商，未能就变更劳动合同内容达成协议的；

（十一）用人单位依照企业破产法规定进行重整的；

（十二）用人单位生产经营发生严重困难的；

（十三）企业转产、重大技术革新或者经营方式调整，经变更劳动合同后，仍需裁减人员的；

（十四）其他因劳动合同订立时所依据的客观经济情况发生重大变化，致使劳动合同无法履行的。

第二十条　用人单位依照劳动合同法第四十条的规定，选择额外支付劳动者一个月工资解除劳动合同的，其额外支付的工资应当按照该劳动者上一个月的工资标准确定。

第二十一条 劳动者达到法定退休年龄的，劳动合同终止。

第二十二条 以完成一定工作任务为期限的劳动合同因任务完成而终止的，用人单位应当依照劳动合同法第四十七条的规定向劳动者支付经济补偿。

第二十三条 用人单位依法终止工伤职工的劳动合同的，除依照劳动合同法第四十七条的规定支付经济补偿外，还应当依照国家有关工伤保险的规定支付一次性工伤医疗补助金和伤残就业补助金。

第二十四条 用人单位出具的解除、终止劳动合同的证明，应当写明劳动合同期限、解除或者终止劳动合同的日期、工作岗位、在本单位的工作年限。

第二十五条 用人单位违反劳动合同法的规定解除或者终止劳动合同，依照劳动合同法第八十七条的规定支付了赔偿金的，不再支付经济补偿。赔偿金的计算年限自用工之日起计算。

第二十六条 用人单位与劳动者约定了服务期，劳动者依照劳动合同法第三十八条的规定解除劳动合同的，不属于违反服务期的约定，用人单位不得要求劳动者支付违约金。

有下列情形之一，用人单位与劳动者解除约定服务期的劳动合同的，劳动者应当按照劳动合同的约定向用人单位支付违约金：

（一）劳动者严重违反用人单位的规章制度的；

（二）劳动者严重失职，营私舞弊，给用人单位造成重大损害的；

（三）劳动者同时与其他用人单位建立劳动关系，对完成本单位的工作任务造成严重影响，或者经用人单位提出，拒不改正的；

（四）劳动者以欺诈、胁迫的手段或者乘人之危，使用人单位在违背真实意思的情况下订立或者变更劳动合同的；

（五）劳动者被依法追究刑事责任的。

第二十七条 劳动合同法第四十七条规定的经济补偿的月工资按照劳动者应得工资计算，包括计时工资或者计件工资以及奖金、津贴和补贴等货币性收入。劳动者在劳动合同解除或者终止前 12 个月的平均工资低于当地最低工资标准的，按照当地最低工资标准计算。劳动者工作不满 12 个月的，按照实际工作的月数计算平均工资。

第四章　劳务派遣特别规定

第二十八条 用人单位或者其所属单位出资或者合伙设立的劳务派遣单位，向本单位或者所属单位派遣劳动者的，属于劳动合同法第六十七条规定的不得设立的劳务派遣单位。

第二十九条　用工单位应当履行劳动合同法第六十二条规定的义务，维护被派遣劳动者的合法权益。

第三十条　劳务派遣单位不得以非全日制用工形式招用被派遣劳动者。

第三十一条　劳务派遣单位或者被派遣劳动者依法解除、终止劳动合同的经济补偿，依照劳动合同法第四十六条、第四十七条的规定执行。

第三十二条　劳务派遣单位违法解除或者终止被派遣劳动者的劳动合同的，依照劳动合同法第四十八条的规定执行。

第五章　法律责任

第三十三条　用人单位违反劳动合同法有关建立职工名册规定的，由劳动行政部门责令限期改正；逾期不改正的，由劳动行政部门处 2000 元以上 2 万元以下的罚款。

第三十四条　用人单位依照劳动合同法的规定应当向劳动者每月支付两倍的工资或者应当向劳动者支付赔偿金而未支付的，劳动行政部门应当责令用人单位支付。

第三十五条　用工单位违反劳动合同法和本条例有关劳务派遣规定的，由劳动行政部门和其他有关主管部门责令改正；情节严重的，以每位被派遣劳动者 1000 元以上 5000 元以下的标准处以罚款；给被派遣劳动者造成损害的，劳务派遣单位和用工单位承担连带赔偿责任。

第六章　附　则

第三十六条　对违反劳动合同法和本条例的行为的投诉、举报，县级以上地方人民政府劳动行政部门依照《劳动保障监察条例》的规定处理。

第三十七条　劳动者与用人单位因订立、履行、变更、解除或者终止劳动合同发生争议的，依照《中华人民共和国劳动争议调解仲裁法》的规定处理。

第三十八条　本条例自公布之日起施行。

5. 中共中央 国务院关于构建和谐劳动关系的意见

（2015 年 3 月 21 日）

为全面贯彻党的十八大和十八届二中、三中、四中全会精神，构建和谐劳动关系，推动科学发展，促进社会和谐，现提出如下意见。

一、充分认识构建和谐劳动关系的重大意义

劳动关系是生产关系的重要组成部分，是最基本、最重要的社会关系之一。劳动关系是否和谐，事关广大职工和企业的切身利益，事关经济发展与社会和谐。党和国家历来高度重视构建和谐劳动关系，制定了一系列法律法规和政策措施并作出工作部署。各级党委和政府认真贯彻落实党中央和国务院的决策部署，取得了积极成效，总体保持了全国劳动关系和谐稳定。但是，我国正处于经济社会转型时期，劳动关系的主体及其利益诉求越来越多元化，劳动关系矛盾已进入凸显期和多发期，劳动争议案件居高不下，有的地方拖欠农民工工资等损害职工利益的现和谐劳动关系，是加强和创新社会管理、保障和改善民生的重要内容，是建设社会主义和谐社会的重要基础，是经济持续健康发展的重要保证，是增强党的执政基础、巩固党的执政地位的必然要求。各级党委和政府要从夺取中国特色社会主义新胜利的全局和战略高度，深刻认识构建和谐劳动关系的重大意义，切实增强责任感和使命感，把构建和谐劳动关系作为一项紧迫任务，摆在更加突出的位置，采取有力措施抓实抓好。

二、构建和谐劳动关系的指导思想、工作原则和目标任务

（一）指导思想。全面贯彻党的十八大和十八届二中、三中、四中全会精神，以邓小平理论、"三个代表"重要思想、科学发展观为指导，深入贯彻习近平总书记系列重要讲话精神，贯彻落实党中央和国务院的决策部署，坚持促进企业发展、维护职工权益，坚持正确处理改革发展稳定关系，推动中国特色和谐劳动关系的建设和发展，最大限度增加劳动关系和谐因素，最大限度减少不和谐因素，促进经济持续健康发展和社会和谐稳定，凝聚广大职工为实现"两个一百年"奋斗目标、实现中华民族伟大复兴的中国梦贡献力量。

（二）工作原则

——坚持以人为本。把解决广大职工最关心、最直接、最现实的利益问题，切实维护其根本权益，作为构建和谐劳动关系的根本出发点和落脚点。

——坚持依法构建。健全劳动保障法律法规，增强企业依法用工意识，提高职工依法维权能力，加强劳动保障执法监督和劳动纠纷调处，依法处理劳动关系矛盾，把劳动关系的建立、运行、监督、调处的全过程纳入法治化轨道。

——坚持共建共享。统筹处理好促进企业发展和维护职工权益的关系，调动劳动关系主体双方的积极性、主动性，推动企业和职工协商共事、机制共建、效益共创、利益共享。

——坚持改革创新。从我国基本经济制度出发，统筹考虑公有制经济、非公有制经济和混合所有制经济的特点，不断探究和把握社会主义市场经济条件下劳动关系的规律性，积极稳妥推进具有中国特色的劳动关系工作理论、体制、制度、机制和方法创新。

（三）目标任务。加强调整劳动关系的法律、体制、制度、机制和能力建设，加快健全党委领导、政府负责、社会协同、企业和职工参与、法治保障的工作体制，加快形成源头治理、动态管理、应急处置相结合的工作机制，实现劳动用工更加规范，职工工资合理增长，劳动条件不断改善，职工安全健康得到切实保障，社会保险全面覆盖，人文关怀日益加强，有效预防和化解劳动关系矛盾，建立规范有序、公正合理、互利共赢、和谐稳定的劳动关系。

三、依法保障职工基本权益

（四）切实保障职工取得劳动报酬的权利。完善并落实工资支付规定，健全工资支付监控、工资保证金和欠薪应急周转金制度，探索建立欠薪保障金制度，落实清偿欠薪的施工总承包企业负责制，依法惩处拒不支付劳动报酬等违法犯罪行为，保障职工特别是农民工按时足额领到工资报酬。努力实现农民工与城镇就业人员同工同酬。

（五）切实保障职工休息休假的权利。完善并落实国家关于职工工作时间、全国年节及纪念日假期、带薪年休假等规定，规范企业实行特殊工时制度的审批管理，督促企业依法安排职工休息休假。企业因生产经营需要安排职工延长工作时间的，应与工会和职工协商，并依法足额支付加班加点工资。加强劳动定额定员标准化工作，推动劳动定额定员国家标准、行业标准的制定修订，指导企业制定实施科学合理的劳动定额定员标准，保障职工的休息权利。

（六）切实保障职工获得劳动安全卫生保护的权利。加强劳动安全卫生执法监督，督促企业健全并落实劳动安全卫生责任制，严格执行国家劳动安全卫生保护标准，加大安全生产投入，强化安全生产和职业卫生教育培训，提供符合国家规定的劳动安全卫生条件和劳动保护用品，对从事有职业危害作业的职工按照国家规定进行上岗前、在岗期间和离岗时的职业健康检查，加强女职工和未成年工特殊劳动保护，最大限度地减少生产安全事故和职业病危害。

（七）切实保障职工享受社会保险和接受职业技能培训的权利。认真贯彻实施社会保险法，继续完善社会保险关系转移接续办法，努力实现社会保险全面覆盖，落实广大职工特别是农民工和劳务派遣工的社会保险权益。督促企业依法为职工缴纳各项社会保险费，鼓励有条件的企业按照法律法规和有关规定为职工建立补充保险。引导职工自觉履行法定义务，积极参加社会保险。加强对职工的职业技能培训，鼓励职工参加学历教育和继续教育，提高职工文化知识水平和技能水平。

四、健全劳动关系协调机制

（八）全面实行劳动合同制度。贯彻落实好劳动合同法等法律法规，加强对企业实行劳动合同制度的监督、指导和服务，在用工季节性强、职工流动性大的行业推广简易劳动合同示范文本，依法规范劳动合同订立、履行、变更、解除、终止等行为，切实提高劳动合同签订率和履行质量。依法加强对劳务派遣的监管，规范非全日制、劳务承揽、劳务外包用工和企业裁员行为。指导企业建立健全劳动规章制度，提升劳动用工管理水平。全面推进劳动用工信息申报备案制度建设，加强对企业劳动用工的动态管理。

（九）推行集体协商和集体合同制度。以非公有制企业为重点对象，依法推进工资集体协商，不断扩大覆盖面、增强实效性，形成反映人力资源市场供求关系和企业经济效益的工资决定机制和正常增长机制。完善工资指导线制度，加快建立统一规范的企业薪酬调查和信息发布制度，为开展工资集体协商提供参考。推动企业与职工就工作条件、劳动定额、女职工特殊保护等开展集体协商，订立集体合同。加强集体协商代表能力建设，提高协商水平。加强对集体协商过程的指导，督促企业和职工认真履行集体合同。

（十）健全协调劳动关系三方机制。完善协调劳动关系三方机制组织体系，建立健全由人力资源社会保障部门会同工会和企业联合会、工商业联合会等企业代表组织组成的三方机制，根据实际需要推动工业园区、乡镇（街道）和产业系统建立三方机制。加强和创新三方机制组织建设，建立健全协调劳动关系三方委员会，由同级政府领导担任委员会主任。完善三方机制职能，健全工作制度，充分发挥政府、工会和企业代表组织共同研究解决有关劳动关系重大问题的重要作用。

五、加强企业民主管理制度建设

（十一）健全企业民主管理制度。完善以职工代表大会为基本形式的企业民主管理制度，丰富职工民主参与形式，畅通职工民主参与渠道，依法保障职工的知情权、参与权、表达权、监督权。推进企业普遍建立职工代表大会，认真落实职工代表大会职权，充分发挥职工代表大会在企业发展重大决策和涉及职工切身利益等重大事项上的重要作用。针对不同所有制企业，探索符合各自特点的职工代表大会形式、权限和职能。在中小企业集中的地方，可以建立区域性、行业性职工代表大会。

（十二）推进厂务公开制度化、规范化。进一步提高厂务公开建制率，加强国有企业改制重组过程中的厂务公开，积极稳妥推进非公有制企业厂务公开制度建设。完善公开程序，充实公开内容，创新公开形式，探索和推行经理接待日、劳资恳谈会、总经理信箱等多种形式的公开。

（十三）推行职工董事、职工监事制度。按照公司法规定，在公司制企业建立职工董事、职工监事制度。依法规范职工董事、职工监事履职规则。在董事会、监事会研究决定公司重大问题时，职工董事、职工监事应充分发表意见，反映职工合理诉求，维护职工和公司合法权益。

六、健全劳动关系矛盾调处机制

（十四）健全劳动保障监察制度。全面推进劳动保障监察网格化、网络化管理，实现监察执法向主动预防和统筹城乡转变。创新监察执法方式，规范执法行为，进一步畅通举报投诉渠道，扩大日常巡视检查和书面审查覆盖范围，强化对突出问题的专项整治。建立健全违法行为预警防控机制，完善多部门综合治理和监察执法与刑事司法联动机制，加大对非法用工尤其是大案要案的查处力度，严厉打击使用童工、强迫劳动、拒不支付劳动报酬等违法犯罪行为。加强劳动保障诚信评价制度建设，建立健全企业诚信档案。

（十五）健全劳动争议调解仲裁机制。坚持预防为主、基层为主、调解为主的工作方针，加强企业劳动争议调解委员会建设，推进各类企业普遍建立内部劳动争议协商调解机制。大力推动乡镇（街道）、村（社区）依法建立劳动争议调解组织，支持工会、商（协）会依法建立行业性、区域性劳动争议调解组织。完善劳动争议调解制度，大力加强专业性劳动争议调解工作，健全人民调解、行政调解、仲裁调解、司法调解联动工作体系，充分发挥协商、调解在处理劳动争议中的基础性作用。完善劳动人事争议仲裁办案制度，规范办案程序，加大仲裁办案督查力度，进一步提高仲裁效能和办案质量，促进案件仲裁终结。加强裁审衔接与工作协调，积极探索建立诉讼与仲裁程序有效衔接、裁审标准统一的新规则、新制度。畅通法律援助渠道，依法及时为符合条件的职工提供法律援助，切实维护当事人合法权益。依托协调劳动关系三方机制完善协调处理集体协商争议的办法，有效调处因签订集体合同发生的争议和集体停工事件。

（十六）完善劳动关系群体性事件预防和应急处置机制。加强对劳动关系形势的分析研判，建立劳动关系群体性纠纷的经常性排查和动态监测预警制度，及时发现和积极解决劳动关系领域的苗头性、倾向性问题，有效防范群体性事件。完善应急预案，明确分级响应、处置程序和处置措施。健全党委领导下的政府负责，有关部门和工会、企业代表组织共同参与的群体性事件应急联动处置机制，形成快速反应和处置工作合力，督促指导企业落实主体责任，及时妥善处置群体性事件。

七、营造构建和谐劳动关系的良好环境

（十七）加强对职工的教育引导。在广大职工中加强思想政治教育，引导职工树立正确的世界观、人生观、价值观，追求高尚的职业理想，培养良好的职业道德，增强对企业的责任感、认同感和归属感，爱岗敬业、遵守纪律、诚实守信，自觉履行劳动义务。加强有关法律法规政策宣传工作，在努力解决职工切身利益问题的同时，引导职工正确对待社会利益关系调整，合理确定提高工资收入等诉求预期，以理性合法形式表达利益诉求、解决利益矛盾、维护自身权益。

（十八）加强对职工的人文关怀。培育富有特色的企业精神和健康向上的企业文化，为职工构建共同的精神家园。注重职工的精神需求和心理健康，及时了解掌握职工思想动态，有针对性地做好思想引导和心理疏导工作，建立心理危机干预预警机制。加强企业文体娱乐设施建设，积极组织职工开展喜闻乐见、丰富多彩的文化体育活动，丰富职工文化生活。拓宽职工的发展渠道，拓展职业发展空间。

（十九）教育引导企业经营者积极履行社会责任。加强广大企业经营者的思想政治教育，引导其践行社会主义核心价值观，牢固树立爱国、敬业、诚信、守法、奉献精神，切实承担报效国家、服务社会、造福职工的社会责任。教育引导企业经营者自觉关心爱护职工，努力改善职工的工作、学习和生活条件，帮助他们排忧解难，加大对困难职工的帮扶力度。建立符合我国国情的企业社会责任标准体系和评价体系，营造鼓励企业履行社会责任的环境。加强对企业经营者尤其是中小企业经营管理人员的劳动保障法律法规教育培训，提高他们的依法用工意识，引导他们自觉保障职工合法权益。

（二十）优化企业发展环境。加强和改进政府的管理服务，减少和规范涉企行政审批事项，提高审批事项的工作效率，激发市场主体创造活力。加大对中小企业政策扶持力度，特别是推进扶持小微企业发展的各项政策落实落地，进一步减轻企业负担。加强技术支持，引导企业主动转型升级，紧紧依靠科技进步、职工素质提升和管理创新，不断提升竞争力。通过促进企业发展，为构建和谐劳动关系创造物质条件。

（二十一）加强构建和谐劳动关系的法治保障。进一步完善劳动法、劳动合同法、劳动争议调解仲裁法、社会保险法、职业病防治法等法律的配套法规、规章和政策，加快完善基本劳动标准、集体协商和集体合同、企业工资、劳动保障监察、企业民主管理、协调劳动关系三方机制等方面的制度，逐步健全劳动保障法律法规体系。深入开展法律法规宣传教育，加强行政执法和法律监督，促进各项劳动保障法律法规贯彻实施。

八、加强组织领导和统筹协调

（二十二）进一步加强领导，形成合力。各级党委和政府要建立健全构建和谐劳动关系的领导协调机制，形成全社会协同参与的工作合力。各级党委要统揽全局，把握方向，及时研究和解决劳动关系中的重大问题，把党政力量、群团力量、企业力量、社会力量统一起来，发挥人大监督、政协民主监督作用。各级政府要把构建和谐劳动关系纳入当地经济社会发展规划和政府目标责任考核体系，切实担负起定政策、作部署、抓落实的责任。完善并落实最低工资制度，在经济发展基础上合理调整最低工资标准。各级人力资源社会保障等部门要充分履行职责，认真做好调查研究、决策咨询、统筹协调、指导服务、检查督促和监察执法等工作。各级工会要积极反映职工群众呼声，依法维护职工权益，团结和凝聚广大职工建功立业。各级工商业联合会、企业联合会等企业代表组织要积极反映企业利益诉求，依法维护企业权益，教育和引导广大企业经营者主动承担社会责任。

（二十三）加强劳动关系工作能力建设。重视加强各级政府劳动关系协调、劳动保障监察机构建设以及劳动人事争议仲裁委员会和仲裁院建设，配备必要的工作力量。统筹推进乡镇（街道）、村（社区）等基层劳动就业社会保障公共服务平台建设，完善基层劳动关系工作职能，充实基层劳动关系协调、劳动争议调解和劳动保障监察人员。加强劳动关系工作人员业务培训，提高队伍素质。各级政府要针对劳动关系工作机构和队伍建设方面存在的问题，从力量配置、经费投入上给予支持，保障构建和谐劳动关系工作顺利开展。

（二十四）加强企业党组织和基层工会、团组织、企业代表组织建设。加强各类企业党建工作，重点在非公有制企业扩大党的组织覆盖和工作覆盖。坚持企业党建带群团建设，依法推动各类企业普遍建立工会，进一步加强非公有制企业团建工作。指导和支持企业党群组织探索适合企业特点的工作途径和方法，不断增强企业党群组织活力，充分发挥在推动企业发展、凝聚职工群众、促进和谐稳定中的作用。深入推进区域性、行业性工会联合会和县（市、区）、乡镇（街道）、村（社区）、工业园区工会组织建设，健全产业工会组织体系。完善基层工会主席民主产生机制，探索基层工会干部社会化途径，健全保护基层工会干部合法权益制度。建立健全县级以上政府与同级总工会联席会议制度，支持工会参与协调劳动关系。加强基层企业代表组织建设，支持企业代表组织参与协调劳动关系，充分发挥企业代表组织对企业经营者的团结、服务、引导、教育作用。

（二十五）深入推进和谐劳动关系创建活动。把和谐劳动关系创建活动作为构建和谐劳动关系的重要载体，总结创建活动经验，建立健全创建工作目标责任制，扩大创建活动在广大企业特别是非公有制企业和中小企业的覆盖面，推动区域性创建活动由工业园区向企业比较集中的乡镇（街道）、村（社区）拓展，努力形成全方位、多层次的创建局面。丰富创建内容，规范创建标准，改进创建评价，完善激励措施，按照国家有关规定定期表彰创建活动先进单位，把对企业和企业经营者评先评优与和谐劳动关系创建结合起来，不断推进创建活动深入开展。积极开展构建和谐劳动关系综合试验区（市）建设，为构建中国特色和谐劳动关系创造经验。

（二十六）加大构建和谐劳动关系宣传力度。充分利用新闻媒体和网站，大力宣传构建和谐劳动关系的重大意义、宣传党和政府的方针政策和劳动保障法律法规、宣传构建和谐劳动关系取得的实际成效和工作经验、宣传企业关爱职工和职工奉献企业的先进典型，形成正确舆论导向和强大舆论声势，营造全社会共同关心、支持和参与构建和谐劳动关系的良好氛围。

6. 城市居民最低生活保障条例

（国务院令第 271 号 1999 年 9 月 28 日）

　　第一条　为了规范城市居民最低生活保障制度，保障城市居民基本生活，制定本条例。

　　第二条　持有非农业户口的城市居民，凡共同生活的家庭成员人均收入低于当地城市居民最低生活保障标准的，均有从当地人民政府获得基本生活物质帮助的权利。

　　前款所称收入，是指共同生活的家庭成员的全部货币收入和实物收入，包括法定赡养人、扶养人或者抚养人应当给付的赡养费、扶养费或者抚养费，不包括优抚对象按照国家规定享受的抚恤金、补助金。

　　第三条　城市居民最低生活保障制度遵循保障城市居民基本生活的原则，坚持国家保障与社会帮扶相结合、鼓励劳动自救的方针。

　　第四条　城市居民最低生活保障制度实行地方各级人民政府负责制。县级以上地方各级人民政府民政部门具体负责本行政区域内城市居民最低生活保障的管理工作；财政部门按照规定落实城市居民最低生活保障资金；统计、物价、审计、劳动保障和人事等部门分工负责，在各自的职责范围内负责城市居民最低生活保障的有关工作。

　　县级人民政府民政部门以及街道办事处和镇人民政府（以下统称管理审批机关）负责城市居民最低生活保障的具体管理审批工作。

　　居民委员会根据管理审批机关的委托，可以承担城市居民最低生活保障的日常管理、服务工作。

　　国务院民政部门负责全国城市居民最低生活保障的管理工作。

　　第五条　城市居民最低生活保障所需资金，由地方人民政府列入财政预算，纳入社会救济专项资金支出项目，专项管理，专款专用。

　　国家鼓励社会组织和个人为城市居民最低生活保障提供捐赠、资助；所提供的捐赠资助，全部纳入当地城市居民最低生活保障资金。

第六条　城市居民最低生活保障标准，按照当地维持城市居民基本生活所必需的衣、食、住费用，并适当考虑水电燃煤（燃气）费用以及未成年人的义务教育费用确定。

直辖市、设区的市的城市居民最低生活保障标准，由市人民政府民政部门会同财政、统计、物价等部门制定，报本级人民政府批准并公布执行；县（县级市）的城市居民最低生活保障标准，由县（县级市）人民政府民政部门会同财政、统计、物价等部门制定，报本级人民政府批准并报上一级人民政府备案后公布执行。

城市居民最低生活保障标准需要提高时，依照前两款的规定重新核定。

第七条　申请享受城市居民最低生活保障待遇，由户主向户籍所在地的街道办事处或者镇人民政府提出书面申请，并出具有关证明材料，填写《城市居民最低生活保障待遇审批表》。城市居民最低生活保障待遇，由其所在地的街道办事处或者镇人民政府初审，并将有关材料和初审意见报送县级人民政府民政部门审批。

管理审批机关为审批城市居民最低生活保障待遇的需要，可以通过入户调查、邻里访问以及信函索证等方式对申请人的家庭经济状况和实际生活水平进行调查核实。申请人及有关单位、组织或者个人应当接受调查，如实提供有关情况。

第八条　县级人民政府民政部门经审查，对符合享受城市居民最低生活保障待遇条件的家庭，应当区分下列不同情况批准其享受城市居民最低生活保障待遇：

（一）对无生活来源、无劳动能力又无法定赡养人、扶养人或者抚养人的城市居民，批准其按照当地城市居民最低生活保障标准全额享受；

（二）对尚有一定收入的城市居民，批准其按照家庭人均收入低于当地城市居民最低生活保障标准的差额享受。

县级人民政府民政部门经审查，对不符合享受城市居民最低生活保障待遇条件的，应当书面通知申请人，并说明理由。

管理审批机关应当自接到申请人提出申请之日起的30日内办结审批手续。

城市居民最低生活保障待遇由管理审批机关以货币形式按月发放；必要时，也可以给付实物。

第九条　对经批准享受城市居民最低生活保障待遇的城市居民，由管理审批机关采取适当形式以户为单位予以公布，接受群众监督。任何人对不符合法定条件而享受城市居民最低生活保障待遇的，都有权向管理审批机关提出意见；管理审批机关经核查，对情况属实的，应当予以纠正。

第十条　享受城市居民最低生活保障待遇的城市居民家庭人均收入情况发生变

化的，应当及时通过居民委员会告知管理审批机关，办理停发、减发或者增发城市居民最低生活保障待遇的手续。

管理审批机关应当对享受城市居民最低生活保障待遇的城市居民的家庭收入情况定期进行核查。

在就业年龄内有劳动能力但尚未就业的城市居民，在享受城市居民最低生活保障待遇期间，应当参加其所在的居民委员会组织的公益性社区服务劳动。

第十一条　地方各级人民政府及其有关部门，应当对享受城市居民最低生活保障待遇的城市居民在就业、从事个体经营等方面给予必要的扶持和照顾。

第十二条　财政部门、审计部门依法监督城市居民最低生活保障资金的使用情况。

第十三条　从事城市居民最低生活保障管理审批工作的人员有下列行为之一的，给予批评教育，依法给予行政处分；构成犯罪的，依法追究刑事责任：

（一）对符合享受城市居民最低生活保障待遇条件的家庭拒不签署同意享受城市居民最低生活保障待遇意见的，或者对不符合享受城市居民最低生活保障待遇条件的家庭故意签署同意享受城市居民最低生活保障待遇意见的；

（二）玩忽职守、徇私舞弊，或者贪污、挪用、扣压、拖欠城市居民最低生活保障款物的。

第十四条　享受城市居民最低生活保障待遇的城市居民有下列行为之一的，由县级人民政府民政部门给予批评教育或者警告，追回其冒领的城市居民最低生活保障款物；情节恶劣的，处冒领金额 1 倍以上 3 倍以下的罚款：

（一）采取虚报、隐瞒、伪造等手段，骗取享受城市居民最低生活保障待遇的；

（二）在享受城市居民最低生活保障待遇期间家庭收入情况好转，不按规定告知管理审批机关，继续享受城市居民最低生活保障待遇的。

第十五条　城市居民对县级人民政府民政部门作出的不批准享受城市居民最低生活保障待遇或者减发、停发城市居民最低生活保障款物的决定或者给予的行政处罚不服的，可以依法申请行政复议；对复议决定仍不服的，可以依法提起行政讼诉。

第十六条　省、自治区、直辖市人民政府可以根据本条例，结合本行政区域城市居民最低生活保障工作的实际情况，规定实施的办法和步骤。

第十七条　本条例自 1999 年 10 月 1 日起施行。

7. 关于提高技术工人待遇的意见

（中共中央办公厅、国务院办公厅 2018 年 3 月 22 日）

为落实《新时期产业工人队伍建设改革方案》，创新技能导向的激励机制，进一步鼓励辛勤劳动、诚实劳动、创造性劳动，增强生产服务一线岗位对劳动者吸引力，建设知识型、技能型、创新型劳动者大军，营造劳动光荣的社会风尚和精益求精的敬业风气，现就提高技术工人待遇提出如下意见。

一、指导思想

全面贯彻党的十九大精神，以习近平新时代中国特色社会主义思想为指导，紧紧围绕统筹推进"五位一体"总体布局和协调推进"四个全面"战略布局，牢固树立和贯彻落实新发展理念，坚持以人民为中心的发展思想，坚持全心全意依靠工人阶级的方针，充分发挥政府、企业、社会的协同作用，完善技术工人培养、评价、使用、激励、保障等措施，实现技高者多得、多劳者多得，增强技术工人获得感、自豪感、荣誉感，激发技术工人积极性、主动性、创造性，为实施人才强国战略和创新驱动发展战略，实现"两个一百年"奋斗目标、实现中华民族伟大复兴的中国梦，提供坚实的人才保障。

二、基本原则

——加强领导，形成合力。坚持党管人才原则，充分发挥市场在资源配置中的决定性作用，更好发挥政府作用，进一步增强企业主体作用、工会监督作用、群团组织动员作用和社会支持作用，完善多方参与的工作体系，形成齐抓共促的工作格局。

——重点突破，多措并举。以为国家作出突出贡献的高技能领军人才为重点支持对象，着力提高技术工人收入水平，完善工资正常增长机制，拓宽收入渠道，加大培养培训力度，强化评价使用激励，优化社会环境，全面改善技术工人待遇水平。

——立足当前，着眼长远。加强政策引导，着力改变技术工人社会地位偏低现状，促进广大技术工人爱岗敬业；坚持长期稳定支持，不断营造良好社会氛围，让全体技术工人焕发劳动热情，释放创造潜能，创造更加美好的生活。

三、突出"高精尖缺"导向，大力提高高技能领军人才待遇水平

（一）全面加强对高技能领军人才的服务保障。对为国家经济发展和重大战略实施作出突出贡献，具有高超技艺技能和一流业绩水平，并长期坚守在生产服务一线岗位工作的高技能领军人才，全面采取措施，切实加强服务保障和提高待遇水平。高技能领军人才包括获得全国劳动模范、全国五一劳动奖章、中华技能大奖、全国技术能手等荣誉以及享受省级以上政府特殊津贴的人员，或各省（自治区、直辖市）政府认定的"高精尖缺"高技能人才。各地要设立高技能领军人才服务窗口，负责协调落实相关待遇政策，并结合实际制定支持政策。

（二）提高高技能领军人才的政治待遇。探索实行高技能领军人才在工会等群团组织中挂职和兼职，纳入党委联系专家范围。鼓励行业主管部门、群团组织、行业协会、企业及社会各方面力量，以多种方式对高技能领军人才进行特殊奖励。定期组织高技能领军人才国情研修考察、面向社会进行咨询服务等活动。鼓励企业吸纳高技能领军人才参与经营管理决策，适当提高其在职工代表大会中的比例。

（三）提高高技能领军人才的经济待遇。鼓励企业为高技能领军人才制定职业发展规划和年资（年功）工资制度，科学评价技能水平和业绩贡献，合理确定年资起加点和工资级差。试行高技能领军人才年薪制和股权期权激励，鼓励各类企业设立特聘岗位津贴、带徒津贴等，参照高级管理人员标准落实经济待遇。对于参与国家科技计划项目的高技能领军人才，鼓励所在单位根据其在项目中的实际贡献给予绩效奖励。落实中央财政科研项目资金管理等政策，制定间接费用统筹使用内部管理办法，对高技能领军人才进行绩效奖励，提高高技能领军人才创新创造的积极性。对于解决重大工艺技术难题和重大质量问题、技术创新成果获得省部级以上奖项、"师带徒"业绩突出的，取消学历、年限等限制，破格晋升技术等级。

（四）提高高技能领军人才的社会待遇。鼓励各地根据实际情况，研究探索对高技能领军人才在购（租）住房、安家补贴、子女接受义务教育等方面的支持政策，通过提供人才公寓和发放房租补贴等方式，解决引进高技能领军人才的住房问题。实施积分落户的城市，要重点考虑高技能领军人才落户需求并放宽落户条件限制。对经济结构调整中出现困难的企业，要保障高技能领军人才稳定就业，对他们的配偶、子女有就业愿望但未就业的，由有关部门积极提供职业指导和就业前培训，推荐就业岗位。

（五）发挥高技能领军人才在技术创新等方面的重要作用。鼓励高技能领军人才更多参与国家科研项目，开展科技攻关活动。增加高技能领军人才参与全国创新

争先奖等奖项的推荐名额。支持高技能领军人才参加创新成果评选、展示和创业创新等活动，切实保护高技能领军人才的知识产权和技术创新成果转化权益。支持高技能领军人才参与所在企业（地区、集团、行业组织）的职工教育培训，在制定人才发展规划、高技能人才选拔、职称（技能等级）评审或认定、教学实践等工作中发挥骨干作用。多渠道组织高技能领军人才参与国际大型工业展、国际发明展等海外交流活动，海外交流活动可按程序报批列入政府出国培训团组计划。宣传高技能领军人才先进事迹，开展先进操作法总结、命名，推广绝招、绝技、绝活，制作教育纪录片，树立宣传典型。

四、实施工资激励计划，提高技术工人收入水平

（一）完善符合技术工人特点的企业工资分配制度。指导企业深化工资分配制度改革，建立基于岗位价值、能力素质、业绩贡献的工资分配机制，强化工资收入分配的技能价值激励导向。鼓励企业在工资结构中设置体现技术技能价值的工资单元，或对关键技术岗位、关键工序和紧缺急需的技术工人实行协议工资、项目工资、年薪制等分配形式，提高技术工人工资待遇。鼓励企业建立针对技术工人的补助性津贴制度，提高技术工人津贴水平。

（二）建立企业技术工人工资正常增长机制。推动企业建立健全反映劳动力市场供求关系和企业经济效益的工资决定及正常增长机制，积极推进工资集体协商，引导企业科学确定技术工人工资水平并实现合理增长。国有企业工资总额分配要向高技能人才倾斜，高技能人才人均工资增幅应不低于本单位管理人员人均工资增幅。

（三）探索技术工人长效激励机制。制定企业技术工人技能要素和创新成果按贡献参与分配的办法，推动技术工人享受促进科技成果转化的有关政策。鼓励企业对高技能人才实行技术创新成果入股、岗位分红等激励方式，促进长期稳定提高技术工人收入水平。

五、构建技能形成与提升体系，支持技术工人凭技能提高待遇

（一）加强终身职业技能培训。适应产业结构转型升级趋势，大力弘扬劳模精神和工匠精神，根据劳动者不同就业阶段特点，加强职业素质培养，开展就业技能培训、岗位技能提升培训、创业创新培训，着力缓解就业结构性矛盾。充分发挥企业在技术工人培训中的主体作用，引导企业结合生产经营和技术创新需要，制定技术工人培养规划和培训制度，发挥工会支持、监督和共青团动员、组织作用，确保企业职工教育培训资金落实到位，并向一线技术工人倾斜。加大政府支持力度，按规定对参加职业培训的技术工人提供职业培训补贴和职业技能鉴定补贴。发挥失业保险基金支持参保职工提升职业技能作用，按规定为参保职工提供技能提升补贴。探索"互联网＋"远程职业培训新模式。

（二）深入实施高技能人才振兴计划。紧密结合先进制造业、战略性新兴产业、现代服务业发展需要，重点实施高技能人才培训基地、技师培训等项目，推动具备条件的行业企业建立首席技师制度，加大技能大师工作室、劳模和工匠人才创新工作室、职工创新工作室、青创先锋工作室等建设力度。企业可从职工教育经费中列支相关工作室专项经费，支持高技能人才"师带徒"。

（三）加大校企合作培养技术工人力度。充分发挥国民教育对技术工人成长发展的支撑作用，促进职业院校（含技工院校）、本科高校与企业充分合作，改革人才培养模式，提高应用型和技术技能型人才培养培训能力。积极发展职工培训和学历继续教育。提高职业教育质量，促进产教融合。完善职业教育"文化素质＋职业技能"的考试招生方式。支持职业院校（含技工院校）、本科高校与企业共同开发教学资源和培训项目。统筹规范现代学徒制和企业新型学徒制。逐步扩大高等职业院校招收有实践经历人员的比例。鼓励企业、职业院校（含技工院校）、本科高校、职业培训机构合作建设现代化产业人才培养培训基地（中心），健全企业参与校企合作的成本补偿等政策，培养符合企业岗位需求的技术工人。鼓励各地根据实际打造具备实践经验的高素质职业教育师资队伍。

六、强化评价使用激励工作，畅通技术工人成长成才通道

（一）完善技术工人评价工作。健全技术工人评价选拔制度，突破年龄、学历、资历、身份等限制，促进优秀技术工人脱颖而出。完善职业技能等级认定政策，引导和支持企业自主开展技能评价并落实待遇。鼓励企业增加技术工人的技能等级层次，拓宽技术工人晋升通道，探索设立技能专家、首席技师、特级技师等岗位。

（二）加大劳动和技能竞赛培养选拔技术工人工作力度。制定出台全国职业技能竞赛管理办法，围绕重大战略、重大工程、重大项目、重点产业，组织开展劳动和技能竞赛。建立以企业岗位练兵和技术比武为基础、以国家和行业竞赛为主体、国内竞赛与国际竞赛相衔接的职业技能竞赛体系。积极参与世界技能大赛，对优秀选手给予奖励和荣誉激励。支持工会、共青团、妇联等群团组织、行业协会在职业技能竞赛工作中积极发挥作用。

（三）完善技术工人平等享受待遇政策。建立职业资格、职业技能等级与相应职称比照认定制度，制定高技能人才参加工程技术人才职称评审或认定的政策。鼓励企业对在聘的高级工、技师、高级技师在学习进修、岗位聘任、职务职级晋升等方面，比照相应层级工程技术人员享受同等待遇。

（四）落实好技术工人休息休假权利。落实《职工带薪年休假条例》和《企业职工带薪年休假实施办法》，加强劳动执法监察，确保技术工人休息休假权利。建立优秀技术工人休疗养制度，定期组织、分级实施休疗养活动。

（五）广泛宣传技术工人劳动成果和创造价值。大力弘扬工匠精神，组织形式多样的宣传活动，展示优秀技术工人风采。鼓励各地区各部门大力开展技术工人表彰活动。做好"五一"国际劳动节、世界青年技能日、职业教育活动周、高技能人才评选表彰等集中宣传工作，继续办好"技能中国行"、"中国大能手"等品牌活动和"大国工匠"系列专题宣传，引导社会各界创作更多反映技术工人时代风貌的优秀文艺作品，营造劳动光荣、技能宝贵、创造伟大的社会氛围，使技术工人获得更多职业荣誉感，不断提高技术工人社会地位。

七、加强组织领导

各地区各部门要充分认识提高技术工人待遇的重大意义，列入重要议事日程，持续推动技术工人待遇水平的提高，对成熟有效的做法要及时上升为法规政策。建立多方协调机制，人力资源社会保障部门要加强统筹协调，发展改革、教育、科技、工业和信息化、公安、财政、住房城乡建设、文化、国资、税务、外专等有关部门和工会、共青团、妇联、科协等群团组织要各尽其职、紧密配合。各有关部门要深入调查研究，加强工作指导和对技术工人的教育管理，广泛听取各类企业、行业协会、技术工人、社会公众的意见，密切跟踪技术工人待遇政策落实情况，加强督查检查，认真总结经验，推动各项政策措施落到实处。国有企业要带头落实本意见明确的各项政策措施。推动非国有企业结合实际，进一步完善提高技术工人待遇水平的措施。

8. 保障农民工工资支付条例

（中华人民共和国国务院令第 724 号 2019 年 12 月 30 日）

第一章 总 则

第一条 为了规范农民工工资支付行为，保障农民工按时足额获得工资，根据

《中华人民共和国劳动法》及有关法律规定，制定本条例。

第二条　保障农民工工资支付，适用本条例。

本条例所称农民工，是指为用人单位提供劳动的农村居民。

本条例所称工资，是指农民工为用人单位提供劳动后应当获得的劳动报酬。

第三条　农民工有按时足额获得工资的权利。任何单位和个人不得拖欠农民工工资。

农民工应当遵守劳动纪律和职业道德，执行劳动安全卫生规程，完成劳动任务。

第四条　县级以上地方人民政府对本行政区域内保障农民工工资支付工作负责，建立保障农民工工资支付工作协调机制，加强监管能力建设，健全保障农民工工资支付工作目标责任制，并纳入对本级人民政府有关部门和下级人民政府进行考核和监督的内容。

乡镇人民政府、街道办事处应当加强对拖欠农民工工资矛盾的排查和调处工作，防范和化解矛盾，及时调解纠纷。

第五条　保障农民工工资支付，应当坚持市场主体负责、政府依法监管、社会协同监督，按照源头治理、预防为主、防治结合、标本兼治的要求，依法根治拖欠农民工工资问题。

第六条　用人单位实行农民工劳动用工实名制管理，与招用的农民工书面约定或者通过依法制定的规章制度规定工资支付标准、支付时间、支付方式等内容。

第七条　人力资源社会保障行政部门负责保障农民工工资支付工作的组织协调、管理指导和农民工工资支付情况的监督检查，查处有关拖欠农民工工资案件。

住房城乡建设、交通运输、水利等相关行业工程建设主管部门按照职责履行行业监管责任，督办因违法发包、转包、违法分包、挂靠、拖欠工程款等导致的拖欠农民工工资案件。

发展改革等部门按照职责负责政府投资项目的审批管理，依法审查政府投资项目的资金来源和筹措方式，按规定及时安排政府投资，加强社会信用体系建设，组织对拖欠农民工工资失信联合惩戒对象依法依规予以限制和惩戒。

财政部门负责政府投资资金的预算管理，根据经批准的预算按规定及时足额拨付政府投资资金。

公安机关负责及时受理、侦办涉嫌拒不支付劳动报酬刑事案件，依法处置因农民工工资拖欠引发的社会治安案件。

司法行政、自然资源、人民银行、审计、国有资产管理、税务、市场监管、金融监管等部门，按照职责做好与保障农民工工资支付相关的工作。

第八条　工会、共产主义青年团、妇女联合会、残疾人联合会等组织按照职责依法维护农民工获得工资的权利。

第九条　新闻媒体应当开展保障农民工工资支付法律法规政策的公益宣传和先进典型的报道，依法加强对拖欠农民工工资违法行为的舆论监督，引导用人单位增强依法用工、按时足额支付工资的法律意识，引导农民工依法维权。

第十条　被拖欠工资的农民工有权依法投诉，或者申请劳动争议调解仲裁和提起诉讼。

任何单位和个人对拖欠农民工工资的行为，有权向人力资源社会保障行政部门或者其他有关部门举报。

人力资源社会保障行政部门和其他有关部门应当公开举报投诉电话、网站等渠道，依法接受对拖欠农民工工资行为的举报、投诉。对于举报、投诉的处理实行首问负责制，属于本部门受理的，应当依法及时处理；不属于本部门受理的，应当及时转送相关部门，相关部门应当依法及时处理，并将处理结果告知举报、投诉人。

第二章　工资支付形式与周期

第十一条　农民工工资应当以货币形式，通过银行转账或者现金支付给农民工本人，不得以实物或者有价证券等其他形式替代。

第十二条　用人单位应当按照与农民工书面约定或者依法制定的规章制度规定的工资支付周期和具体支付日期足额支付工资。

第十三条　实行月、周、日、小时工资制的，按照月、周、日、小时为周期支付工资；实行计件工资制的，工资支付周期由双方依法约定。

第十四条　用人单位与农民工书面约定或者依法制定的规章制度规定的具体支付日期，可以在农民工提供劳动的当期或者次期。具体支付日期遇法定节假日或者休息日的，应当在法定节假日或者休息日前支付。

用人单位因不可抗力未能在支付日期支付工资的，应当在不可抗力消除后及时支付。

第十五条　用人单位应当按照工资支付周期编制书面工资支付台账，并至少保存3年。

书面工资支付台账应当包括用人单位名称，支付周期，支付日期，支付对象姓名、身份证号码、联系方式，工作时间，应发工资项目及数额，代扣、代缴、扣除项目和数额，实发工资数额，银行代发工资凭证或者农民工签字等内容。

用人单位向农民工支付工资时，应当提供农民工本人的工资清单。

第三章　工资清偿

第十六条　用人单位拖欠农民工工资的，应当依法予以清偿。

第十七条　不具备合法经营资格的单位招用农民工，农民工已经付出劳动而未获得工资的，依照有关法律规定执行。

第十八条　用工单位使用个人、不具备合法经营资格的单位或者未依法取得劳务派遣许可证的单位派遣的农民工，拖欠农民工工资的，由用工单位清偿，并可以依法进行追偿。

第十九条　用人单位将工作任务发包给个人或者不具备合法经营资格的单位，导致拖欠所招用农民工工资的，依照有关法律规定执行。

用人单位允许个人、不具备合法经营资格或者未取得相应资质的单位以用人单位的名义对外经营，导致拖欠所招用农民工工资的，由用人单位清偿，并可以依法进行追偿。

第二十条　合伙企业、个人独资企业、个体经济组织等用人单位拖欠农民工工资的，应当依法予以清偿；不清偿的，由出资人依法清偿。

第二十一条　用人单位合并或者分立时，应当在实施合并或者分立前依法清偿拖欠的农民工工资；经与农民工书面协商一致的，可以由合并或者分立后承继其权利和义务的用人单位清偿。

第二十二条　用人单位被依法吊销营业执照或者登记证书、被责令关闭、被撤销或者依法解散的，应当在申请注销登记前依法清偿拖欠的农民工工资。

未依据前款规定清偿农民工工资的用人单位主要出资人，应当在注册新用人单位前清偿拖欠的农民工工资。

第四章　工程建设领域特别规定

第二十三条　建设单位应当有满足施工所需要的资金安排。没有满足施工所需要的资金安排的，工程建设项目不得开工建设；依法需要办理施工许可证的，相关行业工程建设主管部门不予颁发施工许可证。

政府投资项目所需资金，应当按照国家有关规定落实到位，不得由施工单位垫资建设。

第二十四条　建设单位应当向施工单位提供工程款支付担保。

建设单位与施工总承包单位依法订立书面工程施工合同，应当约定工程款计量周期、工程款进度结算办法以及人工费用拨付周期，并按照保障农民工工资按时足额支付的要求约定人工费用。人工费用拨付周期不得超过1个月。

建设单位与施工总承包单位应当将工程施工合同保存备查。

第二十五条　施工总承包单位与分包单位依法订立书面分包合同，应当约定工程款计量周期、工程款进度结算办法。

第二十六条　施工总承包单位应当按照有关规定开设农民工工资专用账户，专项用于支付该工程建设项目农民工工资。

开设、使用农民工工资专用账户有关资料应当由施工总承包单位妥善保存备查。

第二十七条　金融机构应当优化农民工工资专用账户开设服务流程，做好农民工工资专用账户的日常管理工作；发现资金未按约定拨付等情况的，及时通知施工总承包单位，由施工总承包单位报告人力资源社会保障行政部门和相关行业工程建设主管部门，并纳入欠薪预警系统。

工程完工且未拖欠农民工工资的，施工总承包单位公示30日后，可以申请注销农民工工资专用账户，账户内余额归施工总承包单位所有。

第二十八条　施工总承包单位或者分包单位应当依法与所招用的农民工订立劳动合同并进行用工实名登记，具备条件的行业应当通过相应的管理服务信息平台进行用工实名登记、管理。未与施工总承包单位或者分包单位订立劳动合同并进行用工实名登记的人员，不得进入项目现场施工。

施工总承包单位应当在工程项目部配备劳资专管员，对分包单位劳动用工实施监督管理，掌握施工现场用工、考勤、工资支付等情况，审核分包单位编制的农民工工资支付表，分包单位应当予以配合。

施工总承包单位、分包单位应当建立用工管理台账，并保存至工程完工且工资全部结清后至少3年。

第二十九条　建设单位应当按照合同约定及时拨付工程款，并将人工费用及时足额拨付至农民工工资专用账户，加强对施工总承包单位按时足额支付农民工工资的监督。

因建设单位未按照合同约定及时拨付工程款导致农民工工资拖欠的，建设单位应当以未结清的工程款为限先行垫付被拖欠的农民工工资。

建设单位应当以项目为单位建立保障农民工工资支付协调机制和工资拖欠预防机制，督促施工总承包单位加强劳动用工管理，妥善处理与农民工工资支付相关的矛盾纠纷。发生农民工集体讨薪事件的，建设单位应当会同施工总承包单位及时处理，并向项目所在地人力资源社会保障行政部门和相关行业工程建设主管部门报告有关情况。

第三十条 分包单位对所招用农民工的实名制管理和工资支付负直接责任。

施工总承包单位对分包单位劳动用工和工资发放等情况进行监督。

分包单位拖欠农民工工资的，由施工总承包单位先行清偿，再依法进行追偿。

工程建设项目转包，拖欠农民工工资的，由施工总承包单位先行清偿，再依法进行追偿。

第三十一条 工程建设领域推行分包单位农民工工资委托施工总承包单位代发制度。

分包单位应当按月考核农民工工作量并编制工资支付表，经农民工本人签字确认后，与当月工程进度等情况一并交施工总承包单位。

施工总承包单位根据分包单位编制的工资支付表，通过农民工工资专用账户直接将工资支付到农民工本人的银行账户，并向分包单位提供代发工资凭证。

用于支付农民工工资的银行账户所绑定的农民工本人社会保障卡或者银行卡，用人单位或者其他人员不得以任何理由扣押或者变相扣押。

第三十二条 施工总承包单位应当按照有关规定存储工资保证金，专项用于支付为所承包工程提供劳动的农民工被拖欠的工资。

工资保证金实行差异化存储办法，对一定时期内未发生工资拖欠的单位实行减免措施，对发生工资拖欠的单位适当提高存储比例。工资保证金可以用金融机构保函替代。

工资保证金的存储比例、存储形式、减免措施等具体办法，由国务院人力资源社会保障行政部门会同有关部门制定。

第三十三条 除法律另有规定外，农民工工资专用账户资金和工资保证金不得因支付为本项目提供劳动的农民工工资之外的原因被查封、冻结或者划拨。

第三十四条 施工总承包单位应当在施工现场醒目位置设立维权信息告示牌，

明示下列事项：

（一）建设单位、施工总承包单位及所在项目部、分包单位、相关行业工程建设主管部门、劳资专管员等基本信息；

（二）当地最低工资标准、工资支付日期等基本信息；

（三）相关行业工程建设主管部门和劳动保障监察投诉举报电话、劳动争议调解仲裁申请渠道、法律援助申请渠道、公共法律服务热线等信息。

第三十五条　建设单位与施工总承包单位或者承包单位与分包单位因工程数量、质量、造价等产生争议的，建设单位不得因争议不按照本条例第二十四条的规定拨付工程款中的人工费用，施工总承包单位也不得因争议不按照规定代发工资。

第三十六条　建设单位或者施工总承包单位将建设工程发包或者分包给个人或者不具备合法经营资格的单位，导致拖欠农民工工资的，由建设单位或者施工总承包单位清偿。

施工单位允许其他单位和个人以施工单位的名义对外承揽建设工程，导致拖欠农民工工资的，由施工单位清偿。

第三十七条　工程建设项目违反国土空间规划、工程建设等法律法规，导致拖欠农民工工资的，由建设单位清偿。

第五章　监督检查

第三十八条　县级以上地方人民政府应当建立农民工工资支付监控预警平台，实现人力资源社会保障、发展改革、司法行政、财政、住房城乡建设、交通运输、水利等部门的工程项目审批、资金落实、施工许可、劳动用工、工资支付等信息及时共享。

人力资源社会保障行政部门根据水电燃气供应、物业管理、信贷、税收等反映企业生产经营相关指标的变化情况，及时监控和预警工资支付隐患并做好防范工作，市场监管、金融监管、税务等部门应当予以配合。

第三十九条　人力资源社会保障行政部门、相关行业工程建设主管部门和其他有关部门应当按照职责，加强对用人单位与农民工签订劳动合同、工资支付以及工程建设项目实行农民工实名制管理、农民工工资专用账户管理、施工总承包单位代发工资、工资保证金存储、维权信息公示等情况的监督检查，预防和减少拖欠农民工工资行为的发生。

第四十条　人力资源社会保障行政部门在查处拖欠农民工工资案件时，需要依法查询相关单位金融账户和相关当事人拥有房产、车辆等情况的，应当经设区的市级以上地方人民政府人力资源社会保障行政部门负责人批准，有关金融机构和登记部门应当予以配合。

第四十一条　人力资源社会保障行政部门在查处拖欠农民工工资案件时，发生用人单位拒不配合调查、清偿责任主体及相关当事人无法联系等情形的，可以请求公安机关和其他有关部门协助处理。

人力资源社会保障行政部门发现拖欠农民工工资的违法行为涉嫌构成拒不支付劳动报酬罪的，应当按照有关规定及时移送公安机关审查并作出决定。

第四十二条　人力资源社会保障行政部门作出责令支付被拖欠的农民工工资的决定，相关单位不支付的，可以依法申请人民法院强制执行。

第四十三条　相关行业工程建设主管部门应当依法规范本领域建设市场秩序，对违法发包、转包、违法分包、挂靠等行为进行查处，并对导致拖欠农民工工资的违法行为及时予以制止、纠正。

第四十四条　财政部门、审计机关和相关行业工程建设主管部门按照职责，依法对政府投资项目建设单位按照工程施工合同约定向农民工工资专用账户拨付资金情况进行监督。

第四十五条　司法行政部门和法律援助机构应当将农民工列为法律援助的重点对象，并依法为请求支付工资的农民工提供便捷的法律援助。

公共法律服务相关机构应当积极参与相关诉讼、咨询、调解等活动，帮助解决拖欠农民工工资问题。

第四十六条　人力资源社会保障行政部门、相关行业工程建设主管部门和其他有关部门应当按照"谁执法谁普法"普法责任制的要求，通过以案释法等多种形式，加大对保障农民工工资支付相关法律法规的普及宣传。

第四十七条　人力资源社会保障行政部门应当建立用人单位及相关责任人劳动保障守法诚信档案，对用人单位开展守法诚信等级评价。

用人单位有严重拖欠农民工工资违法行为的，由人力资源社会保障行政部门向社会公布，必要时可以通过召开新闻发布会等形式向媒体公开曝光。

第四十八条　用人单位拖欠农民工工资，情节严重或者造成严重不良社会影响的，有关部门应当将该用人单位及其法定代表人或者主要负责人、直接负责的主管人员和其他直接责任人员列入拖欠农民工工资失信联合惩戒对象名单，在政府资金支持、政府采购、招投标、融资贷款、市场准入、税收优惠、评优评先、交通出行等方面依法依规予以限制。

拖欠农民工工资需要列入失信联合惩戒名单的具体情形，由国务院人力资源社会保障行政部门规定。

第四十九条 建设单位未依法提供工程款支付担保或者政府投资项目拖欠工程款，导致拖欠农民工工资的，县级以上地方人民政府应当限制其新建项目，并记入信用记录，纳入国家信用信息系统进行公示。

第五十条 农民工与用人单位就拖欠工资存在争议，用人单位应当提供依法由其保存的劳动合同、职工名册、工资支付台账和清单等材料；不提供的，依法承担不利后果。

第五十一条 工会依法维护农民工工资权益，对用人单位工资支付情况进行监督；发现拖欠农民工工资的，可以要求用人单位改正，拒不改正的，可以请求人力资源社会保障行政部门和其他有关部门依法处理。

第五十二条 单位或者个人编造虚假事实或者采取非法手段讨要农民工工资，或者以拖欠农民工工资为名讨要工程款的，依法予以处理。

第六章　法律责任

第五十三条 违反本条例规定拖欠农民工工资的，依照有关法律规定执行。

第五十四条 有下列情形之一的，由人力资源社会保障行政部门责令限期改正；逾期不改正的，对单位处 2 万元以上 5 万元以下的罚款，对法定代表人或者主要负责人、直接负责的主管人员和其他直接责任人员处 1 万元以上 3 万元以下的罚款：

（一）以实物、有价证券等形式代替货币支付农民工工资；

（二）未编制工资支付台账并依法保存，或者未向农民工提供工资清单；

（三）扣押或者变相扣押用于支付农民工工资的银行账户所绑定的农民工本人社会保障卡或者银行卡。

第五十五条 有下列情形之一的，由人力资源社会保障行政部门、相关行业工程建设主管部门按照职责责令限期改正；逾期不改正的，责令项目停工，并处 5 万元以上 10 万元以下的罚款；情节严重的，给予施工单位限制承接新工程、降低资质等级、吊销资质证书等处罚：

（一）施工总承包单位未按规定开设或者使用农民工工资专用账户；

（二）施工总承包单位未按规定存储工资保证金或者未提供金融机构保函；

（三）施工总承包单位、分包单位未实行劳动用工实名制管理。

第五十六条　有下列情形之一的，由人力资源社会保障行政部门、相关行业工程建设主管部门按照职责责令限期改正；逾期不改正的，处 5 万元以上 10 万元以下的罚款：

（一）分包单位未按月考核农民工工作量、编制工资支付表并经农民工本人签字确认；

（二）施工总承包单位未对分包单位劳动用工实施监督管理；

（三）分包单位未配合施工总承包单位对其劳动用工进行监督管理；

（四）施工总承包单位未实行施工现场维权信息公示制度。

第五十七条　有下列情形之一的，由人力资源社会保障行政部门、相关行业工程建设主管部门按照职责责令限期改正；逾期不改正的，责令项目停工，并处 5 万元以上 10 万元以下的罚款：

（一）建设单位未依法提供工程款支付担保；

（二）建设单位未按约定及时足额向农民工工资专用账户拨付工程款中的人工费用；

（三）建设单位或者施工总承包单位拒不提供或者无法提供工程施工合同、农民工工资专用账户有关资料。

第五十八条　不依法配合人力资源社会保障行政部门查询相关单位金融账户的，由金融监管部门责令改正；拒不改正的，处 2 万元以上 5 万元以下的罚款。

第五十九条　政府投资项目政府投资资金不到位拖欠农民工工资的，由人力资源社会保障行政部门报本级人民政府批准，责令限期足额拨付所拖欠的资金；逾期不拨付的，由上一级人民政府人力资源社会保障行政部门约谈直接责任部门和相关监管部门负责人，必要时进行通报，约谈地方人民政府负责人。情节严重的，对地方人民政府及其有关部门负责人、直接负责的主管人员和其他直接责任人员依法依规给予处分。

第六十条　政府投资项目建设单位未经批准立项建设、擅自扩大建设规模、擅自增加投资概算、未及时拨付工程款等导致拖欠农民工工资的，除依法承担责任外，由人力资源社会保障行政部门、其他有关部门按照职责约谈建设单位负责人，并作为其业绩考核、薪酬分配、评优评先、职务晋升等的重要依据。

第六十一条　对于建设资金不到位、违法违规开工建设的社会投资工程建设项目拖欠农民工工资的，由人力资源社会保障行政部门、其他有关部门按照职责依法对建设单位进行处罚；对建设单位负责人依法依规给予处分。相关部门工作人员未依法履行职责的，由有关机关依法依规给予处分。

第六十二条　县级以上地方人民政府人力资源社会保障、发展改革、财政、公安等部门和相关行业工程建设主管部门工作人员，在履行农民工工资支付监督管理职责过程中滥用职权、玩忽职守、徇私舞弊的，依法依规给予处分；构成犯罪的，依法追究刑事责任。

第七章　附　则

第六十三条　用人单位一时难以支付拖欠的农民工工资或者拖欠农民工工资逃匿的，县级以上地方人民政府可以动用应急周转金，先行垫付用人单位拖欠的农民工部分工资或者基本生活费。对已经垫付的应急周转金，应当依法向拖欠农民工工资的用人单位进行追偿。

第六十四条　本条例自 2020 年 5 月 1 日起施行。

9. 职工带薪年休假条例

（中华人民共和国国务院令第 514 号 2007 年 12 月 14 日）

第一条　为了维护职工休息休假权利，调动职工工作积极性，根据劳动法和公务员法，制定本条例。

第二条　机关、团体、企业、事业单位、民办非企业单位、有雇工的个体工商户等单位的职工连续工作 1 年以上的，享受带薪年休假（以下简称年休假）。单位应当保证职工享受年休假。职工在年休假期间享受与正常工作期间相同的工资收入。

第三条　职工累计工作已满 1 年不满 10 年的，年休假 5 天；已满 10 年不满 20 年的，年休假 10 天；已满 20 年的，年休假 15 天。

国家法定休假日、休息日不计入年休假的假期。

第四条　职工有下列情形之一的，不享受当年的年休假：

（一）职工依法享受寒暑假，其休假天数多于年休假天数的；

（二）职工请事假累计20天以上且单位按照规定不扣工资的；

（三）累计工作满1年不满10年的职工，请病假累计2个月以上的；

（四）累计工作满10年不满20年的职工，请病假累计3个月以上的；

（五）累计工作满20年以上的职工，请病假累计4个月以上的。

第五条　单位根据生产、工作的具体情况，并考虑职工本人意愿，统筹安排职工年休假。

年休假在1个年度内可以集中安排，也可以分段安排，一般不跨年度安排。单位因生产、工作特点确有必要跨年度安排职工年休假的，可以跨1个年度安排。

单位确因工作需要不能安排职工休年休假的，经职工本人同意，可以不安排职工休年休假。对职工应休未休的年休假天数，单位应当按照该职工日工资收入的300%支付年休假工资报酬。

第六条　县级以上地方人民政府人事部门、劳动保障部门应当依据职权对单位执行本条例的情况主动进行监督检查。

工会组织依法维护职工的年休假权利。

第七条　单位不安排职工休年休假又不依照本条例规定给予年休假工资报酬的，由县级以上地方人民政府人事部门或者劳动保障部门依据职权责令限期改正；对逾期不改正的，除责令该单位支付年休假工资报酬外，单位还应当按照年休假工资报酬的数额向职工加付赔偿金；对拒不支付年休假工资报酬、赔偿金的，属于公务员和参照公务员法管理的人员所在单位的，对直接负责的主管人员以及其他直接责任人员依法给予处分；属于其他单位的，由劳动保障部门、人事部门或者职工申请人民法院强制执行。

第八条　职工与单位因年休假发生的争议，依照国家有关法律、行政法规的规定处理。

第九条　国务院人事部门、国务院劳动保障部门依据职权，分别制定本条例的实施办法。

第十条　本条例自2008年1月1日起施行。

10. 最低工资规定

(劳动和社会保障部令第 21 号 2004 年 3 月 1 日)

第一条 为了维护劳动者取得劳动报酬的合法权益,保障劳动者个人及其家庭成员的基本生活,根据劳动法和国务院有关规定,制定本规定。

第二条 本规定适用于在中华人民共和国境内的企业、民办非企业单位、有雇工的个体工商户(以下统称用人单位)和与之形成劳动关系的劳动者。国家机关、事业单位、社会团体和与之建立劳动合同关系的劳动者,依照本规定执行。

第三条 本规定所称最低工资标准,是指劳动者在法定工作时间或依法签订的劳动合同约定的工作时间内提供了正常劳动的前提下,用人单位依法应支付的最低劳动报酬。本规定所称正常劳动,是指劳动者按依法签订的劳动合同约定,在法定工作时间或劳动合同约定的工作时间内从事的劳动。劳动者依法享受带薪年休假、探亲假、婚丧假、生育(产)假、节育手术假等国家规定的假期间,以及法定工作时间内依法参加社会活动期间,视为提供了正常劳动。

第四条 县级以上地方人民政府劳动保障行政部门负责对本行政区域内用人单位执行本规定情况进行监督检查。各级工会组织依法对本规定执行情况进行监督,发现用人单位支付劳动者工资违反本规定的,有权要求当地劳动保障行政部门处理。

第五条 最低工资标准一般采取月最低工资标准和小时最低工资标准的形式。月最低工资标准适用于全日制就业劳动者,小时最低工资标准适用于非全日制就业劳动者。

第六条 确定和调整月最低工资标准,应参考当地就业者及其赡养人口的最低生活费用、城镇居民消费价格指数、职工个人缴纳的社会保险费和住房公积金、职工平均工资、经济发展水平、就业状况等因素。确定和调整小时最低工资标准,应在颁布的月最低工资标准的基础上,考虑单位应缴纳的基本养老保险费和基本医疗保险费因素,同时还应适当考虑非全日制劳动者在工作稳定性、劳动条件和劳动强度、福利等方面与全日制就业人员之间的差异。月最低工资标准和小时最低工资标准具体测算方法见附件。

第七条　省、自治区、直辖市范围内的不同行政区域可以有不同的最低工资标准。

第八条　最低工资标准的确定和调整方案，由省、自治区、直辖市人民政府劳动保障行政部门会同同级工会、企业联合会/企业家协会研究拟订，并将拟订的方案报送劳动保障部。方案内容包括最低工资确定和调整的依据、适用范围、拟订标准和说明。劳动保障部在收到拟订方案后，应征求全国总工会、中国企业联合会/企业家协会的意见。劳动保障部对方案可以提出修订意见，若在方案收到后 14 日内未提出修订意见的，视为同意。

第九条　省、自治区、直辖市劳动保障行政部门应将本地区最低工资标准方案报省、自治区、直辖市人民政府批准，并在批准后 7 日内在当地政府公报上和至少一种全地区性报纸上发布。省、自治区、直辖市劳动保障行政部门应在发布后 10 日内将最低工资标准报劳动保障部。

第十条　最低工资标准发布实施后，如本规定第六条所规定的相关因素发生变化，应当适时调整。最低工资标准每两年至少调整一次。

第十一条　用人单位应在最低工资标准发布后 10 日内将该标准向本单位全体劳动者公示。

第十二条　在劳动者提供正常劳动的情况下，用人单位应支付给劳动者的工资在剔除下列各项以后，不得低于当地最低工资标准：

（1）延长工作时间工资；

（2）中班、夜班、高温、低温、井下、有毒有害等特殊工作环境、条件下的津贴；

（3）法律、法规和国家规定的劳动者福利待遇等。

实行计件工资或提成工资等工资形式的用人单位，在科学合理的劳动定额基础上，其支付劳动者的工资不得低于相应的最低工资标准。

劳动者由于本人原因造成在法定工作时间内或依法签订的劳动合同约定的工作时间内未提供正常劳动的，不适用于本条规定。

第十三条　用人单位违反本规定第十一条规定的，由劳动保障行政部门责令其限期改正；违反本规定第十二条规定的，由劳动保障行政部门责令其限期补发所欠劳动者工资，并可责令其按所欠工资的 1 至 5 倍支付劳动者赔偿金。

第十四条　劳动者与用人单位之间就执行最低工资标准发生争议，按劳动争议处理有关规定处理。

　　第十五条　本规定自 2004 年 3 月 1 日起实施。

11. 集体合同规定

（中华人民共和国劳动和社会保障部令第 22 号 2004 年 1 月 20 日）

目　录

第一章　总　则

　　第一条　为规范集体协商和签订集体合同行为，依法维护劳动者和用人单位的合法权益，根据《中华人民共和国劳动法》和《中华人民共和国工会法》，制定本规定。

　　第二条　中华人民共和国境内的企业和实行企业化管理的事业单位（以下统称用人单位）与本单位职工之间进行集体协商，签订集体合同，适用本规定。

　　第三条　本规定所称集体合同，是指用人单位与本单位职工根据法律、法规、规章的规定，就劳动报酬、工作时间、休息休假、劳动安全卫生、职业培训、保险福利等事项，通过集体协商签订的书面协议；所称专项集体合同，是指用人单位与本单位职工根据法律、法规、规章的规定，就集体协商的某项内容签订的专项书面协议。

第四条 用人单位与本单位职工签订集体合同或专项集体合同，以及确定相关事宜，应当采取集体协商的方式。集体协商主要采取协商会议的形式。

第五条 进行集体协商，签订集体合同或专项集体合同，应当遵循下列原则：

（一）遵守法律、法规、规章及国家有关规定；

（二）相互尊重，平等协商；

（三）诚实守信，公平合作；

（四）兼顾双方合法权益；

（五）不得采取过激行为。

第六条 符合本规定的集体合同或专项集体合同，对用人单位和本单位的全体职工具有法律约束力。

用人单位与职工个人签订的劳动合同约定的劳动条件和劳动报酬等标准，不得低于集体合同或专项集体合同的规定。

第七条 县级以上劳动保障行政部门对本行政区域内用人单位与本单位职工开展集体协商、签订、履行集体合同的情况进行监督，并负责审查集体合同或专项集体合同。

第二章　集体协商内容

第八条 集体协商双方可以就下列多项或某项内容进行集体协商，签订集体合同或专项集体合同：

（一）劳动报酬；

（二）工作时间；

（三）休息休假；

（四）劳动安全与卫生；

（五）补充保险和福利；

（六）女职工和未成年工特殊保护；

（七）职业技能培训；

（八）劳动合同管理；

（九）奖惩；

（十）裁员；

（十一）集体合同期限；

（十二）变更、解除集体合同的程序；

（十三）履行集体合同发生争议时的协商处理办法；

（十四）违反集体合同的责任；

（十五）双方认为应当协商的其他内容。

第九条 劳动报酬主要包括：

（一）用人单位工资水平、工资分配制度、工资标准和工资分配形式；

（二）工资支付办法；

（三）加班、加点工资及津贴、补贴标准和奖金分配办法；

（四）工资调整办法；

（五）试用期及病、事假等期间的工资待遇；

（六）特殊情况下职工工资（生活费）支付办法；

（七）其他劳动报酬分配办法。

第十条 工作时间主要包括：

（一）工时制度；

（二）加班加点办法；

（三）特殊工种的工作时间；

（四）劳动定额标准。

第十一条 休息休假主要包括：

（一）日休息时间、周休息日安排、年休假办法；

（二）不能实行标准工时职工的休息休假；

（三）其他假期。

第十二条 劳动安全卫生主要包括：

（一）劳动安全卫生责任制；

（二）劳动条件和安全技术措施；

（三）安全操作规程；

（四）劳保用品发放标准；

（五）定期健康检查和职业健康体检。

第十三条 补充保险和福利主要包括：

（一）补充保险的种类、范围；

（二）基本福利制度和福利设施；

（三）医疗期延长及其待遇；

（四）职工亲属福利制度。

第十四条　女职工和未成年工的特殊保护主要包括：

（一）女职工和未成年工禁忌从事的劳动；

（二）女职工的经期、孕期、产期和哺乳期的劳动保护；

（三）女职工、未成年工定期健康检查；

（四）未成年工的使用和登记制度。

第十五条　职业技能培训主要包括：

（一）职业技能培训项目规划及年度计划；

（二）职业技能培训费用的提取和使用；

（三）保障和改善职业技能培训的措施。

第十六条　劳动合同管理主要包括：

（一）劳动合同签订时间；

（二）确定劳动合同期限的条件；

（三）劳动合同变更、解除、续订的一般原则及无固定期限劳动合同的终止条件；

（四）试用期的条件和期限。

第十七条　奖惩主要包括：

（一）劳动纪律；

（二）考核奖惩制度；

（三）奖惩程序。

第十八条　裁员主要包括：

（一）裁员的方案；

（二）裁员的程序；

（三）裁员的实施办法和补偿标准。

第三章　集体协商代表

第十九条　本规定所称集体协商代表（以下统称协商代表），是指按照法定程序产生并有权代表本方利益进行集体协商的人员。

集体协商双方的代表人数应当对等，每方至少3人，并各确定1名首席代表。

第二十条　职工一方的协商代表由本单位工会选派。未建立工会的，由本单位职工民主推荐，并经本单位半数以上职工同意。

职工一方的首席代表由本单位工会主席担任。工会主席可以书面委托其他协商代表代理首席代表。工会主席空缺的，首席代表由工会主要负责人担任。未建立工会的，职工一方的首席代表从协商代表中民主推举产生。

第二十一条　用人单位一方的协商代表，由用人单位法定代表人指派，首席代表由单位法定代表人担任或由其书面委托的其他管理人员担任。

第二十二条　协商代表履行职责的期限由被代表方确定。

第二十三条　集体协商双方首席代表可以书面委托本单位以外的专业人员作为本方协商代表。委托人数不得超过本方代表的三分之一。

首席代表不得由非本单位人员代理。

第二十四条　用人单位协商代表与职工协商代表不得相互兼任。

第二十五条　协商代表应履行下列职责：

（一）参加集体协商；

（二）接受本方人员质询，及时向本方人员公布协商情况并征求意见；

（三）提供与集体协商有关的情况和资料；

（四）代表本方参加集体协商争议的处理；

（五）监督集体合同或专项集体合同的履行；

（六）法律、法规和规章规定的其他职责。

第二十六条　协商代表应当维护本单位正常的生产、工作秩序，不得采取威胁、收买、欺骗等行为。

协商代表应当保守在集体协商过程中知悉的用人单位的商业秘密。

第二十七条　企业内部的协商代表参加集体协商视为提供了正常劳动。

第二十八条　职工一方协商代表在其履行协商代表职责期间劳动合同期满的，劳动合同期限自动延长至完成履行协商代表职责之时，除出现下列情形之一的，用人单位不得与其解除劳动合同：

（一）严重违反劳动纪律或用人单位依法制定的规章制度的；

（二）严重失职、营私舞弊，对用人单位利益造成重大损害的；

（三）被依法追究刑事责任的。

职工一方协商代表履行协商代表职责期间，用人单位无正当理由不得调整其工作岗位。

第二十九条　职工一方协商代表就本规定第二十七条、第二十八条的规定与用人单位发生争议的，可以向当地劳动争议仲裁委员会申请仲裁。

第三十条　工会可以更换职工一方协商代表；未建立工会的，经本单位半数以上职工同意可以更换职工一方协商代表。

用人单位法定代表人可以更换用人单位一方协商代表。

第三十一条　协商代表因更换、辞任或遇有不可抗力等情形造成空缺的，应在空缺之日起 15 日内按照本规定产生新的代表。

第四章　集体协商程序

第三十二条　集体协商任何一方均可就签订集体合同或专项集体合同以及相关事宜，以书面形式向对方提出进行集体协商的要求。

一方提出进行集体协商要求的，另一方应当在收到集体协商要求之日起 20 日内以书面形式给以回应，无正当理由不得拒绝进行集体协商。

第三十三条　协商代表在协商前应进行下列准备工作：

（一）熟悉与集体协商内容有关的法律、法规、规章和制度；

（二）了解与集体协商内容有关的情况和资料，收集用人单位和职工对协商意向所持的意见；

（三）拟定集体协商议题，集体协商议题可由提出协商一方起草，也可由双方指派代表共同起草；

（四）确定集体协商的时间、地点等事项；

（五）共同确定一名非协商代表担任集体协商记录员。记录员应保持中立、公正，并为集体协商双方保密。

第三十四条　集体协商会议由双方首席代表轮流主持，并按下列程序进行：

（一）宣布议程和会议纪律；

（二）一方首席代表提出协商的具体内容和要求，另一方首席代表就对方的要求作出回应；

（三）协商双方就商谈事项发表各自意见，开展充分讨论；

（四）双方首席代表归纳意见。达成一致的，应当形成集体合同草案或专项集体合同草案，由双方首席代表签字。

第三十五条　集体协商未达成一致意见或出现事先未预料的问题时，经双方协商，可以中止协商。中止期限及下次协商时间、地点、内容由双方商定。

第五章　集体合同的订立、变更、解除和终止

第三十六条　经双方协商代表协商一致的集体合同草案或专项集体合同草案应当提交职工代表大会或者全体职工讨论。

职工代表大会或者全体职工讨论集体合同草案或专项集体合同草案，应当有三分之二以上职工代表或者职工出席，且须经全体职工代表半数以上或者全体职工半数以上同意，集体合同草案或专项集体合同草案方获通过。

第三十七条　集体合同草案或专项集体合同草案经职工代表大会或者职工大会通过后，由集体协商双方首席代表签字。

第三十八条　集体合同或专项集体合同期限一般为 1 至 3 年，期满或双方约定的终止条件出现，即行终止。

集体合同或专项集体合同期满前 3 个月内，任何一方均可向对方提出重新签订或续订的要求。

第三十九条　双方协商代表协商一致，可以变更或解除集体合同或专项集体合同。

第四十条　有下列情形之一的，可以变更或解除集体合同或专项集体合同：

（一）用人单位因被兼并、解散、破产等原因，致使集体合同或专项集体合同无法履行的；

（二）因不可抗力等原因致使集体合同或专项集体合同无法履行或部分无法履行的；

（三）集体合同或专项集体合同约定的变更或解除条件出现的；

（四）法律、法规、规章规定的其他情形。

第四十一条　变更或解除集体合同或专项集体合同适用本规定的集体协商程序。

第六章　集体合同审查

第四十二条　集体合同或专项集体合同签订或变更后，应当自双方首席代表签字之日起 10 日内，由用人单位一方将文本一式三份报送劳动保障行政部门审查。

劳动保障行政部门对报送的集体合同或专项集体合同应当办理登记手续。

第四十三条　集体合同或专项集体合同审查实行属地管辖，具体管辖范围由省

级劳动保障行政部门规定。

中央管辖的企业以及跨省、自治区、直辖市的用人单位的集体合同应当报送劳动保障部或劳动保障部指定的省级劳动保障行政部门。

第四十四条　劳动保障行政部门应当对报送的集体合同或专项集体合同的下列事项进行合法性审查：

（一）集体协商双方的主体资格是否符合法律、法规和规章规定；

（二）集体协商程序是否违反法律、法规、规章规定；

（三）集体合同或专项集体合同内容是否与国家规定相抵触。

第四十五条　劳动保障行政部门对集体合同或专项集体合同有异议的，应当自收到文本之日起 15 日内将《审查意见书》送达双方协商代表。《审查意见书》应当载明以下内容：

（一）集体合同或专项集体合同当事人双方的名称、地址；

（二）劳动保障行政部门收到集体合同或专项集体合同的时间；

（三）审查意见；

（四）作出审查意见的时间。

《审查意见书》应当加盖劳动保障行政部门印章。

第四十六条　用人单位与本单位职工就劳动保障行政部门提出异议的事项经集体协商重新签订集体合同或专项集体合同的，用人单位一方应当根据本规定第四十二条的规定将文本报送劳动保障行政部门审查。

第四十七条　劳动保障行政部门自收到文本之日起 15 日内未提出异议的，集体合同或专项集体合同即行生效。

第四十八条　生效的集体合同或专项集体合同，应当自其生效之日起由协商代表及时以适当的形式向本方全体人员公布。

第七章　集体协商争议的协调处理

第四十九条　集体协商过程中发生争议，双方当事人不能协商解决的，当事人一方或双方可以书面向劳动保障行政部门提出协调处理申请；未提出申请的，劳动保障行政部门认为必要时也可以进行协调处理。

第五十条　劳动保障行政部门应当组织同级工会和企业组织等三方面的人员，共同协调处理集体协商争议。

第五十一条　集体协商争议处理实行属地管辖，具体管辖范围由省级劳动保障行政部门规定。

中央管辖的企业以及跨省、自治区、直辖市用人单位因集体协商发生的争议，由劳动保障部指定的省级劳动保障行政部门组织同级工会和企业组织等三方面的人员协调处理，必要时，劳动保障部也可以组织有关方面协调处理。

第五十二条　协调处理集体协商争议，应当自受理协调处理申请之日起30日内结束协调处理工作。期满未结束的，可以适当延长协调期限，但延长期限不得超过15日。

第五十三条　协调处理集体协商争议应当按照以下程序进行：

（一）受理协调处理申请；

（二）调查了解争议的情况；

（三）研究制定协调处理争议的方案；

（四）对争议进行协调处理；

（五）制作《协调处理协议书》。

第五十四条　《协调处理协议书》应当载明协调处理申请、争议的事实和协调结果，双方当事人就某些协商事项不能达成一致的，应将继续协商的有关事项予以载明。《协调处理协议书》由集体协商争议协调处理人员和争议双方首席代表签字盖章后生效。争议双方均应遵守生效后的《协调处理协议书》。

第八章　附　　则

第五十五条　因履行集体合同发生的争议，当事人协商解决不成的，可以依法向劳动争议仲裁委员会申请仲裁。

第五十六条　用人单位无正当理由拒绝工会或职工代表提出的集体协商要求的，按照《工会法》及有关法律、法规的规定处理。

第五十七条　本规定于2004年5月1日起实施。原劳动部1994年12月5日颁布的《集体合同规定》同时废止。

12. 工资支付暂行规定

（劳部发［1995］226 号）

第一条　为维护劳动者通过劳动获得劳动报酬的权利，规范用人单位的工资支付行为，根据《中华人民共和国劳动法》有关规定，制定本规定。

第二条　本规定适用于在中华人民共和国境内的企业、个体经济组织（以下统称用人单位）和与之形成劳动关系的劳动者。

国家机关、事业组织、社会团体和与之建立劳动合同关系的劳动者，依照本规定执行。

第三条　本规定所称工资是指用人单位依据劳动合同的规定，以各种形式支付给劳动者的工资报酬。

第四条　工资支付主要包括：工资支付项目、工资支付水平、工资支付形式、工资支付对象、工资支付时间以及特殊情况下的工资支付。

第五条　工资应当以法定货币支付。不得以实物及有价证券替代货币支付。

第六条　用人单位应将工资支付给劳动者本人。劳动者本人因故不能领取工资时，可由其亲属或委托他人代领。

用人单位可委托银行代发工资。

用人单位必须书面记录支付劳动者工资的数额、时间、领取者的姓名以及签字，并保存两年以上备查。用人单位在支付工资时应向劳动者提供一份其个人的工资清单。

第七条　工资必须在用人单位与劳动者约定的日期支付。如遇节假日或休息日，则应提前在最近的工作日支付。工资至少每月支付一次，实行周、日、小时工资制的可按周、日、小时支付工资。

第八条　对完成一次性临时劳动或某项具体工作的劳动者，用人单位应按有关协议或合同规定在其完成劳动任务后即支付工资。

第九条　劳动关系双方依法解除或终止劳动合同时，用人单位应在解除或终止劳动合同时一次付清劳动者工资。

第十条　劳动者在法定工作时间内依法参加社会活动期间，用人单位应视同其提供了正常劳动而支付工资。社会活动包括：依法行使选举权或被选举权；当选代表出席乡（镇）、区以上政府、党派、工会、青年团、妇女联合会等组织召开的会议；出任人民法庭证明人；出席劳动模范、先进工作者大会；《工会法》规定的不脱产工会基层委员会委员因工作活动占用的生产或工作时间；其它依法参加的社会活动。

第十一条　劳动者依法享受年休假、探亲假、婚假、丧假期间，用人单位应按劳动合同规定的标准支付劳动者工资。

第十二条　非因劳动者原因造成单位停工、停产在一个工资支付周期内的，用人单位应按劳动合同规定的标准支付劳动者工资。超过一个工资支付周期的，若劳动者提供了正常劳动，则支付给劳动者的劳动报酬不得低于当地的最低工资标准；若劳动者没有提供正常劳动，应按国家有关规定办理。

第十三条　用人单位在劳动者完成劳动定额或规定的工作任务后，根据实际需要安排劳动者在法定标准工作时间以外工作的，应按以下标准支付工资：

（一）用人单位依法安排劳动者在日法定标准工作时间以外延长工作时间的，按照不低于劳动合同规定的劳动者本人小时工资标准的150%支付劳动者工资；

（二）用人单位依法安排劳动者在休息日工作，而又不能安排补休的，按照不低于劳动合同规定的劳动者本人日或小时工资标准的200%支付劳动者工资；

（三）用人单位依法安排劳动者在法定休假节日工作的，按照不低于劳动合同规定的劳动者本人日或小时工资标准的300%支付劳动者工资。

实行计件工资的劳动者，在完成计件定额任务后，由用人单位安排延长工作时间的，应根据上述规定的原则，分别按照不低于其本人法定工作时间计件单价的150%、200%、300%支付其工资。

经劳动行政部门批准实行综合计算工时工作制的，其综合计算工作时间超过法定标准工作时间的部分，应视为延长工作时间，并应按本规定支付劳动者延长工作时间的工资。

实行不定时工时制度的劳动者，不执行上述规定。

第十四条　用人单位依法破产时，劳动者有权获得其工资。在破产清偿中用人单位应按《中华人民共和国企业破产法》规定的清偿顺序，首先支付欠付本单位劳动者的工资。

第十五条　用人单位不得克扣劳动者工资。有下列情况之一的，用人单位可以代扣劳动者工资：

（一）用人单位代扣代缴的个人所得税；

（二）用人单位代扣代缴的应由劳动者个人负担的各项社会保险费用；

（三）法院判决、裁定中要求代扣的抚养费、赡养费；

（四）法律、法规规定可以从劳动者工资中扣除的其他费用。

第十六条 因劳动者本人原因给用人单位造成经济损失的，用人单位可按照劳动合同的约定要求其赔偿经济损失。经济损失的赔偿，可从劳动者本人的工资中扣除。但每月扣除的部分不得超过劳动者当月工资的20%。若扣除后的剩余工资部分低于当地月最低工资标准，则按最低工资标准支付。

第十七条 用人单位应根据本规定，通过与职工大会、职工代表大会或者其他形式协商制定内部的工资支付制度，并告知本单位全体劳动者，同时抄报当地劳动行政部门备案。

第十八条 各级劳动行政部门有权监察用人单位工资支付的情况。用人单位有下列侵害劳动者合法权益行为的，由劳动行政部门责令其支付劳动者工资和经济补偿，并可责令其支付赔偿金：

（一）克扣或者无故拖欠劳动者工资的；

（二）拒不支付劳动者延长工作时间工资的；

（三）低于当地最低工资标准支付劳动者工资的。

经济补偿和赔偿金的标准，按国家有关规定执行。

第十九条 劳动者与用人单位因工资支付发生劳动争议的，当事人可依法向劳动争议仲裁机关申请仲裁。对仲裁裁决不服的，可以向人民法院提起诉讼。

第二十条 本规定自一九九五年一月一日起执行。

13. 工资集体协商试行办法

（中华人民共和国劳动和社会保障部令第9号，自2000年11月8日起施行）

第一章 总 则

第一条 为规范工资集体协商和签订工资集体协议（以下简称工资协议）的

行为，保障劳动关系双方的合法权益，促进劳动关系的和谐稳定，依据《中华人民共和国劳动法》和国家有关规定，制定本办法。

第二条　中华人民共和国境内的企业依法开展工资集体协商，签订工资协议，适用本办法。

第三条　本办法所称工资集体协商，是指职工代表与企业代表依法就企业内部工资分配制度、工资分配形式、工资收入水平等事项进行平等协商，在协商一致的基础上签订工资协议的行为。

本办法所称工资协议，是指专门就工资事项签订的专项集体合同。已订立集体合同的，工资协议作为集体合同的附件，并与集体合同具有同等效力。

第四条　依法订立的工资协议对企业和职工双方具有同等约束力。双方必须全面履行工资协议规定的义务，任何一方不得擅自变更或解除工资协议。

第五条　职工个人与企业订立的劳动合同中关于工资报酬的标准，不得低于工资协议规定的最低标准。

第六条　县级以上劳动保障行政部门依法对工资协议进行审查，对协议的履行情况进行督检查。

第二章　工资集体协商内容

第七条　工资集体协商一般包括以下内容：

（一）工资协议的期限；

（二）工资分配制度、工资标准和工资分配形式；

（三）职工年度平均工资水平及其调整幅度；

（四）奖金、津贴、补贴等分配办法；

（五）工资支付办法；

（六）变更、解除工资协议的程序；

（七）工资协议的终止条件；

（八）工资协议的违约责任；

（九）双方认为应当协商约定的其他事项。

第八条　协商确定职工年度工资水平应符合国家有关工资分配的宏观调控政策，并综合参考下列因素：

（一）地区、行业、企业的人工成本水平；

（二）地区、行业的职工平均工资水平；

（三）当地政府发布的工资指导线、劳动力市场工资指导价位；

（四）本地区城镇居民消费价格指数；

（五）企业劳动生产率和经济效益；

（六）国有资产保值增值；

（七）上年度企业职工工资总额和职工平均工资水平；

（八）其他与工资集体协商有关的情况。

第三章　工资集体协商代表

第九条　工资集体协商代表应依照法定程序产生。职工一方由工会代表。未建工会的企业由职工民主推举代表，并得到半数以上职工的同意。企业代表由法定代表人和法定代表人指定的其他人员担任。

第十条　协商双方各确定一名首席代表。职工首席代表应当由工会主席担任，工会主席可以书面委托其他人员作为自己的代理人；未成立工会的，由职工集体协商代表推举。企业首席代表应当由法定代表人担任，法定代表人可以书面委托其他管理人员作为自己的代理人。

第十一条　协商双方的首席代表在工资集体协商期间轮流担任协商会议执行主席。协商会议执行主席的主要职责是负责工资集体协商有关组织协调工作，并对协商过程中发生的问题提出处理建议。

第十二条　协商双方可书面委托本企业以外的专业人士作为本方协商代表。委托人数不得超过本方代表的1/3。

第十三条　协商双方享有平等的建议权、否决权和陈述权。

第十四条　由企业内部产生的协商代表参加工资集体协商的活动应视为提供正常劳动，享受的工资、奖金、津贴、补贴、保险福利待遇不变。其中，职工协商代表的合法权益受法律保护。企业不得对职工协商代表采取歧视性行为，不得违法解除或变更其劳动合同。

第十五条　协商代表应遵守双方确定的协商规则，履行代表职责，并负有保守企业商业秘密的责任。协商代表任何一方不得采取过激、威胁、收买、欺骗等行为。

第十六条　协商代表应了解和掌握工资分配的有关情况，广泛征求各方面的意见，接受本方人员对工资集体协商有关问题的质询。

第四章　工资集体协商程序

第十七条　职工和企业任何一方均可提出进行工资集体协商的要求。工资集体协商的提出方应向另一方提出书面的协商意向书，明确协商的时间、地点、内容等。另一方接到协商意向书后，应于 20 日内予以书面答复，并与提出方共同进行工资集体协商。

第十八条　在不违反有关法律、法规的前提下，协商双方有义务按照对方要求，在协商开始前 5 日内，提供与工资集体协商有关的真实情况和资料。

第十九条　工资协议草案应提交职工代表大会或职工大会讨论审议。

第二十条　工资集体协商双方达成一致意见后，由企业行政方制作工资协议文本。工资协议经双方首席代表签字盖章后成立。

第五章　工资协议审查

第二十一条　工资协议签订后，应于 7 日内由企业将工资协议一式三份及说明，报送劳动保障行政部门审查。

第二十二条　劳动保障行政部门应在收到工资协议 15 日内，对工资集体协商双方代表资格、工资协议的条款内容和签订程序等进行审查。

劳动保障行政部门经审查对工资协议无异议，应及时向协商双方送达《工资协议审查意见书》，工资协议即行生效。

劳动保障行政部门对工资协议有修改意见，应将修改意见在《工资协议审查意见书》中通知协商双方。双方应就修改意见及时协商，修改工资协议，并重新报送劳动保障行政部门。

工资协议向劳动保障行政部门报送经过 15 日后，协议双方未收到劳动保障行政部门的《工资协议审查意见书》，视为已经劳动保障行政部门同意，该工资协议即行生效。

第二十三条　协商双方应于 5 日内将已经生效的工资协议以适当形式向本方全体人员公布。

第二十四条　工资集体协商一般情况下一年进行一次。职工和企业双方均可在原工资协议期满前 60 日内，向对方书面提出协商意向书，进行下一轮的工资集体协商，做好新旧工资协议的相互衔接。

第六章　附　则

第二十五条　本办法对工资集体协商和工资协议的有关内容未做规定的，按《集体合同规定》的有关规定执行。

第二十六条　本办法自发布之日起施行。

14. 企业工会工作条例

（2006 年 12 月 11 日　中华全国总工会第十四届执行委员会第四次全体会议通过）

第一章　总　则

第一条　为加强和改进企业工会工作，发挥企业工会作用，根据《工会法》、《劳动法》和《中国工会章程》，制定本条例。

第二条　企业工会是中华全国总工会的基层组织，是工会的重要组织基础和工作基础，是企业工会会员和职工合法权益的代表者和维护者。

第三条　企业工会以邓小平理论和"三个代表"重要思想为指导，贯彻科学发展观，坚持全心全意依靠工人阶级根本指导方针，走中国特色社会主义工会发展道路，落实"组织起来、切实维权"的工作方针，团结和动员职工为实现全面建设小康社会宏伟目标作贡献。

第四条　企业工会贯彻促进企业发展、维护职工权益的工作原则，协调企业劳动关系，推动建设和谐企业。

第五条　企业工会在本企业党组织和上级工会的领导下，依照法律和工会章程独立自主地开展工作，密切联系职工群众，关心职工群众生产生活，热忱为职工群众服务，努力建设成为组织健全、维权到位、工作活跃、作用明显、职工信赖的职工之家。

第二章　企业工会组织

第六条　企业工会依法组织职工加入工会，维护职工参加工会的权利。

第七条　会员二十五人以上的企业建立工会委员会；不足二十五人的可以单独建立工会委员会，也可以由两个以上企业的会员按地域或行业联合建立基层工会委员会。同时按有关规定建立工会经费审查委员会、工会女职工委员会。

企业工会具备法人条件的，依法取得社会团体法人资格，工会主席是法定代表人。企业工会受法律保护，任何组织和个人不得随意撤销或将工会工作机构合并、归属到其他部门。

企业改制须同时建立健全工会组织。

第八条　会员大会或会员代表大会是企业工会的权力机关，每年召开一至两次会议。经企业工会委员会或三分之一以上会员提议可临时召开会议。

会员代表大会的代表由会员民主选举产生，会员代表实行常任制，任期与企业本届工会委员会相同，可连选连任。

会员在一百人以下的企业工会应召开会员大会。

第九条　会员大会或会员代表大会的职权：

（一）审议和批准工会委员会的工作报告。

（二）审议和批准工会委员会的经费收支情况报告和经费审查委员会的工作报告。

（三）选举工会委员会和经费审查委员会。

（四）听取工会主席、副主席的述职报告，并进行民主评议。

（五）撤换或者罢免其所选举的代表或者工会委员会组成人员。

（六）讨论决定工会工作其他重大问题。

第十条　会员大会或会员代表大会与职工代表大会或职工大会须分别行使职权，不得相互替代。

第十一条　企业工会委员会由会员大会或会员代表大会差额选举产生，选举结果报上一级工会批准，每届任期三年或者五年。

大型企业工会经上级工会批准，可设立常务委员会，负责工会委员会的日常工作，其下属单位可建立工会委员会。

第十二条　企业工会委员会是会员大会或会员代表大会的常设机构，对会员大会或会员代表大会负责，接受会员监督。在会员大会或会员代表大会闭会期间，负责日常工作。

第十三条　企业工会委员会根据工作需要，设立相关工作机构或专门工作委员会、工作小组。

工会专职工作人员一般按不低于企业职工人数的千分之三配备，具体人数由上级工会、企业工会与企业行政协商确定。

根据工作需要和经费许可，工会可从社会聘用工会工作人员，建立专兼职相结合的干部队伍。

第十四条　企业工会委员会实行民主集中制，重要问题须经集体讨论作出决定。

第十五条　企业工会委员（常委）会一般每季度召开一次会议，讨论或决定以下问题：

（一）贯彻执行会员大会或会员代表大会决议和党组织、上级工会有关决定、工作部署的措施。

（二）提交会员大会或会员代表大会的工作报告和向党组织、上级工会的重要请示、报告。

（三）工会工作计划和总结。

（四）向企业提出涉及企业发展和职工权益重大问题的建议。

（五）工会经费预算执行情况及重大财务支出。

（六）由工会委员会讨论和决定的其他问题。

第十六条　企业生产车间、班组建立工会分会、工会小组，会员民主选举工会主席、工会小组长，组织开展工会活动。

第十七条　建立工会积极分子队伍，发挥工会积极分子作用。

第三章　基本任务和活动方式

第十八条　企业工会的基本任务：

（一）执行会员大会或会员代表大会的决议和上级工会的决定。

（二）组织职工依法通过职工代表大会或职工大会和其他形式，参加企业民主管理和民主监督，检查督促职工代表大会或职工大会决议的执行。

（三）帮助和指导职工与企业签订劳动合同。就劳动报酬、工作时间、劳动定额、休息休假、劳动安全卫生、保险福利等与企业平等协商、签订集体合同，并监督集体合同的履行。调解劳动争议。

（四）组织职工开展劳动竞赛、合理化建议、技术革新、技术攻关、技术协作、发明创造、岗位练兵、技术比赛等群众性经济技术创新活动。

（五）组织培养、评选、表彰劳动模范，负责做好劳动模范的日常管理工作。

（六）对职工进行思想政治教育，组织职工学习文化、科学和业务知识，提高职工素质。办好职工文化、教育、体育事业，开展健康的文化体育活动。

（七）协助和督促企业做好劳动报酬、劳动安全卫生和保险福利等方面的工作，监督有关法律法规的贯彻执行。参与劳动安全卫生事故的调查处理。协助企业办好职工集体福利事业，做好困难职工帮扶救助工作，为职工办实事、做好事、解难事。

（八）维护女职工的特殊利益。

（九）加强组织建设，健全民主生活，做好会员会籍管理工作。

（十）收好、管好、用好工会经费，管理好工会资产和工会企（事）业。

第十九条　坚持群众化、民主化，实行会务公开。凡涉及会员群众利益的重要事项，须经会员大会或会员代表大会讨论决定；工作计划、重大活动、经费收支等情况接受会员监督。

第二十条　按照会员和职工群众的意愿，依靠会员和职工群众，开展形式多样的工会活动。

第二十一条　工会召开会议或者组织职工活动，需要占用生产时间的，应当事先征得企业的同意。企业行政应积极支持工会开展活动。

工会非专职委员占用生产或工作时间参加会议或者从事工会工作，在法律规定的时间内工资照发，其他待遇不受影响。

第二十二条　开展建设职工之家活动，建立会员评议建家工作制度，增强工会凝聚力，提高工会工作水平。

推动企业关爱职工，引导职工热爱企业，创建劳动关系和谐企业。

第四章　工会主席

第二十三条　职工二百人以上的企业工会依法配备专职工会主席。由同级党组织负责人担任工会主席的，应配备专职工会副主席。

第二十四条 国有、集体及其控股企业工会主席候选人，应由同级党组织和上级工会在充分听取会员意见的基础上协商提名。工会主席按企业党政同级副职级条件配备，是共产党员的应进入同级党组织领导班子。专职工会副主席按不低于企业中层正职配备。

私营企业、外商投资企业、港澳台商投资企业工会主席候选人，由会员民主推荐，报上一级工会同意提名；也可以由上级工会推荐产生。已建党组织的企业工会主席候选人须经党组织审核。工会主席享受企业行政副职待遇。

企业行政负责人、合伙人及其近亲属不得作为本企业工会委员会成员的人选。

第二十五条 工会主席、副主席可以由会员大会或会员代表大会直接选举产生，也可以由企业工会委员会选举产生。工会主席出现空缺，须按民主程序及时进行补选。

第二十六条 工会主席应当具备下列条件：

（一）政治立场坚定，热爱工会工作。

（二）具有与履行职责相应的文化程度、法律法规和生产经营管理知识。

（三）作风民主，密切联系群众，热心为会员和职工服务。

（四）有较强的协调劳动关系和组织活动能力。

第二十七条 企业工会主席的职权：

（一）负责召集工会委员会会议，主持工会日常工作。

（二）参加企业涉及职工切身利益和有关生产经营重大问题的会议，反映职工的意愿和要求，提出工会的意见。

（三）以职工方首席代表的身份，代表和组织职工与企业进行平等协商、签订集体合同。

（四）代表和组织职工参与企业民主管理。

（五）代表和组织职工依法监督企业执行劳动安全卫生等法律法规，要求纠正侵犯职工和工会合法权益的行为。

（六）担任劳动争议调解委员会主任，主持企业劳动争议调解委员会的工作。

（七）向上级工会报告重要信息。

（八）负责管理工会资产和经费。

第二十八条 按照法律规定，企业工会主席、副主席任期未满时，不得随意调动其工作。因工作需要调动时，应征得本级工会委员会和上一级工会的同意。

罢免工会主席、副主席必须召开会员大会或会员代表大会讨论，非经会员大会全体会员或者会员代表大会全体代表无记名投票过半数通过，不得罢免。

工会专职主席、副主席或者委员自任职之日起，其劳动合同期限自动延长，延长期限相当于其任职期间；非专职主席、副主席或者委员自任职之日起，其尚未履行的劳动合同期限短于任期的，劳动合同期限自动延长至任期期满。任职期间个人严重过失或者达到法定退休年龄的除外。

第二十九条　新任企业工会主席、副主席，应在一年内参加上级工会举办的上岗资格或业务培训。

第五章　工作机制和制度

第三十条　帮助和指导职工签订劳动合同。代表职工与企业协商确定劳动合同文本的主要内容和条件，为职工签订劳动合同提供法律、技术等方面的咨询和服务。监督企业与所有职工签订劳动合同。

工会对企业违反法律法规和有关合同规定解除职工劳动合同的，应提出意见并要求企业将处理结果书面通知工会。工会应对企业经济性裁员事先提出同意或否决的意见。

监督企业和引导职工严格履行劳动合同，依法督促企业纠正违反劳动合同的行为。

第三十一条　依法与企业进行平等协商，签订集体合同，并可就劳动报酬、劳动安全卫生、女职工特殊权益保护等签订专项集体合同。

工会应将劳动报酬、工作时间、劳动定额、保险福利、劳动安全卫生等问题作为协商重点内容。

工会依照民主程序选派职工协商代表，可依法委托本企业以外的专业人士作为职工协商代表，但不得超过本方协商代表总数的三分之一。

小型企业集中的地方，可由上一级工会直接代表职工与相应的企业组织或企业进行平等协商，签订县以下区域性、行业性集体合同或专项集体合同。

劳务派遣工集中的企业，工会可与企业、劳务公司共同协商签订集体合同。

第三十二条　工会发出集体协商书面要约二十日内，企业不予回应的，工会可要求上级工会协调；企业无正当理由拒绝集体协商的，工会可提请县级以上人民政府责令改正，依法处理；企业违反集体合同规定的，工会可依法要求企业承担责任。

第三十三条　企业工会是职工代表大会或职工大会的工作机构，负责职工代表大会或职工大会的日常工作。

职工代表大会的代表经职工民主选举产生。职工代表大会中的一线职工代表一般不少于职工代表总数的百分之五十。女职工、少数民族职工代表应占相应比例。

第三十四条　国有企业、国有控股企业职工代表大会或职工大会的职权：

（一）听取审议企业生产经营、安全生产、重组改制等重大决策以及实行厂务公开、履行集体合同情况报告，提出意见和建议。

（二）审议通过集体合同草案、企业改制职工安置方案。审查同意或否决涉及职工切身利益的重要事项和企业规章制度。

（三）审议决定职工生活福利方面的重大事项。

（四）民主评议监督企业中层以上管理人员，提出奖惩任免建议。

（五）依法行使选举权。

（六）法律法规规定的其他权利。

集体（股份合作制）企业职工代表大会或职工大会的职权：

（一）制定、修改企业章程。

（二）选举、罢免企业经营管理人员。

（三）审议决定经营管理以及企业合并、分立、变更、破产等重大事项。

（四）监督企业贯彻执行国家有关劳动安全卫生等法律法规、实行厂务公开、执行职代会决议等情况。

（五）审议决定有关职工福利的重大事项。

私营企业、外商投资企业和港澳台商投资企业职工代表大会或职工大会的职权：

（一）听取企业发展规划和年度计划、生产经营等方面的报告，提出意见和建议。

（二）审议通过涉及职工切身利益重大问题的方案和企业重要规章制度、集体合同草案等。

（三）监督企业贯彻执行国家有关劳动安全卫生等法律法规、实行厂务公开、履行集体合同和执行职代会决议、缴纳职工社会保险、处分和辞退职工的情况。

（四）法律法规、政策和企业规章制度规定及企业授权和集体协商议定的其他权利。

第三十五条　职工代表大会或职工大会应有全体职工代表或全体职工三分之二以上参加方可召开。职工代表大会或职工大会进行选举和作出重要决议、决定，须采用无记名投票方式进行表决，经全体职工代表或全体职工过半数通过。

小型企业工会可联合建立区域或行业职工代表大会，解决本区域或行业涉及职工利益的共性问题。

公司制企业不得以股东会取代职工代表大会或职工大会。

第三十六条　督促企业建立和规范厂务公开制度。

第三十七条　凡设立董事会、监事会的公司制企业，工会应依法督促企业建立职工董事、职工监事制度。

职工董事、职工监事人选由企业工会提名，通过职工代表大会或职工大会民主选举产生，表达职工意愿和诉求，接受职工监督。企业工会主席、副主席一般应分别作为职工董事、职工监事的候选人。

第三十八条　建立劳动法律监督委员会，职工人数较少的企业应设立工会劳动法律监督员，对企业执行有关劳动报酬、劳动安全卫生、工作时间、休息休假、女职工和未成年工保护、保险福利等劳动法律法规情况进行群众监督。

第三十九条　建立劳动保护监督检查委员会，生产班组中设立工会小组劳动保护检查员。建立完善工会监督检查、重大事故隐患和职业危害建档跟踪、群众举报等制度，建立工会劳动保护工作责任制。依法参加职工因工伤亡事故和其他严重危害职工健康问题的调查处理。协助与督促企业落实法律赋予工会与职工安全生产方面的知情权、参与权、监督权和紧急避险权。开展群众性安全生产活动。

依照国家法律法规对企业新建、扩建和技术改造工程中的劳动条件和安全卫生设施与主体工程同时设计、同时施工、同时使用进行监督。

发现企业违章指挥、强令工人冒险作业，或者生产过程中发现明显重大事故隐患和职业危害，工会应提出解决的建议；发现危及职工生命安全的情况，工会有权组织职工撤离危险现场。

第四十条　依法建立企业劳动争议调解委员会，劳动争议调解委员会由职工代表、企业代表和工会代表组成，办事机构设在企业工会。职工代表和工会代表的人数不得少于调解委员会成员总数的三分之二。

建立劳动争议预警机制，发挥劳动争议调解组织的预防功能，建立企业劳动争议信息员制度，做好劳动争议预测、预报、预防工作。

企业发生停工、怠工事件，工会应当积极同企业或者有关方面协商，反映职工的意见和要求并提出解决意见，协助企业做好工作，尽快恢复生产、工作秩序。

第四十一条　开展困难职工生活扶助、医疗救助、子女就学和职工互助互济等工作。有条件的企业工会建立困难职工帮扶资金。

第六章　女职工工作

第四十二条　企业工会有女会员十名以上的，应建立工会女职工委员会，不足十名的应设女职工委员。

女职工委员会在企业工会委员会领导和上一级工会女职工委员会指导下开展工作。

女职工委员会主任由企业工会女主席或副主席担任。企业工会没有女主席或副主席的，由符合相应条件的工会女职工委员担任，享受同级工会副主席待遇。

女职工委员会委员任期与同级工会委员会委员相同。

第四十三条　女职工委员会依法维护女职工的合法权益，重点是女职工经期、孕期、产期、哺乳期保护，禁忌劳动、卫生保健、生育保险等特殊利益。

第四十四条　女职工委员会定期研究涉及女职工特殊权益问题，向企业工会委员会和上级女职工委员会报告工作，重要问题应提交企业职工代表大会或职工大会审议。

第四十五条　企业工会应为女职工委员会开展工作与活动提供必要的经费。

第七章　工会经费和资产

第四十六条　督促企业依法按每月全部职工工资总额的百分之二向工会拨缴经费、提供工会办公和开展活动的必要设施和场所等物质条件。

第四十七条　工会依法设立独立银行账户，自主管理和使用工会经费、会费。工会经费、会费主要用于为职工服务和工会活动。

第四十八条　督促企业按国家有关规定支付工会会同企业开展的职工教育培训、劳动保护、劳动竞赛、技术创新、职工疗休养、困难职工补助、企业文化建设等工作所需费用。

第四十九条　工会经费审查委员会代表会员群众对工会经费收支和财产管理进行审查监督。

建立经费预算、决算和经费审查监督制度，经费收支情况接受同级工会经费审查委员会审查，接受上级工会审计，并定期向会员大会或会员代表大会报告。

第五十条　企业工会经费、财产和企业拨给工会使用的不动产受法律保护，任何单位和个人不得侵占、挪用和任意调拨。

企业工会组织合并，其经费财产归合并后的工会所有；工会组织撤销或解散，其经费财产由上级工会处置。

第八章　工会与企业党组织、行政和上级工会

第五十一条　企业工会接受同级党组织和上级工会双重领导，以同级党组织领导为主。未建立党组织的企业，其工会由上一级工会领导。

第五十二条　企业工会与企业行政具有平等的法律地位，相互尊重、相互支持、平等合作，共谋企业发展。

企业工会与企业可以通过联席会、民主议事会、民主协商会、劳资恳谈会等形式，建立协商沟通制度。

第五十三条　企业工会支持企业依法行使经营管理权，动员和组织职工完成生产经营任务。

督促企业按照有关规定，按职工工资总额的百分之一点五至百分之二点五、百分之一分别提取职工教育培训费用和劳动竞赛奖励经费，并严格管理和使用。

第五十四条　企业行政应依法支持工会履行职责，为工会开展工作创造必要条件。

第五十五条　上级工会负有对企业工会指导和服务的职责，为企业工会开展工作提供法律、政策、信息、培训和会员优惠等方面的服务，帮助企业工会协调解决工作中的困难和问题。

企业工会在履行职责遇到困难时，可请上级工会代行企业工会维权职责。

第五十六条　县以上地方工会设立保护工会干部专项经费，为维护企业工会干部合法权益提供保障。经费来源从本级工会经费中列支，也可以通过其它渠道多方筹集。

建立上级工会保护企业工会干部责任制。对因履行职责受到打击报复或不公正待遇以及有特殊困难的企业工会干部，上级工会应提供保护和帮助。

上级工会与企业工会、企业行政协商，可对企业工会兼职干部给予适当补贴。

第五十七条　上级工会应建立对企业工会干部的考核、激励机制，对依法履行

职责作出突出贡献的工会干部给予表彰奖励。

工会主席、副主席不履行职责，上级工会应责令其改正；情节严重的可以提出罢免的建议，按照有关规定予以罢免。

第九章　附　则

第五十八条　本条例适用于中华人民共和国境内所有企业和实行企业化管理的事业单位工会。

第五十九条　本条例由中华全国总工会解释。

第六十条　本条例自公布之日起施行。

15. 中华全国总工会关于积极开展行业性工资集体协商工作的指导意见

（2009 年 7 月 9 日）

为推动行业工资集体协商工作，加强维权机制建设，推动建立和谐稳定的劳动关系，现就工会进一步开展行业性工资集体协商工作提出如下意见。

一、充分认识开展行业性工资集体协商工作的重要意义

行业性工资集体协商，是指在同行业企业相对集中的区域，由行业工会组织代表职工与同级企业代表或企业代表组织，就行业内企业职工工资水平、劳动定额标准、最低工资标准等事项，开展集体协商、签订行业工资专项集体合同的行为。《中华人民共和国劳动合同法》对在县级以下区域推行区域性行业性集体协商，签订区域性行业性集体合同作出了规定，为开展区域性行业性工资集体协商提供了法律依据。

推进行业集体协商，建立行业性工资集体协商制度，是我国平等协商、集体合同制度的一种重要形式，适应了我国非公有制中小企业快速发展和劳动关系深刻变化的需要，是加快建立行业内劳动关系协调机制、实现工会主动依法科学维权的重要手段，也是扩大工资集体协商覆盖面、增强工资集体合同实效性的重要举措。开

展行业性工资集体协商工作，有利于推动建立企业职工工资共决机制、正常增长机制和支付保障机制，构建职工对工资分配的民主参与和监督机制；有利于完善劳动用工管理，促进建立统一、规范、有序的劳动力市场，为企业持续健康发展创造良好环境，促进建立规范有序、公正合理、互利共赢、和谐稳定的社会主义新型劳动关系。各级工会要充分认识开展行业性工资集体协商工作的重要性和必要性，进一步增强推动建立行业性工资集体协商机制的责任感和自觉性，扩大工资集体协商覆盖面，增强实效性，使行业性工资集体协商在维护职工权益、促进劳动关系和谐方面发挥更大作用。

二、抓紧建立和完善行业性工资集体协商机制

开展行业性工资集体协商，要着眼于机制的建立和完善，根据行业和企业实际，从职工工资分配方面迫切需要解决的突出问题入手，先易后难，循序渐进，注重实效，逐步提高。

1. 把握协商范围。同一行业的企业，特别是同行业非公有制中小企业、劳动密集型企业相对集中的地区，是开展行业性工资集体协商工作的重点。行业性工资集体协商依法在县级以下区域内的乡镇、街道、社区和工业园区开展。有条件的地方也可以从实际出发，探索在县（区）及以上开展行业性工资集体协商工作。

2. 明确协商主体。开展行业性工资集体协商，可根据实际确定协商主体：由行业工会（或工会联合会，下同）与行业内企业代表组织进行协商；由行业工会与行业内企业方推荐产生的代表进行协商；由行业工会与行业所属各企业行政进行协商；未组建行业工会的，可由行业所在区域的工会代行行业工会的职能，与企业代表组织进行协商。

3、选好协商代表。行业性工资集体协商代表要按照《集体合同规定》所规定的程序产生。职工方协商代表由行业工会选派，职工方首席协商代表一般由行业工会主席担任。未组建行业工会的，职工方协商代表由行业所在区域工会选派，职工方首席协商代表可由行业所在区域相应一级的工会主席担任，也可由上级工会选派或在上级工会指导下从本行业内企业工会主席中民主推举产生。

4. 突出协商重点。行业性工资集体协商的重点是：行业最低工资标准、工资调整幅度、劳动定额和工资支付办法等。当前，应重点围绕劳动定额、工时工价标准进行协商，逐步建立和完善劳动定额标准的协商共决机制。劳动定额和工时工价标准的确定，必须符合国家和地方有关法律法规的规定，以"在法定工作时间内、正常劳动条件下、90％以上职工能够完成"为原则，做到科学合理。随着先进技术的应用和劳动生产率的提高，双方应通过集体协商及时修订劳动定额和工时工价标准。行业内各企业工会，还可以根据本企业实际，通过平等协商，就劳动定额、工时工价标准或工资标准等相关问题与企业行政签订补充协议。

5. 规范协商程序。开展行业性工资集体协商，要严格履行协商程序，充分表达行业职工的意愿要求，协议内容应得到双方的一致认可。一般应按照以下程序进行：

（1）以书面形式向企业方提出协商要约或回复企业方提出的协商要约。

（2）做好协商前的各项准备工作，特别是熟悉掌握相关法律、法规、政策规定，收集了解相关资料、信息及企业和职工意见，确定行业性工资集体协商议题。

（3）进行行业性工资集体协商，在双方协商一致的基础上形成行业工资集体合同（草案）。

（4）建立了行业职工代表大会的地方，行业工资集体合同（草案）应该提交行业职工代表大会讨论通过。

在行业工资集体合同框架下，企业结合自身实际开展二次工资集体协商的，其确定的劳动报酬标准不应低于行业工资集体合同规定的标准，具体做法应参照《工资集体协商试行办法》等有关规定进行。

（5）行业工资集体合同签订后 10 日内，工会应当协助企业方将行业工资集体合同文本一式三份及说明，报送当地劳动行政部门审查。劳动行政部门审查同意后，行业工资集体合同即行生效。双方协商代表应将已经生效的行业工资集体合同以适当形式及时向行业内企业和全体职工公布。

（6）行业工资集体协商未达成一致意见或出现事先未预料的问题时，经双方同意中止协商的，工会应积极作好向职工说明情况和下次协商的相关准备工作。

行业性工资集体协商一般每年进行一次。工会可在原行业工资集体合同期满前3 个月内，向企业方书面提出重新签订或续订的要求，并发出协商要约。

6. 及时调处争议。对在行业性工资集体协商过程中发生的争议，应当尽量协商解决。不能协商解决的，工会应当以书面形式，向辖区内劳动行政部门提出协调处理申请。在履行行业工资集体合同中发生争议且双方不能协商解决时，工会应及时向上级工会报告，并向当地劳动争议调解组织或劳动争议仲裁机构申请调处。对仲裁裁决不服时，工会可依法向人民法院提起诉讼。在劳动争议发生、调解、仲裁和依法裁决期间，工会应教育引导职工树立依法有序解决争议的意识，避免采取过激行为。

县级以上各级工会，要积极争取党委、政府和协调劳动关系三方的重视和支持。积极推动相关立法和政策的制定，争取人大、政协加强对行业工资集体合同履约情况执法检查和监督；着力推动各级政府主导工资集体协商工作，协助政府强化对企业工资分配的宏观调控，建立健全以最低工资制度、工资指导线制度、劳动力市场工资指导价位和人工成本信息发布制度为主要内容的工资调控体系；依托协调劳动关系三方，加强对行业工资集体合同履约情况的监督检查，及时总结经验，宣传行业性工资集体协商的积极作用，为开展行业性工资集体协商营造良好的舆论氛围和环境。

加强行业工会组织建设，为加强行业性工资集体协商工作提供组织保障。进一步健全和完善行业职代会制度，为推动行业性工资集体协商搭建民主管理平台；各级产业工会要加强对本产业、行业所属企业开展行业性工资集体协商工作的调查研究，在制定行业工资指导线、劳动力市场工资指导价位、劳动定额标准等方面加强指导服务。

各级工会领导机关要加强对行业性工资集体协商工作的总结和指导服务。注重发挥劳动工资问题专家学者的作用，为工会开展行业性工资集体协商提供专业技术支持；大力加强集体协商指导员队伍建设，充分发挥集体协商指导员在行业性工资集体协商工作中的作用；加强职工协商代表的培训，为推动建立行业性工资集体协商制度提供咨询服务。

各地工会还应从实际出发，参照本指导意见精神，推动建立区域性工资集体协商制度。

16. 中华全国总工会办公厅关于推动提高和落实最低工资标准的指导意见

（总工办发〔2006〕18号）

为促进最低工资标准适时调整提高并得到落实，确保低收入劳动者工资水平随经济发展逐步提高，现就有关问题提出以下意见。

一、进一步提高对建立和完善最低工资保障制度的认识

国务院《关于解决农民工问题的若干意见》（国发〔2006〕5号）明确指出：

"各地要严格执行最低工资制度,合理确定并适时调整最低工资标准,制定和推行小时最低工资标准"。工会是职工群众利益的表达者和维护者,认真研究和积极参与最低工资标准的制订与调整是工会组织应当承担的一项重要工作。各地工会要积极推动当地政府适时调整当地最低工资标准及小时最低工资标准,进一步健全和完善最低工资保障制度,并监督企业认真贯彻落实,切实维护职工群众的劳动报酬权益。

二、积极参与最低工资标准的制订和调整工作

各省、自治区、直辖市总工会要加强对当地职工工资水平、社会保障情况、工资支付情况、基本生活费用以及本地区经济发展、就业和最低工资执行等情况的调查研究,本着促进经济发展、合理提高劳动者工资收入水平的原则,通过测算论证和广泛征求各级工会和职工群众意见,提出本地区最低工资标准调整的意见和建议。

各地工会要积极主动推动劳动保障部门和企业联合会/企业家协会制定调整方案,建立最低工资正常调整机制。尚未制订小时最低工资标准的地方工会应加大工作力度,积极推动本地区在年内制订和颁布小时最低工资标准。同时,要按照《最低工资规定》考虑劳动者应缴纳的社会保险费用、住房公积金。要推动合理提高最低工资标准,力争用三至五年的时间,逐步使最低工资标准达到当地社会平均工资40%–60%的水平。

三、严格执行最低工资制度

各省、自治区、直辖市总工会要推动本地区的三方协商会议,通报当地最低工资标准执行情况,研究制定保证最低工资标准落实的措施和办法。

要推动企业通过工资集体协商制订企业最低工资标准,企业最低工资标准不得低于当地最低工资标准,并随着企业发展逐步提高。要推动对本企业劳动定额和计件单价进行认真清理,对于以实行计件工资为由拒绝执行最低工资制度和通过提高劳动定额变相降低工资水平,导致职工实际工资水平低于最低工资标准的行为要坚决予以纠正;企业生产新产品或调整生产工艺,企业工会要积极配合劳动工资部门通过现场测评等方式,本着科学、先进、合理的原则制订劳动定额和计件单价。

各级工会要建立和完善自上而下的监督检查制度和自下而上的监督举报机制,并在年内对本地区、本单位执行最低工资的情况进行一次专项检查,重点是外商投资企业、私营企业以及农民工比较集中的企业。要着重检查和纠正随意提高劳动定额、压低计件工资单价、不依法支付加班工资等变相降低工资水平,使职工收入低于最低工资标准的违法行为。对于检查中发现和劳动者举报的违反《最低工资规定》的行为,工会要督促用人单位限期整改并补发劳动者应得的工资;对于存在违

法行为经批评教育仍拒不改正的，工会要及时向当地劳动保障部门举报，督促、协助劳动保障部门予以纠正并按有关规定处罚。

四、加大对最低工资保障制度的宣传力度

要在全社会广泛宣传最低工资保障制度，努力提高劳动者自我维权能力。充分利用报纸、杂志、广播、电视、网络等媒体以及工会的文化宫、俱乐部等多种宣传渠道和阵地，广泛宣传最低工资保障制度的相关内容，帮助广大劳动者特别是农民工全面了解《劳动法》、《最低工资规定》等法律法规中关于最低工资保障制度的有关规定，了解当地最低工资标准、内容以及对企业违法行为的举报程序，鼓励劳动者及时举报用人单位违反《最低工资规定》的行为。要加大对用人单位特别是外商投资企业和私营企业宣传和舆论监督的力度。对于违反《最低工资规定》的企业要揭露批评，充分发挥舆论监督和社会监督的作用。各级工会在对工会干部进行劳动法律法规培训时，要把《最低工资规定》和工资集体协商的有关内容作为培训重点，使广大工会干部特别是基层工会干部掌握最低工资保障制度的内容和要求，更好地维护劳动者的合法权益。

17. 中华全国总工会关于新形势下加强基层工会建设的意见

（总工发〔2014〕22号）

为深入贯彻党的十八大、十八届三中全会和习近平总书记系列重要讲话特别是关于工人阶级和工会工作的重要指示精神，进一步夯实工会基层基础，增强基层工会组织吸引力凝聚力，现就新形势下加强基层工会建设提出下意见。

一、新形势下加强基层工会建设的重要意义、指导思想和目标要求

1. 工会是党联系职工群众的桥梁和纽带，基层工会直接联系和服务职工群众，是工会全部工作的基础，是落实工会各项工作的组织者、推动者和实践者。新形势下加强基层工会建设，是巩固党执政的阶级基础和群众基础的必然要求，是动员广大职工积极投身改革、实现中国梦的迫切需要，是服务职工、维护职工合法权益、构建和谐劳动关系的重要保障，是加强工会自身建设、增强工会组织活力、推进国家治理体系和治理能力现代化的客观需要。近年来，各级工会主动适应企业组织形式、职工队伍结构和劳动关系的变化，始终把抓基层、打基础、增活力作为重点工作，在维护职工合法权益、构建和谐劳动关系、推动经济社会发展中发挥了重要作用。但从总体上看，基层工会工作与形势任务的要求、党中央的重托和职工群众的期盼仍有较大差距，主要表现在：工会组建工作与企业快速发展、组织形式多样化的特点不相适应；工会会员发展和管理与职工队伍迅速壮大、内部结构的深刻变化不相适应；工会组织体制、运行机制与基层工会工作创新发展的迫切需要不相适应；工会活动的内容方式与职工群众多样化的需求不相适应；工会干部队伍建设与基层工会所承担的工作职责不相适应；为基层工会提供的指导服务保障与基层工会面临的繁重任务不相适应。各级工会要进一步统一思想、提高认识，切实增强责任感和使命感，按照"巩固、发展、提高"的要求，以职工满意不满意、工会作用发挥充分不充分为标尺，全面加强基层工会建设，努力开创基层工会工作新局面。

2. 新形势下加强基层工会建设，要高举中国特色社会主义伟大旗帜，坚持以邓小平理论、"三个代表"重要思想、科学发展观为指导，贯彻落实习近平总书记系列重要讲话精神，坚持走中国特色社会主义工会发展道路，牢牢把握为实现中华民族伟大复兴的中国梦而奋斗这个我国工人运动的时代主题，坚持依法建会、依法管会、依法履职、依法维权，以组织建设为基础，以作用发挥为关键，以健全机制为保障，以职工满意为标准，突出服务职工、突出问题导向、突出改革创新，着力加强基层服务型工会建设，扩大覆盖面、增强凝聚力，努力把基层工会建设成为职工群众信赖的"职工之家"，把广大基层工会干部锤炼成为听党话、跟党走、职工群众信赖的"娘家人"。

3. 新形势下加强基层工会建设，要坚持从工会组织的性质和特点出发，努力建设"六有"工会：一是有依法选举的工会主席，建设心系职工、善于维权、开拓进取的骨干队伍；二是有独立健全的组织机构，完善工会委员会、经费审查委员会、女职工委员会等组织；三是有服务职工的活动载体，满足职工的多样化需求；四是有健全完善的制度机制，实现工会工作的群众化、民主化、制度化、法制化；五是有自主管理的工会经费，真正用于服务职工和工会活动；六是有会员满意的工作绩效，切实让职工群众感受到工会是"职工之家"。通过 3 - 5 年努力，使基层工会覆盖面明显扩大，服务职工能力明显提高，工会组织吸引力凝聚力明显增强，力争实现全国 80% 以上的基层工会基本达到"六有"目标。

二、加强基层工会组织建设

4. 加强企业和机关事业单位工会建设。企业和机关事业单位工会是基层工会的主体。要适应工业化、信息化、城镇化和农业现代化，依法推进各类企业和机关事业单位普遍建立工会组织，巩固建会成果，提高建会质量。国有及国有控股企业、机关、事业单位工会组建实现全覆盖，职工人数较多、规模以上企业工会组建实现全覆盖。积极推进非公有制企业、社会组织以及服务业单位建会工作，25人以上单位应单独组建工会，25人以下单位一般通过联合基层工会实现组织覆盖。切实纠正企业和机关事业单位改革改制中撤销工会或将工会合并到党群工作部门的现象。

5. 加强乡镇（街道）、开发区（工业园区）工会建设。乡镇（街道）、开发区（工业园区）工会承担地方工会和基层工会双重职责。积极推进乡镇（街道）、开发区（工业园区）组建工会，已经建立工会工作委员会的，要逐步向工会联合会、总工会等组织形式转变。企业100家左右、职工5000人左右的乡镇（街道）、省级以上开发区（工业园区）可以设立总工会，作为一级地方工会组织，履行地方工会领导职责。乡镇（街道）、开发区（工业园区）工会组织机构单独设置，工会主席按党政同级副职配备，副主席享受中层正职待遇。乡镇（街道）设立总工会的，要积极推动乡镇（街道）党（工）委副书记兼任总工会主席，配备1名专职副主席，并配备专职工会干事，同时选配好兼职副主席和委员。

6. 加强区域（行业）基层工会联合会建设。按照地域相近、行业相同的原则，在县以下建立区域性或行业性基层工会联合会。联合会委员会由专职工作人员和所属基层工会主席组成，也可吸收党委政府相关部门人员参加。联合会原则上至少配备1名专职工作人员，会员人数较多的应适当增加配备人数。加强村（社区）工会建设，努力实现对不具备单独建会条件的小微企业和零散就业人员全覆盖。规范联合基层工会组织架构，所辖单位原则上不超过50家。

7. 加强基层工会干部队伍建设。基层工会干部队伍是基层工会赖以发挥作用的关键。要在同级党组织和上级工会的领导下，充分发扬民主，依法依规推进基层工会民主选举。按照积极稳妥、确保质量的要求，扎实推进基层工会主席（副主席）由会员大会或者会员代表大会直接选举产生。根据各地实际和工作需要，上级工会可以向基层工会推荐、选派工会主席候选人。积极争取公益性岗位，运用市场化、社会化方式聘用社会化工会工作者，建立完善社会化工会工作者选聘、使用、履职、考核、退出等机制。加强基层工会干部培训工作，切实增强政治意识、大局意识和服务意识，不断提高履职能力。基层工会主席上岗一年内应参加培训。

8. 加强会员发展和会籍管理工作。加大会员发展力度，最大限度地把广大职工组织到工会中来。切实做好农民工会员发展工作，积极探索运用多种形式，把农民工吸引到工会中来、吸引到工会活动中来。加强对职工特别是农民工服务类社会组织的团结、联系和吸纳，通过服务和活动吸引凝聚职工，充分发挥工会枢纽型社会组织的作用。推进会员管理工作制度化、规范化、信息化，健全会员档案，做好会员登记和会员证发放工作，积极推进会员实名制管理，通过举行职工入会仪式等多种途径增强会员意识。会员组织关系随劳动关系流动，完善"源头入会、凭证接转、属地管理"机制，畅通会员组织关系接转渠道。

三、明确基层工会建设的主要任务

9. 教育引导职工。培育和践行社会主义核心价值观，提高职工的道德素养，激发职工奋发向上、崇德向善的正能量。大力弘扬劳动精神、劳模精神和工人阶级伟大品格，深入开展"中国梦·劳动美"主题教育活动，倡导辛勤劳动、诚实劳动、科学劳动。加强职工思想政治工作，注重对职工的人文关怀、心理疏导和情绪引导，突出做好农民工、青年职工和知识分子等职工群体的思想工作。加强职工文化建设，广泛开展职工文化体育活动，丰富职工精神文化生活。加强普法宣传教育，提高职工法律意识。

10. 推动改革发展。引导职工群众拥护支持改革、参与推动改革，夯实全面深化改革的群众基础。深入开展多种形式的劳动竞赛活动，深化合理化建议、技术攻关、技术革新、发明创造等群众性技术创新活动。加强班组建设，广泛开展"工人先锋号"创建活动。深入实施职工素质建设工程，加大职工职业技能培训力度，建立健全技术工人培养、评价、使用、激励机制，培养造就知识型、技术型、创新型的高素质职工队伍。

11. 履行维权职责。认真履行维护职工合法权益的基本职责，坚持以职工为本，主动依法科学维权。紧紧围绕职工最关心最直接最现实的利益问题、最困难最操心最忧虑的实际问题，以一线职工、农民工、困难职工等为重点群体，以劳动就业、技能培训、收入分配、社会保障、安全卫生等为重点领域，切实维护好广大职工的各项合法权益。坚持维权与维稳相统一，引导职工依法理性表达利益诉求，维护职工队伍和社会和谐稳定。

12. 协调劳动关系。建立健全科学有效的利益协调机制、诉求表达机制、矛盾调处机制、权益保障机制，推动形成规范有序、公正合理、互利共赢、和谐稳定的社会主义新型劳动关系。引导企业开展创建和谐劳动关系活动，依法推动企业普遍开展工资集体协商，促进基础扎实、条件成熟的行业建立集体协商制度。建立健全以职代会为基本形式的企事业单位民主管理制度、厂务公开制度和职工董事职工监事制度。加强劳动争议特别是集体劳动争议调处工作。深入开展"安康杯"竞赛活动，改善劳动安全卫生条件，保障职工群众生命安全和健康权益。

13. 服务职工群众。坚持全心全意为职工服务的宗旨，以服务增强工会组织的吸引力和凝聚力，以服务增强职工群众对工会组织的归属感和认同感。深化"面对面、心贴心、实打实服务职工在基层"活动长效机制，积极为职工办实事、做好事、解难事。加快构建服务职工工作体系，按照"会、站、家"一体化的思路，把组建工会、创办职工帮扶服务中心、建设"职工之家"统一起来，着力打造基层服务型工会。大力推行会员普惠制，加大投入、创新方式、完善机制，使全体会员都能享受到工会组织提供的实实在在的服务。探索向职工服务类社会组织购买服务，推进项目制、订单式、社会化服务方式。

四、加强基层工会建设的方法措施

14. 坚持分类指导。坚持从实际出发，在认真履行基本职责的基础上，针对不同性质、不同工作基础、不同组织形式的基层工会，提出不同的工作要求。国有企业工会要围绕生产经营搞好服务，保障职工参与管理和监督的民主权利，组织职工为企业改革发展献力献策。非公有制企业工会要围绕构建互利双赢的劳动关系，代表和维护职工合法权益，促进企业科学发展、和谐稳定。机关工会要围绕机关中心工作，开展群众性精神文明创建活动，不断丰富职工精神文化生活。事业单位工会要围绕深化分类改革、促进事业发展，做好职工思想政治工作，不断提升公益服务水平。区域（行业）基层工会联合会要有效指导所属单位工会开展工作，推动区域（行业）性维权和服务机制建设。

15. 完善工作格局。健全完善党委领导、政府支持、工会运作、职工参与、社会协同的工作格局。深化党建带动工建、工建服务党建、党工共建机制，推动基层工会建设纳入党建工作规划和考核体系。健全完善各级地方工会、产业工会与政府联席（系）会议制度、劳动关系三方协商机制，逐步向乡镇（街道）、开发区（工业园区）延伸。积极参与和促进人大立法，配合各级人大、政协开展执法检查、专题视察。推动建立企业经营者履行社会责任激励引导机制，争取相关部门在推荐协商企业界党代表、人大代表、政协委员、工商联会员及评选劳动模范、五一劳动奖章、各类先进企业时将企业经营者支持工会工作、履行社会责任作为必要条件，并征求同级工会意见。加强与国资委、工商联、企业协会等单位协作，选树典型，调动企业经营者积极性，为开展工会工作创造良好的外部环境。

16. 强化激励机制。关心爱护基层工会干部，按照有关规定全面落实保障待遇，让他们在政治上有关心、经济上有保障、职业上有发展，增强基层工会干部的积极性及职业荣誉感。积极推动基层工会主席享受同级党政副职待遇。大力表彰基层工会建设中涌现出的先进集体和先进个人，事迹特别突出的分别授予五一劳动奖状、五一劳动奖章。有条件的地方可以由上级工会向基层兼职工会干部发放补贴。健全完善工会主席合法权益保护机制，用好用活工会干部权益保障金。基层工会主席劳动合同变更、解除或终止前应向上级工会报告和备案。

17. 畅通联系渠道。健全完善基层工会向同级党组织和上级工会报告工作制度。建立健全劳动关系预警、预判、预报和紧急处置机制，发生集体劳动争议时，基层工会主席应第一时间深入职工了解情况并向上级工会报告。在基层工会难以履行维权职责时，上级工会要加强指导帮助或"上代下"维权。积极推进工会联系点制度建设，探索建立各级工会代表大会代表联系职工群众制度。建立健全基层工会与行政沟通协商制度。

18. 深化建家活动。职工之家建设是加强基层工会建设的本质要求和综合载体。要以职工之家建设为引领，以会员是否满意为基本标准，建立健全基层工会建设综合考核评价体系。围绕实践"两个信赖"，深入开展"深化建家达标创优"活动，探索建立各层级模范职工之家创建、申报、考核、表彰、复查等制度，提升职工之家品牌影响力。坚持依靠会员办工会，深化"工会组织亮牌子、工会主席亮身份"活动，推进会员评家、会务公开以及会员代表常任制等工作，落实会员的知情权、参与权、选举权和监督权。探索推进联合职工之家、网上职工之家建设。基层单位及其党政负责人拟推荐申报工会系统评选表彰的各层级五一劳动奖状、五一劳动奖章等荣誉称号的，其工会组织应荣获相应层级的模范职工之家称号。

19. 加大经费保障。积极推动税务部门全额代征工会经费，保证基层工会经费足额到位。上级工会按照权随责走、费随事转原则，通过转移支付、项目化管理等方式，把工会经费向基层工会倾斜。在基层工会自愿基础上，探索实行财务集中管理、分户核算的"上代下"会计核算模式。各地工会要扩大工会经费来源渠道，积极承接政府转移职能和项目，争取政府财政补助、活动经费或专项经费，强化基层工会经费保障。全总在对下补助中安排专项资金用于乡镇（街道）工会（不低于补助总额的10%），并专款专用。省及省以下各级工会都要加大对乡镇（街道）、开发区（工业园区）工会和基层工会资金投入力度，把更多的资金用在职工身上。

五、加强基层工会建设的组织领导

20. 加强统筹谋划。各级工会要站在全局和战略的高度，把加强基层工会建设列入重要议事日程，制定工作规划和具体实施办法，加强统筹协调。省级和地市级工会主要抓好基层工会建设的总体规划、资源统筹、宏观指导和督促检查，为推进基层工会建设提供理论、法律、政策和信息等方面服务。县级工会要制定具体实施意见，加强具体指导，集中时间、组织专人推动落实，帮助基层工会解决遇到的困难和问题。乡镇（街道）、开发区（工业园区）工会要加强自身建设，抓好村（社区）、企业工会建设，发挥承上启下的重要作用。产业（行业）工会要立足产业（行业）特点，认真研究产业发展趋势、产业政策、行业劳动安全卫生和行业劳动标准，加强县以下行业工会联合会建设，搭建基层工会建设的载体平台，组织开展富有产业（行业）特色的工会活动。

21. 落实领导责任。逐级建立加强基层工会建设工作领导小组，明确各级工会主要领导为第一责任人，形成主要领导亲自抓、分管领导具体抓、职能部门共同抓、一级抓一级、层层抓落实的工作格局。推动建立上级工会对下级工会开展基层工会建设考核评价制度，每年至少召开一次考核评议会。建立健全基层工会建设目标管理、定期研究、工作通报等制度，加强督查指导，及时研究解决问题。

22. 强化宣传引导。精心培育打造基层工会建设的先进典型，充分发挥示范辐射和带动作用。加强舆论宣传，运用现场会、观摩会、学习交流会和各种宣传阵地，及时宣传推广基层工会建设的成功经验和做法，形成推进基层工会建设的良好氛围。充分利用网站、微博、微信、QQ群等现代传媒手段，不断增强宣传实效，扩大工会工作影响力。

23. 改进工作作风。认真践行党的群众路线，落实"三严三实"要求，加强党风廉政建设，健全完善改进作风、联系基层、服务职工的长效机制。坚持群众化、民主化，破除机关化、行政化，坚持工作重心下沉、资源配置下沉和组织力量下沉，为基层工会开展工作创造良好条件。各级工会干部特别是领导干部要走出高楼大院，摆脱文山会海，更多到基层工会和职工群众中去，帮助他们排忧解难。要顺应时代要求，适应社会变化，善于创造科学有效的工作方法，让职工群众真正感到工会是"职工之家"，工会干部是最可信赖的"娘家人"。

中华全国总工会

2014 年 7 月 29 日

18. 中华全国总工会关于加强专职集体协商指导员队伍建设的意见

(2012 年 05 月 30 日)

为进一步依法推动企业普遍开展工资集体协商，提升集体协商指导员的专业水平，努力造就一支高素质的专职集体协商指导员队伍，为开展集体协商工作提供有力的人才支撑，现就加强专职集体协商指导员队伍建设提出如下意见。

一、重要意义

推进集体协商机制建设，是工会一项基础性、战略性、长期性的重要任务。努力建设懂法律、能代表、会维护、善协商的专职集体协商指导员队伍，是贯彻落实"两个普遍"要求，积极稳妥扩大工资集体协商覆盖范围的重要举措，是加强业务培训、工作指导，解决职工方协商代表"不会谈"、"不善谈"，提升集体协商质量水平的有效途径，是主动依法科学维护职工合法权益的客观需要，对于推动实现企业与职工协商共事、机制共建、效益共创、利益共享，建立规范有序、公正合理、互利共赢、和谐稳定的新型劳动关系，具有十分重要的现实意义。

二、基本要求

加强集体协商指导员队伍建设，应当在目前集体协商指导员专兼职结合、以兼职为主的基础上，更加注重发挥专职集体协商指导员的优势和作用。通过建立规范化的专职集体协商指导员选聘、管理、使用和培养制度，使具有较高道德素养、掌握专业知识技能、善于协商协调的专职集体协商指导员，能够更加积极主动开展集体协商相关工作，推动集体协商工作的质量水平不断提高。

聘用专职集体协商指导员，原则上省级总工会2－3人，地（市）级总工会不少于3人，县（区）级总工会2－3人。有条件的地方，也可结合本地实际扩大选聘规模。专职集体协商指导员可以根据本级工会的统一部署，实行集中办公并直接参与本地工会集体协商相关工作。

专职集体协商指导员聘用和工作经费列入工会经费年度预算计划，具体支付和管理办法，由各省（区、市）总工会根据当地实际制定。

三、主要职责

（一）宣传指导。宣传开展集体协商的意义和作用，为企业和职工答疑释惑、提供政策法律咨询；围绕推动企业建立集体协商共决机制，指导和帮助企业工会、区域工会联合会、行业工会联合会搜集整理与集体协商相关的资料、收集职工意见、提出协商要约、拟定协商方案、研究协商策略、确定协商内容、起草集体合同草案等。

（二）参与培训。协助本级总工会对负责集体协商工作的工会干部及相关人员、企业职工方代表等进行业务培训，着力提高工会干部和企业职工方协商代表开展集体协商、代表和维护职工合法权益的能力水平，为开展集体协商提供素质保证和智力支持。

（三）参加协商。可以受上级工会委托，或接受企业工会、区域工会联合会、行业工会联合会聘请，作为职工方协商代表直接参加集体协商。对集体协商过程中发生的重大问题，及时向本级总工会报告并提出意见建议。

（四）调查研究。调查了解地区、行业、企业人工成本、经营状况以及与集体协商相关的各种数据和信息，为基层工会开展集体协商提供数据支持；及时了解本地区开展集体协商工作的最新动态，发现和总结本地先进经验和做法，为本级总工会推进集体协商工作提供决策参考；对履行职责过程中面临的新情况、新问题进行调查研究，提出解决的对策建议。

（五）监督检查。按照本级总工会的统一部署，参加对本地区集体合同执行情况的定期监督检查，协助本级总工会对工会集体协商工作开展情况进行监督指导。

四、选聘条件

专职集体协商指导员应从曾在党政机关、工会组织、教学研究机构、企业等供职，且已退休或离岗的人员中聘请，并具备以下条件：

（一）认真贯彻党的路线方针政策，学习宣传实践中国特色社会主义工会发展道路，政治立场坚定，品行端正，作风严谨，办事公道，热心群众工作，廉洁自律，具有较强的事业心和责任感。

（二）掌握国家和地方劳动法律法规和相关政策，熟悉企业人力资源管理、财务制度，以及劳动工资、社会保障、劳动安全卫生等相关专业知识。

（三）熟悉集体协商工作，具备一定的集体协商知识和实践经验，有较强的组织协调能力、协商谈判能力和研究解决问题的能力。

（四）身体健康，能独立承担参加协商、调查研究、工作指导和培训教学等任务，年龄一般不超过 65 周岁，特殊需要的经上一级工会同意可延聘至 68 周岁。

五、选聘办法

按照专职集体协商指导员的职责任务和选聘条件，坚持公开、平等、竞争、择优的原则，严把准入门槛，规范选聘程序，建立规范化的面向社会公开招聘的工作制度。

专职集体协商指导员实行聘任制，与所聘用单位建立劳务关系，原则上一年一聘。省（区、市）总工会可以直接从符合条件的人员中选聘。地（市）级总工会可从符合条件的各类人员中择优选择，报省级总工会审核批准后，统一培训、考试合格者颁发聘任证书，登记注册、建立档案并报省级总工会备案。地（市）级总工会可根据实际需要，将聘用的专职集体协商指导员分派到所辖各县（区）工会或产业工会开展工作。经济发达、中小企业集中、职工人数较多的县（区）级总工会，开发区（工业园区）总工会，可根据实际情况，从符合条件的各类人员中择优选择，经地（市）级总工会审核批准，统一培训、考试合格后颁发聘任证书，登记注册、建立档案并报地（市）级总工会备案。

各省（区、市）总工会应定期将辖区内聘请的专职集体协商指导员基本情况报全总集体合同部备案。

六、管理制度

通过制定相应办法、完善工作机制，建立健全专职集体协商指导员考核激励、定期培训、联系沟通等管理制度。

（一）考核激励制度。建立分级考核制度，按照不同的管理权限和工作要求，细化考核标准、量化考核指标；定期开展工作业绩评估考核，根据考核情况决定续聘、解聘或调整工作，对工作业绩特别突出的专职集体协商指导员给予适当奖励。

（二）定期培训制度。制定专职集体协商指导员中长期培训规划，有计划、有重点，分步骤、分层次开展培训；创新培训方法，拓展培训内容。通过集中学习、交流观摩、模拟实践、典型案例分析等多种形式，逐步提升专职集体协商指导员的专业水平。

（三）联系沟通制度。建立本级工会组织与专职集体协商指导员之间定期联系沟通制度，及时安排部署工作、交流通报情况、研究解决问题，进一步增强专职集体协商指导员队伍的凝聚力、影响力。

七、有关要求

（一）加强组织领导。要把加强专职集体协商指导员队伍建设工作，作为贯彻落实"两个普遍"要求，提升集体协商工作质量水平的一项基础性工作来抓，摆上重要位置，结合本地实际研究制定具体的工作方案，坚持做到主要领导亲自负责和列支专项经费予以保障。

（二）明确职责任务。要进一步明确职责任务，分级抓好落实。省级总工会负责统一制定管理办法和工作细则，明确职责，细化目标任务，完善操作措施；同时，制定人员选聘计划，实施对选聘人员的审核工作。地（市）及县（区）级总工会负责日常管理，建立工作档案，实施动态管理，定期跟踪检查，开展年度考核。

（三）强化督促检查。要采取经常性督查和随机抽查等方式及时了解掌握专职集体协商指导员的履职情况；把加强专职集体协商指导员队伍建设工作，作为衡量集体协商工作成效的重要内容，纳入对下级工会工作的年度目标考核。

（四）营造良好氛围。要进一步加大宣传力度，推动形成有利于专职集体协商指导员队伍充分发挥作用的良好社会氛围；积极争取党委、政府、人大、政协以及社会各界对这项工作的关心支持，不断拓宽专职集体协商指导员的选人渠道。

19. 中国工运事业和工会工作"十四五"发展规划

（2021 年 7 月 16 日）

"十四五"时期是我国全面建成小康社会、实现第一个百年奋斗目标之后，乘势而上开启全面建设社会主义现代化国家新征程、向第二个百年奋斗目标进军的第一个五年，是中国工运事业和工会工作围绕中心、服务大局，立足新发展阶段、贯彻新发展理念、推动构建新发展格局，履行职责使命，实现高质量发展的五年。党的十九届五中全会审议通过的《中共中央关于制定国民经济和社会发展第十四个五年规划和二〇三五年远景目标的建议》和十三届全国人民代表大会第四次会议审查批准的《中华人民共和国国民经济和社会发展第十四个五年规划和2035年远景目标纲要》擘画了我国未来5年和15年发展的宏伟蓝图。实现这一奋斗目标，工人阶级使命光荣，工会组织责任重大。为充分发挥工会组织作用，团结动员亿万职工为全面建设社会主义现代化国家、实现中华民族伟大复兴的中国梦贡献智慧和力量，特制定本规划。

一、开创中国工运事业和工会工作新局面

1. 党的十八大以来中国工运事业和工会工作蓬勃发展。在以习近平同志为核心的党中央坚强领导下，我国工人阶级以高度的主人翁使命感和历史责任感，积极投身进行伟大斗争、建设伟大工程、推进伟大事业、实现伟大梦想的火热实践，推动党和国家事业取得决定性成就、发生历史性变革。各级工会坚持以习近平新时代中国特色社会主义思想为指导，学习贯彻习近平总书记关于工人阶级和工会工作的重要论述，以保持和增强工会组织和工会工作政治性、先进性、群众性为主线，忠诚履职、积极作为，各项工作取得了显著成效。思想政治引领明显加强，职工团结奋斗的思想基础更加巩固；劳模精神、劳动精神、工匠精神有力弘扬，工人阶级主力军作用充分发挥；维权服务力度不断加大，职工群众获得感、幸福感、安全感不断提升；产业工人队伍建设改革扎实推进，产业工人地位作用更加彰显；工会改革创新持续深化，工会组织吸引力凝聚力战斗力切实增强；工会系统党的建设全面加强，风清气正的政治生态进一步形成。这些成绩的取得，是在党的领导下各级工会组织与广大职工努力奋斗的结果，为"十四五"时期工运事业和工会工作发展奠定了坚实基础。

2. "十四五"时期中国工运事业和工会工作面临新形势新任务新要求。

——进入新发展阶段工会面临新形势。新发展阶段是我们党带领人民迎来从站起来、富起来到强起来历史性跨越的新阶段，是我国社会主义发展进程中的一个重要阶段。我国发展的内部条件和外部环境发生深刻复杂变化。当今世界正经历百年未有之大变局，新一轮科技革命和产业变革深入发展，新冠肺炎疫情影响广泛深远，经济全球化遭遇逆流。我国已转向高质量发展阶段，既具有制度优势显著、治理效能提升、经济长期向好等优势和条件，同时又面临发展不平衡不充分问题仍然突出、重点领域关键环节改革任务仍然艰巨、创新能力不适应高质量发展要求等问题。面对复杂多变的国际国内形势，工会面临的机遇和挑战都前所未有。如何把握"两个大局"，心怀"国之大者"，在纷繁复杂的国际局势中保持清醒、坚守定力，在艰巨繁重的改革发展稳定任务中实现好维护好发展好广大职工合法权益，团结动员广大职工为促进高质量发展贡献智慧和力量，为全面建设社会主义现代化国家开好局起好步建功立业，成为摆在各级工会面前的重大课题。

——贯彻新发展理念工会面临新任务。党的十九届五中全会强调要坚定不移贯彻新发展理念，将新发展理念贯穿"十四五"规划和2035年远景目标的全过程和全领域。各级工会组织必须适应职工队伍规模结构、就业方式、分配方式、利益诉求、思想观念的深刻变化，适应新技术新业态新模式背景下劳动关系的深刻调整，提高贯彻新发展理念的思想自觉和行动自觉。贯彻创新发展理念，要求工会必须尊重基层和职工群众的首创精神，把蕴藏在职工群众中的创造活力激发出来；推进工会自身改革，切实解决工会组织体制机制不够完善、工作载体手段不够丰富、服务群众工作本领有待增强等问题。贯彻协调发展理念，要求工会必须树立全国工会"一盘棋"理念，既全面推进、又突出重点，加强分类指导，解决好发展不平衡的问题，增进工作的系统性、整体性、协同性。贯彻绿色发展理念，要求工会把绿色发展理念融入职工的生产生活实践，引导广大职工践行绿色生产生活方式。贯彻开放发展理念，要求工会坚持开门办会，让职工群众充分参与到工会工作中来，积极运用社会资源和力量推动工会工作；加大中国工会和职工对外交流交往力度，有力服务国家总体外交。贯彻共享发展理念，要求工会必须贯彻以人民为中心的发展思想，切实履行维护职工合法权益、竭诚服务职工群众的基本职责，让改革发展成果更多更公平惠及职工群众，在推动实现共同富裕中展现工会作为。

——构建新发展格局工会面临新要求。新发展格局是以习近平同志为核心的党中央积极应对国际国内形势变化、与时俱进提升我国经济发展水平、塑造国际经济合作和竞争新优势而作出的战略抉择。构建以国内大循环为主体、国内国际双循环相互促进的新发展格局，需要工会深刻认识国际国内复杂形势变化，特别是中美经贸摩擦、供给侧结构性改革等对职工队伍和工会工作带来的影响，立足国内办好自己的事情，找准结合点、切入点、着力点，发挥政治优势、组织优势、制度优势、群众优势、资源优势，将职工的思想凝聚到促进高质量发展上来，将职工的力量汇聚到建功立业上来；围绕扩大内需这个战略基点，积极加强就业创业服务，推动构建收入分配新格局、完善社会保障体系，在发展基础上努力提高职工收入水平，提高消费意愿和能力，在满足职工美好生活需要的同时，为扩大内需、促进双循环特别是国内经济大循环奠定厚实基础；围绕创新驱动这个关键所在，以深化产业工人队伍建设改革为抓手增强发展的内生动力，瞄准提升产业基础高级化、产业链现代化水平等目标，持续提升产业工人队伍素质、激发创新创造活力，在关键核心技术攻关、解决"卡脖子"等问题上发挥作用，推动实现高水平科技自立自强，使产业工人成为支撑中国制造、中国创造的重要力量。

二、"十四五"时期中国工运事业和工会工作的总体要求

3. 指导思想。以习近平新时代中国特色社会主义思想为指导，全面贯彻党的十九大和十九届二中、三中、四中、五中全会精神，学习贯彻习近平总书记关于工人阶级和工会工作的重要论述，增强"四个意识"、坚定"四个自信"、做到"两个维护"，围绕把握新发展阶段、贯彻新发展理念、构建新发展格局、推动高质量发展，坚持稳中求进工作总基调，牢牢把握为实现中华民族伟大复兴中国梦而奋斗的工运时代主题，坚定不移走中国特色社会主义工会发展道路，以保持和增强工会组织和工会工作政治性、先进性、群众性为主线，以产业工人队伍建设改革和工会改革为动力，以推动工会工作高质量发展为着力点，使职工的理想信念更加坚定，权益保障更加充分，劳动关系更加和谐，党执政的阶级基础和群众基础更加牢固，广大职工在全面建设社会主义现代化国家开好局、起好步中主力军作用更加彰显。

4. 基本原则。

——坚持党的领导。将自觉接受党的领导作为工会根本政治原则，把党的政治建设摆在首位，全面贯彻党的基本理论、基本路线、基本方略，不折不扣将党中央决策部署贯彻到工会各项工作中去，将党的意志主张落实到广大职工中去，充分发挥党联系职工群众的桥梁纽带作用，团结引导广大职工坚定不移听党话、矢志不渝跟党走，始终做党执政的坚实依靠力量。

——坚持正确方向。持之以恒以党的创新理论武装头脑、指导实践、推动工作，不断提高政治判断力、政治领悟力、政治执行力，始终在政治立场、政治方向、政治原则、政治道路上同以习近平同志为核心的党中央保持高度一致。

——坚持服务大局。围绕党和国家工作大局，谋划和推进工会工作，坚持在大局下思考、大局下行动，组织动员广大职工充分发挥工人阶级主力军作用，以满腔热情投身全面建设社会主义现代化国家的伟大实践。

——坚持职工为本。牢固树立以职工为中心的工作导向，把联系和服务职工作为工会工作的生命线，扎实履行维护职工合法权益、竭诚服务职工群众的基本职责，不断提升职工群众的获得感、幸福感、安全感，推动实现共同富裕。

——坚持改革创新。系统谋划和扎实推进工会改革，坚持系统观念，增强统筹意识，发挥改革的突破性和引导性作用，着力破除制约工会高质量发展、影响职工高品质生活的体制机制障碍，固根基、扬优势、补短板、强弱项，不断推动工会理论创新、体制创新、工作创新，把改革创新贯穿于工会工作全过程和各方面。

——坚持法治保障。按照全面推进依法治国总目标要求，自觉把工会工作置于法治国家、法治政府、法治社会建设全局中谋划和推进，坚持依法建会、依法管会、依法履职、依法维权，不断提升工会法治化建设水平，推动国家治理体系和治理能力现代化。

5. 主要目标。今后5年，工运事业和工会工作发展要坚持目标导向和问题导向相结合，坚持守正和创新相统一，努力实现以下主要目标：

——工会理论武装得到新加强。习近平新时代中国特色社会主义思想更加深入人心，学习贯彻习近平总书记关于工人阶级和工会工作的重要论述取得重要理论成果和实践成效，运用马克思主义立场、观点、方法解决实际问题的能力切实加强。

——职工思想引领取得新进展。面向职工群众的理论宣讲形成制度性安排，党的创新理论不断走近职工身边、走进职工心里；理想信念教育常态化开展、制度化推进，"中国梦·劳动美"主题宣传教育活动更加丰富，广大职工在理想信念、价值理念、道德观念上紧紧团结在一起，对中国特色社会主义的道路自信、理论自信、制度自信、文化自信不断增强。

——职工建功立业展现新作为。广大职工主人翁意识进一步增强，劳模精神、劳动精神、工匠精神大力弘扬，劳动和技能竞赛广泛深入持久开展，群众性创新活动成果显著；产业工人队伍建设改革取得突破性进展，在推动高质量发展中的工人阶级主力军作用充分彰显。

——维护职工权益取得新实效。劳动法律法规体系不断完善，职工合法权益维护机制不断健全，新就业形态劳动者建会入会和权益维护形成制度保障，劳动关系协调机制有效运行，工会参与劳动争议预防调处化解的水平不断提升，维护劳动领域安全稳定体系和能力建设有效推进，在助推建设更高水平的平安中国中作用积极发挥。

——服务职工水平实现新提升。联系服务职工长效机制建立健全，工会服务阵地建设明显加强，服务职工"最后一公里"问题有效解决，困难职工家庭常态化帮扶机制有效运行，工会服务职工品牌项目叫响做实。

——工会组织建设呈现新活力。工会改革创新持续深化，联系广泛、服务职工的工会工作体系日益健全，智慧工会建设取得实质性进展，基层工会组织设置、运行机制进一步健全，基层基础薄弱问题得到有效解决，工会组织覆盖面不断扩大、凝聚力进一步增强。

三、加强职工思想政治引领，团结引导职工坚定不移听党话、跟党走

6. 以习近平新时代中国特色社会主义思想武装职工。建立健全职工思想政治工作的领导体制和工作机制，完善党的创新理论和工会理论下基层长效机制，落实基层联系点、送教到基层等制度，建立健全企业班组常态化学习制度，组织专家、学者、先进人物等广泛开展有特色、接地气、入人心的宣传宣讲活动，推动习近平新时代中国特色社会主义思想进企业、进车间、进学校、进教材、进头脑，打牢广大职工团结奋斗的思想基础。

7. 以理想信念教育职工。深化中国特色社会主义和中国梦宣传教育，加强爱国主义、集体主义、社会主义教育，弘扬党和人民在各个历史时期奋斗中形成的伟大精神，深入开展"永远跟党走""党旗在基层一线高高飘扬"等系列主题宣传教育活动，在广大职工中唱响共产党好、社会主义好、改革开放好、伟大祖国好、各族人民好的时代主旋律。广泛开展党史学习教育，高质量完成学习教育各项任务，引领广大职工学史明理、学史增信、学史崇德、学史力行。深入开展党史、新中国史、改革开放史、社会主义发展史宣传教育，引导广大职工群众深刻认识中国共产党为什么能、马克思主义为什么行、中国特色社会主义为什么好，增强听党话、跟党走的思想自觉和行动自觉。围绕2025年全总成立100周年，组织召开系列庆祝活动；推动建立中国工运史馆，探索筹建国家劳模风采展示馆或博物馆，加强对红色工运的重要人物、重要遗址（旧址）、重大事件、重点纪念场馆等的梳理发掘、修建修缮、展示展陈等综合性保护、修复、开发工作；组织开展百年中国工运史宣传教育，向全社会广泛宣传工人阶级和工人运动的光荣历史、奋斗历程、辉煌成就；组织开展百年中国工运史系列研究。推动理想信念教育常态化制度化，通过劳模宣讲、演讲比赛、知识竞赛、读书诵读等方式，运用"学习强国"、职工书屋等学习平台，引导广大职工紧跟共产党、奋进新时代。

8. 以社会主义核心价值观引领职工。坚持把社会主义核心价值观融入职工生产生活，内化为职工的情感认同和行为习惯。深入开展以劳动创造幸福为主题的宣传教育，推动建立健全新时代劳动教育理论和实践体系。深化以职业道德为重点的社会公德、职业道德、家庭美德、个人品德等"四德"建设，组织开展全国职工职业道德建设评选表彰。积极参与群众性精神文明创建活动，推进家庭、家教、家风建设，广泛开展学雷锋志愿活动，展示新时代职工文明形象。

9. 以先进职工文化感染职工。推动建立健全党委领导、行政支持、工会运作、职工参与的职工文化共建共享机制。丰富职工文化产品供给。打造"中国梦·劳动美"系列职工文化品牌，每年举办"中国梦·劳动美"——庆祝"五一"国际劳动节特别节目，广泛组织开展职工运动会、职工文艺展演、职工艺术节等全国性、区域性、行业性职工文体活动。加强职工文化阵地建设。探索建立以全总文工团为主体的职工艺术阵地联盟，整合工人文化宫、职工艺术院团资源，推动在街道社区、产业园区、商圈楼宇等职工聚集区建设职工文化场馆，构建立体化、多元化职工文化服务网络。建好、管好、用好职工书屋，力争到 2025 年底全国工会职工书屋示范点达到 1.6 万家，带动各级工会自建职工书屋达到 15 万家，实现各类便利型阅读点、劳模工匠书架广泛覆盖；电子职工书屋覆盖职工逾 5000 万人，基本形成覆盖大多数职工的工会阅读推广服务体系。创新文化服务方式。搭建"互联网 + 职工文化"平台，推动职工文化网络化传播，为职工提供"菜单式"、"订单式"文化服务；持续开展"阅读经典好书 争当时代工匠"、"玫瑰书香"等主题阅读活动。加强职工文化人才队伍建设。打造一支专业化、社团化、志愿化相结合的职工文化人才队伍，培育一批德艺双馨、具有一定社会影响力的职工文化建设领军人才，创作一批思想性强、艺术性高、社会影响大、群众口碑好的精品力作。

四、深化产业工人队伍建设改革，在推动高质量发展中充分发挥工人阶级主力军作用

10. 促进产业工人队伍建设改革走深走实。按照政治上保证、制度上落实、素质上提高、权益上维护的总体思路，围绕造就一支有理想守信念、懂技术会创新、敢担当讲奉献的宏大的产业工人队伍，聚焦产业工人思想引领、建功立业、素质提升、地位提高、队伍壮大等重点任务，总结推进产业工人队伍建设改革以来取得的经验，查找存在的问题与不足，推动产业工人队伍建设改革向纵深发展、向基层延伸。坚持党委统一领导，政府有关部门各司其职，工会、行业协会、企业代表组织充分发挥作用，统筹社会组织的协同力量，完善合力推进产业工人队伍建设改革的工作格局。充分发挥产业工人队伍建设改革协调小组作用，强化贯彻落实协调机制，履行工会宏观指导、政策协调、组织推进、督促检查的职责，每年制定产业工人队伍建设改革要点，压实部门责任，强化分类指导，增强改革的系统性、整体性、协同性。健全产业工人队伍建设改革情况监督检查和信息反馈制度，推动各地将产业工人队伍建设改革纳入各级党委和政府目标考核体系，建立党委和政府联合督查督办工作机制。建立产业工人队伍建设改革效能评估机制，开展改革情况绩效评估，探索实行第三方评估，确保改革举措落地见效。探索建立企业主体作用发挥机制，保护企业人才培养积极性。鼓励各地、各相关责任单位因地制宜大胆探索试点，形成一批具有部门、地方、产业和企业特色的改革成果。

11. 推动构建产业工人全面发展制度体系。强化系统集成，在系统梳理整合现有政策制度基础上，突出补齐制度缺项和政策短板，推动形成系统完备、科学规范、运行高效的制度体系，着力提升改革的政策效能。健全保障产业工人主人翁地位制度体系，完善产业工人参政议政制度，提高产业工人在各级党组织、人大、政协、群团组织代表大会代表和委员会委员中的比例；探索实行产业工人在群团组织挂职和兼职制度。健全产业工人技能形成制度体系，重点推动完善现代职业教育制度、职工技能培训制度、高技能人才培养机制、"互联网＋"培训机制等，畅通技术工人成长成才通道；实施高技能领军人才和优秀产业技术紧缺人才境外培训计划；构建"互联网＋职工素质建设工程"模式，完善中国职工经济技术信息化服务平台，做大做精做强全国产业工人学习社区，加强"技能强国——全国产业工人技能学习平台"建设，推进技能实训基地建设，拓展工会职业培训空间。健全产业工人发展制度体系，推动完善职业技能评价制度、体现技能价值激励导向的工资分配制度、个人学习账号和学分累计制度等，促进学历、非学历教育与职业培训衔接互认，搭建产业工人成长平台。健全产业工人队伍建设支撑保障制度体系，推动完善财政和社会多元投入机制，发挥工会职工创新补助资金作用，加大对产业工人创新创效扶持力度。

12. 广泛深入持久开展劳动和技能竞赛。制定并落实"十四五"劳动和技能竞赛规划，推动建立健全职工劳动和技能竞赛体系。围绕国家重大战略、重大工程、重大项目、重点产业，广泛深入持久开展"建功'十四五'、奋进新征程"主题劳动和技能竞赛。聚焦推动西部大开发形成新格局、推动东北振兴取得新突破、推动中部地区高质量发展战略，以及推进京津冀协同发展、长江经济带发展、粤港澳大湾区建设、长三角一体化发展、成渝地区双城经济圈、黄河流域生态保护等开展区域性劳动和技能竞赛，搭建交流合作平台，助力区域协调发展；按照国家碳达峰、碳中和部署，聚焦推动绿色发展，组织职工节能减排竞赛，推进重点行业和重要领域绿色化改造。以技术创新为导向，创新竞赛方式和载体，发挥网络平台作用，增强活动的便利性和群众性；加强非公企业劳动和技能竞赛工作，探索新产业新业态开展竞赛的新形式。积极推动将新职业新工种纳入职业分类大典，加强对全国职工职业技能竞赛的规划和指导，联合人力资源社会保障部等部门定期举办全国职工职业技能大赛，与有关部门共同主办国家级一类、二类等职业技能竞赛，指导带动各地层层开展技能比赛，打造职工技能竞赛品牌。组织职工积极参加技术革新、技术协作、发明创造、合理化建议、网上练兵和"小发明、小创造、小革新、小设计、小建议"等群众性创新活动。

13. 大力弘扬劳模精神、劳动精神、工匠精神。学习贯彻习近平总书记在全国劳动模范和先进工作者表彰大会上重要讲话精神，加大对劳动模范和先进工作者的宣传力度，讲好劳模故事、讲好劳动故事、讲好工匠故事，营造劳动光荣的社会风尚和精益求精的敬业风气。进一步做好劳模培养选树和管理服务工作，完善全国工会劳模工作管理平台，推动完善劳模政策，提升劳模地位，落实劳模待遇，形成尊重劳动、尊重知识、尊重人才、尊重创造良好氛围。做好劳模和五一劳动奖、工人先锋号等评选表彰工作，持续开展"最美职工""大国工匠"等主题宣传，"十四五"期间重点选树宣传100名左右的劳模工匠先进典型，加快培育、选树一批在全国有影响力、在行业有号召力的领军型劳模，打造新时代劳动者的标杆旗帜。加大劳模教育培养力度，鼓励各级工会开展劳模教育培训，叫响做实由劳模学员、劳模辅导员、劳模学院、劳模宣讲团等构成的"劳模＋"品牌。用好全国劳模专项补助资金，深入开展劳模定期走访慰问、及时帮扶救助、开展健康体检和疗休养等工作。深化劳模和工匠人才创新工作室创建工作，加强分级分类管理，形成以全国示范性创新工作室为引领、以省市级创新工作室为主体、基层创新工作室蓬勃发展的工作体系，确保到2025年底全国示范性劳模和工匠人才创新工作室达到500家左右，各级各类创新工作室达到15万家。规范和推广"港口工匠创新联盟"等做法，探索创建跨区域、跨行业、跨企业的创新工作室联盟，指导开展创新工作室联盟试点。深化新时代工匠学院建设。统筹各地工匠人才选树、命名、宣传，推动设立国家级大国工匠评选表彰奖项。开展创新工作室领衔人培训、交流等活动，积极组织推荐创新工作室的成果和专利参加各类奖项评选和展示交流。加强劳模和工匠人才创新工作室信息化管理，进一步完善创新工作室网络工作平台。举办大国工匠创新交流大会、职工创新创业博览会。探索全国职工技能成果转化工作，指导各地做好先行先试工作。深入开展"大国工匠进校园""劳模进校园""奋斗的我·最美的国"新时代先进人物进校园活动。

"十四五"时期工会"素质提升"指标

具体指标发展目标：1. 劳模选树管理。"十四五"期间，重点选树宣传100名左右的劳模工匠先进典型。2. 职工技能培训。"十四五"期间，每年帮助30万名职工特别是农民工提升学历水平；年均培训家政服务人员20万人次。3. 创新工作室建设。到2025年底，全国示范性劳模和工匠人才创新工作室达到500家左右，各级各类创新工作室达到15万家。4. 职工书屋和电子职工书屋。到2025年底，全国工会职工书屋示范点达到1.6万家，带动各级工会自建职工书屋达到15万家，电子职工书屋覆盖职工逾 5000 万人。

五、高举维护职工合法权益旗帜，增强职工群众获得感幸福感安全感

14. 维护职工劳动经济权益。高度关注深化供给侧结构性改革，实现碳达峰、碳中和目标中的产业结构转型、绿色转型等对就业结构、就业方式等带来的影响，加大对职工就业、收入分配、社会保障、劳动安全卫生等权益的维护力度。积极推动落实就业优先政策，参与就业创业政策制定，深化工会就业创业服务，广泛开展工会就业创业系列服务活动月以及"京津冀蒙跨区域招聘""阳光就业暖心行动"等活动，加强"工 E 就业""工会就业服务号"等全国工会就业服务网上平台建设，推动工会网上就业服务体系化建设。积极开展就业技能培训，深入推进以训稳岗；鼓励引导各地工会开展家政服务人员培训，年均培训达到 20 万人次，每年至少推树 30 名"最美家政人"。推动劳务派遣用工依法规范，促进共享用工规范有序。推动各地合理调整最低工资标准。指导企业依法开展工资集体协商，促进企业健全反映劳动力市场供求关系和企业经济效益的工资决定和合理增长机制；总结指导企业技能要素参与分配的经验做法，推动提高技术工人待遇政策的落实。推动完善职工社会保险制度和分层分类社会救助体系，健全覆盖全民、统筹城乡、公平统一、可持续的多层次社会保障体系。做好工会劳动保护工作，加强对职工安全生产和职业健康知识的教育培训，提高职工事故防范、应急处置和自我保护能力；在重点行业领域探索开展职工安全技能竞赛，深化"安康杯"竞赛等群众性安全生产和职业健康活动。发挥工会劳动保护监督检查作用，督促企业落实安全生产和职业病防治主体责任。积极参加国家安全生产工作巡查、督查、考核和生产安全事故调查处理工作，维护好伤亡职工的合法权益。在重点行业中推行劳动安全卫生专项集体合同制度。

15. 维护职工民主政治权利。推动企业民主管理立法和有关政策的制定完善，创新民主管理实践形式，深化民主管理载体建设。推动健全省级厂务公开协调领导机构。进一步健全以职工代表大会为基本形式的企事业单位民主管理制度体系，加强职工代表大会、厂务公开以及职工董事职工监事的制度衔接，促进职代会与集体协商、工会劳动法律监督、法律援助等有机结合，融入企业内部自主调处、群体性劳动关系矛盾快速处置机制。聚焦国企改革三年行动计划落实，推进企业集团职代会制度建设，推动将职工代表大会等企业民主管理纳入公司章程，融入企业治理结构和管理体系，探索中国特色现代企业制度下的民主管理实现途径。深化创新区域（行业）职工代表大会制度，强化分类指导，积极扩大民主管理工作对中小微企业的有效覆盖。制定企业民主管理程序指引或操作指南。坚持每年开展企业民主管理师资培训。深入开展"聚合力、促发展"职工代表优秀提案征集推荐活动、全国厂务公开民主管理评选表彰活动。

16. 维护新就业形态劳动者合法权益。配合人社部门研究制定维护新就业形态劳动者劳动保障权益政策。积极推动新就业形态劳动者参加社会保险制度，推动研究出台新就业形态劳动者职业伤害保障办法等相关政策措施。推动灵活用工集中的行业制定劳动定额指导标准。加强平台网约劳动者收入保障，推动平台企业、关联企业与劳动者就劳动报酬、支付周期、休息休假和职业安全保障等事项开展协商。推动平台网约劳动者民主参与，督促平台运营企业建立争议处理、投诉机制。指导推动快递、外卖、网约出行、网约货运、家政、保洁等灵活就业人员较多的行业建立、完善劳动者权益保障机制，加强对平台网约劳动者的法律援助和生活服务。积极参与国家企业社会责任制度建设，推动落实企业社会责任。加强对各类社会组织和新阶层新群体的主动关注、积极联系、有效覆盖。

17. 做好农民工维权服务工作。建立健全工会系统欠薪报告制度和欠薪案件反馈督办机制，推动解决拖欠农民工工资问题，深入实施农民工学历与能力提升行动计划，深化农民工"求学圆梦行动"，设立专项扶持资金，每年帮助30万名职工特别是农民工提升学历水平。深入开展"尊法守法·携手筑梦"服务农民工公益法律服务行动，健全农民工法律援助服务网络，开辟农民工劳动争议案件"绿色通道"。创新农民工组织形式和入会方式，逐步建立城乡一体的农民工流动会员管理制度，提高农民工入会的积极性和主动性。推进农民工平等享受城镇基本公共服务。

18. 提升女职工维权服务水平。积极参与性别平等和女职工权益保障法律法规政策制定修订，推动用人单位建立健全工作场所性别平等制度机制，推行女职工权益保护专项集体合同，促进家庭友好型工作场所建设，帮助职工平衡工作与家庭。强化监督维权，协调推动侵害女职工权益案件调查处理；组织开展女职工维权行动月活动，深化普法宣传到基层活动。实施"女职工关爱行动"，管好用好"关爱女职工专项基金"，做好女职工"两癌"检查、女职工休息哺乳室建设、工会爱心托管服务、"会聚良缘"工会婚恋服务等工作。加强对适婚职工的婚恋观、家庭观教育引导，重视和做好应对人口老龄化国家战略、实施三孩生育政策中女职工就业、生育保险、休息休假等权益维护工作。

六、建立健全高标准职工服务体系，不断提升职工生活品质

19. 加强服务阵地建设。推进"会、站、家"一体化建设，加强枢纽型社会组织平台功能建设。培育壮大基层工会服务阵地，拓展服务项目，整合社会资源，推动开放共享，实现区域内职工活动与服务基本覆盖。按照"突出公益、聚焦主业、自主经营、依法监管"的工作要求，更好发挥工人疗休养院、工人文化宫、职工互助保障组织等服务职工的作用。加强工人文化宫规范化建设管理，"十四五"期间，全国建设 100 家标准化工人文化宫，推动经济较发达、职工人数多的县（县级市）实现工人文化宫建设全覆盖；整合工会资源，把县级工人文化宫打造成工会组织综合服务阵地。推进工人疗休养院改革发展，提升综合服务水平，"十四五"期间，各省级总工会至少有一家具有区位和资源优势、具有特色疗养服务和较强接待能力的工人疗休养院，全国工会每年组织劳模、职工疗休养达到 500 万人次，其中技术工人疗休养达到 100 万人次。充分发挥职工互助保障组织作用，加强和规范职工互助保障活动管理，推动实现全国职工互助保障活动省级统筹或管理，到 2025 年底参加职工互助保障活动的会员达到 8000 万人次左右，会员受益面和保障程度同步提高。加强职工院校和职业培训机构建设。推动职工旅行社、工会宾馆等积极承担劳模、职工疗休养等公益服务业务。

20. 健全困难职工家庭常态化帮扶机制。积极参与社会救助制度顶层设计，促进困难职工帮扶与社会救助体系相衔接。巩固拓展解困脱困工作成果，健全困难职工家庭生活状况监测预警机制和常态化帮扶机制。积极争取各级财政、社会资源、工会经费等多渠道投入帮扶资金，对深度困难、相对困难、意外致困等不同困难类型的困难职工家庭精准帮扶、分类施策，形成层次清晰、各有侧重、有机衔接的梯度帮扶工作格局，每年保障 5 万户以上深度困难职工家庭生活，解决 15 万户以上相对困难职工家庭、意外致困家庭生活暂时困难，引入公益慈善、爱心企业、志愿服务、专业机构等各类社会资源，推进困难职工帮扶与政府救助、公益慈善力量有机结合。推进"以工代赈"式救助帮扶，强化物质帮扶与扶志、扶智相结合，有效激发困难职工家庭解困脱困的内生动力。

21. 实施提升职工生活品质行动。以精准服务为导向，以满足职工美好生活需要为目标，制定实施工会提升职工生活品质行动方案，推行工会服务职工工作项目清单制度；建立工会帮扶工作智能化平台，健全工会服务职工满意度评价机制。开展帮扶中心赋能增效和幸福企业建设试点工作，提升职工服务中心（困难职工帮扶中心）综合服务职工功能，深入推进职工生活幸福型企业建设工作，精准对接社会

资源与职工需求，培育一批服务项目，引导企业改善职工生产生活条件。2021年完成20家试点职工服务中心（困难职工帮扶中心）的综合服务能力建设、50家职工生活幸福型企业的标准化建设，孵化100家服务职工类社会资源；到2025年底实现县级以上工会职工服务中心（困难职工帮扶中心）综合服务职工能力全面提升，1万家企业完成职工生活幸福型企业标准化建设。

22. 打造服务职工系列品牌。健全完善常态化送温暖机制，继续叫响做实送温暖、金秋助学、阳光就业、职工医疗互助、工会法律援助、关爱农民工子女等工会工作传统品牌。"十四五"期间，各级工会每年筹集送温暖资金30亿元以上，走访慰问各类职工500万人以上。规范工会户外劳动者服务站点建设，引导更多社会资源参与，分批次推树1万个最美工会户外劳动者服务站点，设立专项奖补资金。做实叫响职工之家品牌，规范开展全国模范职工之家评选表彰，到2025年底建立起完善的模范职工之家动态复查监管机制。发挥模范职工之家示范引领作用，探索开展模范职工之家"结对共建"活动，普遍提升职工之家建设质量。加快推进工会志愿服务体系建设，建设管理服务平台，打造职工志愿服务品牌。按照"机制不变、力度不减、突出重点、建立品牌"的总体思路，聚焦思想引领、建功立业、劳动关系协调、就业帮扶、工会自身建设等重点任务，深入开展第三轮全国工会对口援疆援藏工作；帮助定点帮扶县巩固拓展脱贫攻坚成果，实现同乡村振兴有效衔接。

"十四五"时期工会"精准服务"指标

具体指标发展目标：1. 解困脱困长效机制。"十四五"期间，每年保障5万户以上深度困难职工家庭生活，解决15万户以上相对困难职工家庭、意外致困家庭生活暂时困难。2. 职工服务中心和职工生活幸福型企业建设。2021年完成20家试点职工服务中心（困难职工帮扶中心）的综合服务能力建设、50家职工生活幸福型企业的标准化建设，孵化100家服务职工类社会资源；到2025年底，实现县级以上工会职工服务中心（困难职工帮扶中心）综合服务职工能力全面提升，1万家企业完成职工生活幸福型企业标准化建设。3. 工会传统帮扶品牌。"十四五"期间，各级工会每年筹集送温暖资金30亿元以上，走访慰问各类职工500万人以上。4. 职工文化阵地建设。"十四五"期间，全国建设100家标准化工人文化宫，推动经济较发达、职工人数多的县（县级市）实现工人文化宫建设全覆盖。5. 工人疗休养。"十四五"期间，各省级总工会至少有一家具有区位和资源优势、具有特色疗养服务和较强接待能力的工人疗休养院，全国工会每年组织劳模、职工疗休养达到 500 万人次，其中技术工人疗休养达到 100 万人次。6. 职工互助保障。到 2025 年底，参加职工互助保障的会员达到 8000 万人次左右。7. 最美工会户外劳动者服务站点。"十四五"期间，分批次推树 1 万个最美工会户外劳动者服务站点。

七、构建和谐劳动关系，推动共建共治共享社会治理

23. 加大劳动法律法规源头参与力度。积极推动和参与全国人大与社会组织协商立法的制度机制建设，推动涉及职工切身利益的法律法规政策制定和修改。推动和参与《工会法》修订完善，推动制定《基本劳动标准法》《集体合同法》《企业民主管理法》等相关劳动法律法规，进一步完善工会协调劳动关系法律制度体系。

24. 推动完善构建和谐劳动关系制度机制。进一步推动贯彻落实《中共中央国务院关于构建和谐劳动关系的意见》，完善工会劳动关系发展态势监测和分析研判机制，打造来源可靠、覆盖广泛、运行顺畅、反应迅速的工会劳动关系监测系统，建设具有工会特色的劳动关系数据库。促进健全劳动关系协调机制，探索推进工会劳动关系调处标准化建设，构建劳动争议受理、调查、协调、调解、签约、结案、回访、归档等一体化业务标准体系；进一步健全协调劳动关系三方组织体系，重点推动工业园区、乡镇（街道）和行业系统建立三方机制，努力构建多层次、全方位、网格化劳动关系协商协调格局。大力推进行业性、区域性集体协商。以正常经营、已建工会的百人以上企业为重点，巩固集体协商建制率，确保重点企业单独签订集体合同率动态保持在 80% 以上；推动企业建立健全多形式多层级的沟通协商机制，应急、应事、一事一议开展灵活协商。开展集体协商质效评估工作，力争到 2025 年底覆盖 60% 以上的重点企业。举办城市工会集体协商竞赛活动。加强专职集体协商指导员队伍建设，力争到 2025 年底，基本实现专职集体协商指导员队伍对县级以上工会组织的全覆盖；加强对从事集体协商工作的工会干部、专职集体协商指导员和职工方协商代表的培训力度，全总每年重点培训 100 人次，各省、市级总工会每年培训不少于 100 人次，各县级总工会每年培训不少于 30 人次。健全完善劳动争议多元化解机制，推进企业和行业性、区域性劳动争议调解组织建设，完善诉调对接工作机制和调解协议履行机制，加强工会参与劳动争议调解工作与人民调解、仲裁调解、司法调解的联动协作和平台对接，不断提升劳动争议调裁审对接工作信息化、智能化水平。完善工会劳动法律法规监督机制，落实《工会劳动法律监督办法》，突出预防和协商的监督理念，重点围绕用人单位恶意欠薪、违法超时加班、违法裁员、未缴纳或未足额缴纳社会保险费等问题，规范和加强工会劳动法律监督工作。推行工会劳动法律监督"一函两书"、劳动用工法律体检、劳动用工监督评估等做法，推动各地工会建立健全与劳动保障监察机构的联动协作机制，全面提升监督实效。开展工会劳动保障法律监督员、劳动人事争议调解员和兼职仲裁员、劳动关系协调员（师）等专项培训。深化和谐劳动关系创建活动，扩大创建活动在非公有制企业和中小企业的覆盖面，推动区域性创建活动由工业园区向企业比较集中的乡镇（街道）、村（社区）拓展。配合行业主管部门构建和谐劳动关系企业指标体系，掌握在企业社会责任认证中的主动权、话语权。推进基层协调劳动关系工作服务站建设，建成一批可复制、可借鉴、可推广的和谐劳动关系示范点。

25. 推进工会工作法治化建设。加强工会法治宣传教育，不断增强职工群众法治观念、法治意识。实施工会系统"八五"普法规划，建设全国工会普法资源库，打造工会法治宣传教育活动品牌，培育工会法治宣传教育基地，壮大普法志愿者队伍。做强做实工会法律服务，加快法律服务站点建设，推进服务触角进一步向基层延伸。切实加强与司法行政部门沟通协作，进一步加大职工法律援助工作力度。评选表彰"全国维护职工权益杰出律师"，吸引和组织更多的社会律师等法律专业人才参与工会法律服务工作。进一步落实工会干部特别是领导干部学法用法制度，不断增强运用法治思维、法治方式开展工会工作的能力和水平。

26. 健全落实"五个坚决"要求的长效机制。认真贯彻落实总体国家安全观，围绕统筹发展和安全，坚持底线思维、增强忧患意识，坚持维权维稳相统一，发扬斗争精神、增强斗争本领，做到守土有责、守土负责、守土尽责，切实维护劳动领域政治安全，促进职工队伍团结统一与社会和谐稳定。参与推进市域社会治理现代化试点和工会系统平安中国建设，建立健全工会系统平安中国建设工作的能力体系。落实"五个坚决"要求，推进工会维护劳动领域安全稳定体系和能力建设，建立健全工会维护劳动领域政治安全长效机制，做好职工队伍稳定风险隐患专项排查化解工作，防患于未然，把风险隐患化解在基层一线、消除在萌芽状态。落实意识形态工作责任制，加强对意识形态风险隐患梳理排查、突发事件引导处置，牢牢掌握劳动领域意识形态斗争主导权。深化工会对劳动领域社会组织政治引领、示范带动、联系服务工作，形成党委全面领导、政府重视支持、工会联系引导、各方密切协作、社会组织专业服务、职工群众广泛参与的工作格局，推动建立创新示范基地，在条件成熟的地方培育孵化党委领导、工会主管的劳动领域社会组织或劳动领域社会组织联合会。健全完善工会信访治理体系，建好全国工会信访工作信息平台，完善信访矛盾多元化解机制，健全完善律师等第三方参与工会信访工作的组织形式和制度化渠道。

"十四五"时期工会"依法维权"指标

具体指标发展目标：1. 集体合同签订率。到 2025 年底，确保重点企业（即正常经营、已建工会的百人以上企业）集体合同签订率动态保持在 80% 以上。2. 集体协商质效评估。到 2025 年底，集体协商质效评估工作覆盖 60% 以上的重点企业。3. 集体协商指导员队伍建设。到 2025 年底，基本实现专职集体协商指导员队伍对县级以上工会组织全覆盖；加强对从事集体协商工作的工会干部、专职集体协商指导员和职工方协商代表的培训力度，全总每年重点培训 100 人次，各省、市级总工会每年培训不少于 100 人次，各县级总工会每年培训不少于 30 人次。

八、加快智慧工会建设，打造工会工作升级版

27. 构建基于大数据技术的工会治理能力提升体系。建立和完善工会数据资源管理体系，建设工会智能数字"云脑"平台、大数据分析研判和决策支撑系统、上下联动的应用市场。应用区块链技术，建立多节点的可信"工会身份链"，打造基于会员实名制数据的数字身份账户系统。整合共享各级工会数据和应用资源，强化基础数据采集校验能力和平台间对接联动，促进工会信息资源开放与应用，实现基础信息资源和业务信息资源的集约化采集、网络化汇聚、精准化管理。通过工会智能数字"云脑"体系，将数据能力和应用能力向各级工会赋能，为加强工会精准服务、业务协同、宏观决策提供技术和数据支撑。

28. 构建基于互联网技术的工会服务应用创新体系。建设全国工会服务平台，打造以媒体宣传、就业服务、技能提升、法律维权、职工帮扶、文化服务为重点的网上服务应用。创新网上普惠服务模式，推行网上普惠服务精准化，提升工会服务平台用户活跃度、满意度。创新工会多元化服务，推进与政务服务、社会服务、企业服务有机结合，实现工会网上服务资源优化配置和共享。构建工会网上服务评价体系。建设工会业务管理和网上协同办公平台，整合全总本级重点业务应用，推动工会工作流程再造、业务功能延伸和领域拓展，实现跨层级、跨地域、跨产业、跨工作部门的网上工作协同。

29. 构建基于云计算技术的工会网信基础支撑体系。完善工会信息基础设施建设，建设全总"工会云"、网络安全态势感知平台、运维平台及灾备系统。编制实施工会系统数据资源标准规范和开放利用标准，做好与国家基础数据库和重大信息化工程之间的标准衔接。加快工会电子政务网络建设，实现与同级政务网络平台安全接入。加强工会网络安全保障体系建设，严格落实网络安全等级保护、商用密码应用等网络安全法律法规和政策标准要求，落实安全可靠产品及国产密码应用，强化重要数据和个人信息保护，在建设和运维运营中同步加强网络安全保护，提升应对处置网络安全突发事件和重大风险防控能力。

30. 巩固发展工会网上舆论阵地。做强工会主流媒体，推进工会媒体深度融合，打造以工人日报、中工网、《中国工运》、《中国工人》为龙头的工会媒体集群，做大做强工会传媒旗舰，建强各级工会融媒体中心，构建网上网下一体、以新技术为支撑、"工"字特色内容建设为根本、新型运行管理模式为保障的报网端微刊全媒体传播体系。多措并举提升工会新闻发布水平，增强工会新闻发布触达率和实效性。做强叫响网评专栏，建设一支政治素质过硬、敏锐性高、责任心强、业务本领好的工会网评队伍。健全网络舆情应急处置制度，提高网络舆情信息监测的针对性、时效性，增强应急处置能力。推进职工网络素养提升主题活动，深入开展"网聚职工正能量 争做中国好网民"主题活动。参与举办国家网络安全宣传周。强化各级工会网站内容建设、功能建设、制度建设，完善网站信息发布和内容更新保障机制，做优工会知识服务平台，推动工会网站数据共享交换。

九、深化工会和职工对外交流交往合作，为推动构建人类命运共同体作贡献

31. 拓展工会和职工国际交流交往合作的深度和广度。坚持独立自主、互相尊重、求同存异、加强合作、增进友谊的工会外事工作方针，发挥民间外交优势，服务国家总体外交。广泛开展与周边国家、广大发展中国家工会组织和职工的友好交流。积极参与二十国集团劳动会议、金砖国家工会论坛、亚欧劳工论坛等多边机制，推动建设更加公正合理的全球治理体系。积极开展对欧工作，继续举办中德工会论坛，探索开展中欧工会绿色经济、数字经济对话交流活动，助力中欧绿色和数字领域伙伴关系发展。加强与重点国家工会的对话交流和高层交往，开展与美国等西方国家工会的对话交流。积极服务"一带一路"建设，搭建中资企业与有关国家工会组织的交流沟通平台，开展与"一带一路"沿线国家工会组织和职工的交流交往活动，加强职工技能国际交流。继续推进"一带一路"沿线国家工会干部来华进修汉语项目和"一带一路"职工人文交流项目。积极参加国际劳工组织理事会选举，参与国际劳工大会、理事会及有关会议和工作机制，深化与国际劳工组织有关的南南合作项目，加强对国际劳工公约、重要投资和贸易协定中的劳工条款等问题的研究，在劳工领域维护我主权、安全和发展利益。继续开展力所能及的对外援助。创新外事工作方式方法，实行线上交流与面对面交流相结合，提升工会和职工对外交流交往效率。加强工会外宣工作，面向国际劳工界广泛宣传习近平新时代中国特色社会主义思想，宣传中国式民主，讲好中国故事、讲好中国自由民主人权故事、讲好中国工人阶级故事、讲好中国工会故事。

32. 加强与港澳台工会组织和劳动界交流合作。加强同港澳台工会、劳工团体组织的沟通联系，支持港澳爱国工会力量，支持坚持一个中国原则和"九二共识"的台湾工会团体力量，做好港澳工会青年研讨营、港澳工会"五一"代表团、海峡职工论坛、台湾工会青年研讨营等品牌交流活动。联合协作开展职工职业技能竞赛，组织开展文化、体育交流活动，指导各地工会开展与港澳台工会交流合作项目。推动在内地工作港澳职工和台湾同胞享受同等工会服务，探索在内地（大陆）工作的港澳台职工纳入劳模等称号评选范围，引导港澳台职工融入祖国发展，投身粤港澳大湾区建设。着力开展爱国主义教育、国情国策宣讲，提高港澳职工爱国精神和国家意识。加强粤港澳三地工会协调合作，围绕粤港澳大湾区建立职工服务体系，支持港澳工会依法开展内地服务工作，构建粤港澳大湾区工会工作新格局。

十、深化工会改革创新，推动新时代工会工作高质量发展

33. 系统谋划推进工会改革。把增强政治性、先进性、群众性贯穿工会改革全过程，提出深化工会改革的总体思路、重点任务、具体举措、方法路径，明确改革的任务书、时间表、路线图、责任链，对改革任务、责任、进展、薄弱环节等进行盘点、跟踪问效。坚持问题导向、目标导向，对着问题去、盯着问题改，提出更多具有创新性引领性改革举措。支持基层工会组织开展差别化改革创新，切实增强团结教育、维护权益、服务职工功能。

34. 健全工会工作制度机制。系统总结党的十八大以来特别是中央党的群团工作会议以来工会改革的成绩和经验，做好工会改革总结评估，探索新时代工会工作的发展特点和规律，坚持和完善自觉接受党的领导制度，不断巩固党执政的阶级基础和群众基础；坚持和完善发挥工人阶级主力军作用制度，推动健全保障职工主人翁地位的各项制度安排；坚持和完善强化职工思想政治引领制度，加强和改进职工思想政治工作制度、职工文化建设制度；坚持和完善推进产业工人队伍建设改革制度，造就一支宏大的高素质的产业工人大军；坚持和完善维权服务制度，完善维护职工合法权益的制度，构建服务职工工作体系；坚持和完善劳动关系协调机制，推动完善社会治理体系；坚持和完善深化工会改革创新制度，密切联系职工群众；坚持和完善加强工会系统党的建设制度，努力提高工会系统党的建设的质量。做实全总深化工会改革领导小组工作机制，建立年度全国工会改革会议制度，搭建全国工会改革经验做法交流平台，对创新做法进行年度评比激励。健全完善改革评估长效机制，开展年度改革总结和评估工作，加强对制度执行的组织领导和监督检查，推动工会各项工作制度化、科学化、规范化。

35. 激发基层工会活力。树立落实到基层、落实靠基层理念，坚持把改革向基层延伸，把力量和资源充实到基层一线，使基层工会组织建起来、转起来、活起来。树立依靠会员办会理念，完善基层工会会务公开制度机制，保障会员的知情权、参与权、表达权、监督权。坚持不懈推进基层工会会员代表大会制度和民主选举制度落实落地，落实会员代表常任制，选优配强基层工会领导班子。到2025年底普遍实现基层工会按期换届选举，建设一支政治素质好、业务能力强，知职工、懂职工、爱职工的基层工会干部队伍。加强工会小组建设，选好工会小组长，不断壮大工会积极分子队伍。探索建立工会领导机关干部联系基层工会的工作机制，加强对下级工会的指导服务，积极协调解决基层工会面临的实际困难和问题。建立健全激励和保障机制，提升基层工会干部履职能力，让他们在政治上有地位、经济上有获得、履职上有保障、职业上有发展，不断增强工作积极性和职业荣誉感。推动实行非公有制企业兼职工会干部履职补贴制度。健全完善会员代表大会评议职工之家制度，深入开展会员评家工作，到2025年底实现基层工会普遍开展会员评家，以评家促进建家。加强对社会化工会工作者、专职集体协商指导员等的统筹管理，在薪酬福利、绩效奖惩、教育培训、职业发展等方面提供规范化指导，加强社会工作岗位开发设置。进一步加强工会社会工作专业人才队伍建设，不断提升服务职工群众的能力水平，壮大基层工会力量，力争到"十四五"末，全国社会化工会工作者总数稳定在4.5万人左右。

36. 改进完善工会组织体系。创新组织形式，理顺组织体制，构建纵横交织、覆盖广泛的工会组织体系。坚持以党建带工建为引领，完善党委领导、政府支持、工会主导、社会力量参与的建会入会工作格局，着力扩大工会组织覆盖面，实现组建工会和发展会员工作持续稳步发展。力争到"十四五"末，全国新组建基层工会组织60万个以上，新发展会员4000万人以上。在巩固传统领域建会入会基础上，重点加强"三新"领域工会组织建设，不断拓展建会入会新的增长点。以25人以上非公有制企业为重点，因地制宜、因行业制宜开展建会集中行动，推进规模较大的非公有制企业和社会组织依法规范建立工会组织。切实加强区域性、行业性工会联合会建设，健全乡镇（街道）—村（社区）—企业"小三级"工会组织体系，不断扩大对小微企业的有效覆盖。持续深化"八大群体"入会工作，聚焦货车司机、网约车司机、快递员、外卖配送员等重点群体，开展新就业形态劳动者入会集中行动，推动重点行业头部企业建立和完善工会组织。制定出台新就业形态劳动者入会相关意见，创新方式、优化程序，推行网上申请入会、集中入会仪式等做法，着力破解建会入会难题，最大限度地把农民工、灵活就业、新就业形态劳动者组织到工会中来。修订组建工会和发展会员考核奖励办法，完善考核通报等制度机制。联合国务院国资委制定加强和改进中央企业工会组织建设的指导意见，依法纠正国有企业在改革改制中随意撤并工会组织和工作机构、弱化工会组织地位作用问题。依法依规逐步调整和理顺产业工会与地方工会，与中央企业、企业集团及所属企业工会关系，与机关所属企事业单位工会的关系，进一步畅通体系、扩面提质。

37. 充分发挥产业工会作用。定期召开产业工会工作会议，及时研究解决产业工会工作中的重大问题。进一步明确全国产业工会、省级产业工会、城市产业工会、县级产业（行业）工会职责定位和工作重点。发挥产业工会全委会联合制、代表制组织制度优势，调整和优化产业工会委员单位组成，适当扩大非公有制企业、社会组织委员名额比例，增强代表性。到 2025 年底，各产业工会全国委员会委员和常务委员会成员中劳模和一线职工代表比例达到 10% 以上。完善与有关政府部门、行业协会的联席会议制度，产业协调劳动关系三方机制，探索创新产业工会行业联委会工作模式，发挥产业工会系统中的人大代表和政协工会界委员作用，支持产业工会参与产业、行业政策以及涉及产业职工切身利益的法规政策制定，及时发布具有行业指导意义的参考标准，开展国家重点工程和重大项目劳动竞赛、职工技能竞赛、培育大国工匠、职业技术培训、中心城市及县（区）范围内的行业集体协商等具有产（行）业特色的工作，更好发挥产业工会作用。建立健全产业工会工作评价体系和激励机制，加大对产业工会机构建设、经费投入、资源保障、活动开展等方面的支持力度，为产业工会发挥更大作用提供有利条件。

38. 深化财务管理改革。健全完善管理体制、经费收缴、预（决）算管理、财务监督与绩效管理等财务管理制度体系，建立财务管理公告制度。开发建设全总与省级工会贯通的工会经费收缴管理信息系统，及时准确掌握各级工会经费收缴情况。逐步扩大在京中央企业工会与全总建立财务关系的覆盖面，到 2025 年底基本实现全覆盖。积极推进工会经费收入电子票据改革试点。启动工会经费收缴改革，到 2025 年底基本形成权责清晰、财力协调、区域均衡的工会经费分配关系。深化工会全面预算管理，加强预算定额标准体系建设，逐步厘清全总本级和省级工会的事权和支出责任，稳步推进预算分配改革，建立完善转移支付制度，积极探索基层工会组织经费直达机制，出台促进基层工会留成经费足额到位的指导意见，推动解决县级以下特别是基层工会经费不足的突出问题。全面实施预算绩效管理，到 2025

年底基本实现县级以上工会预算绩效管理全覆盖。建立普惠职工的经费保障机制，将更多的工会经费用于直接服务职工群众。加强经济活动内部控制，强化财务监督检查，定期开展重大经济政策落实情况和重大项目预算执行情况专项监督。稳步推进工会财务信息公开。

39. 加强工会经费审查审计监督。按照工会一切经济活动都要纳入经审监督范围的总体要求，到2025年底形成以国家审计为指导、以工会经审组织为主体、以社会审计为补充、以职工会员监督为基础的工会常态化经审监督体系，不断拓展工会审查审计监督的广度和深度。逐步完善工会经审制度体系和工作机制，到2025年底形成覆盖主要审计类型的实务指南体系。加强审计项目和审计组织方式"两统筹"，实现工会经费审查监督、政策跟踪审计、预算执行审计、财务收支审计、经济责任审计、专项审计调查等统筹融合。深化预决算审查工作，审查监督重点向支出预算和政策执行拓展，建立经审会向同级工会党组织提交审计工作报告制度，完善以审计为基础的预决算审查机制。转变审计理念思路，把助力政策落实摆在突出位置，对政策落实情况进行全过程、全链条监督，推动工会重大决策部署落地见效。完善审计结果运用，做好审计整改"后半篇文章"，发挥工会经审组织的"审、帮、促"作用。加快推进工会经审工作信息化建设，构建全国工会经审工作平台，积极推广计算机审计、大数据审计等先进审计技术方法，开展"总体分析、发现疑点、分散核实、系统研究"的数字化审计，提高运用信息化技术查核问题、评价判断和分析问题能力。培养造就高素质专业化工会经审干部队伍，到2025年底，将全国工会专兼职经审干部轮训一遍。

40. 提高工会资产管理效能。积极推动职工文化教育事业、职工疗休养事业、职工互助保障事业纳入国家公共文化、卫生、保障服务体系，强化工会资产服务职工、服务基层功能。加强工会资产制度建设，积极探索工会资产制度的实现形式，到2025年底形成较为完善的工会资产制度体系。实施工会企事业经营业绩考核工作专项行动，到2025年底实现各级工会对本级工会企事业单位经营业绩考核全覆盖。深化工会资产体制机制改革创新，落实"统一所有、分级监管、单位使用"的工会资产监督管理体制，加强工会资产基础管理。建立健全工会资产统计制度、报告制度，加大工会资产产权登记工作力度，到2025年底工会资产不动产产权登记率逐步提高。加强工会资产管理信息化建设。积极稳妥推进工会事业单位改革工作，依法依规做好工人文化宫、工人疗休养院等工会资产阵地保护工作。

"十四五"时期工会"组织建设"指标

具体指标发展目标：1. 新发展工会会员数 到"十四五"末，全国新发展会员 4000 万人以上。2. 新组建基层工会组织数。到"十四五"末，全国新组建基层工会组织 60 万个以上。3. 社会化工会工作者数。到"十四五"末，全国社会化工会工作者总数稳定在 4.5 万人左右。4. 产业工会组织建设。到 2025 年底，各产业工会全国委员会委员和常务委员会成员中劳模和一线职工代表比例达到 10% 以上。

十一、坚持以党的政治建设为统领，提高工会工作能力和水平

41. 全面加强工会系统党的建设。把学习贯彻习近平新时代中国特色社会主义思想作为重大政治任务，切实用以武装头脑、指导实践、推动工作。坚持以党的政治建设为统领，牢固树立政治机关意识，推进模范机关建设，严格执行重大事项请示报告制度，确保习近平总书记重要指示批示精神和党中央重大决策部署在工会系统有效落实落地。健全完善理论武装长效机制，综合运用党组理论学习中心组学习、工会干部教育培训、党校和工会院校学习、网络学习培训等平台和载体，探索构建理论学习培训制度体系和成果评价体系。扎实开展党史学习教育、理想信念教育和中国工运史教育，巩固深化"不忘初心、牢记使命"主题教育成果。加强工会系统基层党组织建设，做好发展党员和党员教育管理工作。坚持党建带工建，积极探索"互联网＋党建"工作模式，构建党建和工会业务工作深度融合的长效机制，全面强化基层党组织的政治功能和组织力。坚持全面从严治党，推动各级工会领导干部认真落实全面从严治党的主体责任、管党治党的政治责任。突出抓好政治监督，健全内部巡视制度机制，用好"四种形态"，持之以恒正风肃纪反腐。锲而不舍落实中央八项规定及其实施细则精神，全面检视、靶向纠治"四风"，坚决防止反弹回潮。落实为基层减负各项规定，建立健全联系服务职工长效机制。

42. 深化工会干部队伍建设。坚持把好干部标准贯穿各级工会干部选育管用全过程，建设忠诚干净担当的高素质专业化工会干部队伍。坚持党管干部原则，突出政治标准，严把政治关、能力关、廉洁关，建立健全崇尚实干、带动担当、加油鼓劲的正向激励体系。优化工会领导机关领导班子配备，增强整体功能。发现培养选拔优秀年轻干部，加强对处级以下年轻干部的教育管理监督，拓宽来源渠道，加大年轻干部轮岗交流力度，做好挂职援派工作。完善优秀年轻干部人选库。加大工会干部管理监督力度，健全干部考核评价机制，推进工会干部监督制度化规范化建设，逐步形成适应工会机关实际的干部监督制度体系。按照有关规定做好工会干部双重管理工作。深化工会干部教育培训，2024 年召开全国工会干部教育培训工作会议，研究制定全国工会干部教育培训五年规划，编写学习贯彻习近平总书记关于工人阶级和工会工作的重要论述教材、中国工运史教材，建强用好全国工会干部教育培训网。

43. 不断拓宽工会理论研究新路子。坚持把开展工会理论研究和调查研究作为重大任务，列入各级工会领导机关重要议事日程，构建上下结合、内外协作、整体推进的全方位研究格局。突出把深入学习和研究阐释习近平总书记关于工人阶级和工会工作的重要论述作为首要任务，每年举办学习习近平总书记关于工人阶级和工会工作的重要论述理论研讨会。加快构建中国特色工会学理论体系和工会干部培训教学体系，推进工会与劳动关系领域学科建设。加强工会研究阵地和智库建设，加强工会研究队伍建设，推出一批有深度、有价值、有分量的研究成果。县级以上工会领导机关要加强中长期工会理论研究与建设规划，每年制定年度研究计划，对本级工会理论研究和调查研究工作进行统筹安排。加大理论研究成果交流推广力度，推进应用转化，推动形成工作性意见、转化为政策制度、上升为法律法规。

十二、加强规划落实的组织保障

44. 加强组织领导。各级工会要把落实规划摆上重要工作位置、列入重要工作日程，坚持主要领导亲自抓、负总责，加强统筹协调，落实责任分工，及时研究解决规划实施中的重大问题。要把推进规划落实情况纳入对工会领导班子和领导干部的考核体系，抓好过程管理和目标考核，层层传导压力，逐级压实责任。各级工会要按照规划统一部署，结合当地实际制定实施方案，逐条逐项细化举措，明确落实规划的时间表、路线图和任务书，坚决避免"有部署、无落实"现象。坚持系统观念，注重传承创新，认真对照规划目标任务，对接已经出台的专项工作规划、结合已经部署的各项改革任务统筹抓好规划落实。

45. 加强支撑保障。各级工会要围绕规划确定的目标任务，建立健全规划落实的支撑保障机制，合理调配工作力量，建立多元化投入保障体系，加强预算保障，把更多资源力量用到重要领域、重点任务和关键环节。各地工会要积极主动作为，加强调研检查，推动规划落实纳入当地经济和社会发展总体规划落实的"大盘子"，努力实现一体部署、一体推进、一体检查。要依托工会系统研究平台阵地，发挥系统内外专家智库作用，围绕规划落实中的重大问题开展调查研究，为落实规划提供理论支撑和专业支持。

46. 加强总结推广。要建立规划落实情况的督促检查和工作通报制度，适时对目标任务完成情况开展调研检查，对工作进展情况、典型做法经验等进行通报，鼓励先进、鞭策后进。根据形势变化和工作要求，定期评估工作进展成效，做到一年一评估，以钉钉子精神一抓到底、抓出成效，增强规划落实的系统性和实效性。加强对规划的阐释解读，将规划作为工会干部教育培训的重要内容，引导广大工会干部全面准确理解规划、自觉推动落实规划。发挥工会系统媒体阵地作用，积极回应与规划有关的社会关切，结合调研督导、送教到基层等，以职工群众喜闻乐见、易于接受的形式，做好规划内容的宣传宣讲，凝聚广泛共识，争取各方支持，营造良好氛围。